DIE GRÜNDUNG
DES LANDES SCHLESWIG-HOLSTEIN

Kurt Jürgensen

Die Gründung des Landes Schleswig-Holstein nach dem Zweiten Weltkrieg

Der Aufbau der demokratischen Ordnung in Schleswig-Holstein während der britischen Besatzungszeit 1945 - 1949

1998

Wachholtz Verlag Neumünster

2. neugestaltete und erweiterte Auflage 1998

ISBN 3 - 529 - 02701 - 4
Wachholtz Verlag Neumünster

Inhalt

Vorwort

Nach fast dreißig Jahren erscheint das Buch >Die Gründung des Landes Schleswig-Holstein nach dem Zweiten Weltkrieg< in einer völligen Neubearbeitung.

Die zeitgeschichtliche Forschung unterliegt einem schnellen Wandel. Das „alte" Buch wurde noch in einer zeitlichen Nähe zu denen geschrieben, die den demokratischen Neuaufbau miterlebt und mitgestaltet haben. Damals war das Gespräch mit den Zeitzeugen noch möglich, und dazu gehörten Persönlichkeiten wie Theodor Steltzer, der im Oktober 1967 verstarb, Dr. Hans Müthling (Todesjahr 1976) und der Regierungs-Vizepräsident Paul Backe, der im März 1985 im Alter von fast 100 Jahren verstarb und dem ich Dokumente verdanke – einschließlich seines für die britische Militärregierung ausgefüllten Fragebogens –, die seinerzeit in Archiven noch nicht zugänglich waren. Ich habe sie zum Teil – und dies auch in Faksimile-Wiedergabe – in das Buch von 1969 hineingenommen, und man findet sie auch in dieser Neuausgabe wieder. Das ist mir ein wertvolles Element der Kontinuität.

Hierzu gehört ein Weiteres: Das ist das Bildgut des Inhabers von Nordmark-Film Kiel Gerhard Garms. Er hat in Diensten der britischen Besatzungsmacht gestanden und vieles im Bild festhalten können, was anderen zu photographieren verwehrt war. In großer Verantwortung für die geschichtliche Überlieferung hat Gerhard Garms sein Bildarchiv für die Zeitgeschichte geöffnet und mir schon 1969 die Möglichkeit gegeben, im Bilde zu zeigen, was bis dahin weitgehend unbekannt war. Heute gehört der Bildbestand dem Landesarchiv Schleswig-Holstein; er wird dort verantwortlich betreut und ist Teil einer besonderen im weiteren Ausbau befindlichen Abteilung. Ich habe nach 1969 vieles an anderer Stelle wiedergefunden, was ich damals zum ersten Male veröffentlicht habe; ich nehme dieses Bildmaterial – mit anderen Bildern – auch in die neue Veröffentlichung hinein, und auch dies als ein Element der Kontinuität und der unentbehrlichen Veranschaulichung.

Heute sind die Archive für die zeitgeschichtliche Forschung, die sich der mehr als dreißig Jahre zurückliegenden Zeit zuwendet, weitgehend geöffnet. Dies habe ich mir vor allem in meinen Londoner Recherchen im britischen Staatsarchiv, dem Public Record Office, zunutze machen können. Dank der Archivarbeit werden heute Zusammenhänge und Hintergründe erkennbar, die in der gegenwartsnahen zeitgeschichtlichen Forschung noch nicht erfaßbar sind. Ich hoffe, daß die recht gedrängte Darstellung auf dem begrenzten Raum, der mir zur Verfügung gestanden hat, davon einiges vermittelt.

Dies Buch ist für diejenigen geschrieben, die an der schleswig-holsteinischen Geschichte interessiert sind und die – ohne professionellen Anspruch – diese Geschichte in größeren Zusammenhängen sehen möchten, auch wenn es „nur" um den kurzen Zeitraum von 1945 bis 1949 und auch noch etwas darüber hinaus geht. Das neue Buch erscheint in dem Jahr, in dem man sich des 150jährigen Jubiläums des Jahres 1848 und seiner Bedeutung für unser Land erinnert. Damals zerbrach der dänische Gesamtstaat, dem die drei Herzogtümer Schleswig, Holstein und Lauenburg angehörten. Endgültig geschah dies zwar erst 1864; aber der Gesamtstaat ist nach dem Scheitern der Erhebung von 1848 nie wieder richtig belebt worden, und er hatte sich auch – sowohl aus dänischer wie aus deutscher Sicht – überlebt. Die Erhebungzeit hat aber mit dem >Staatsgrundgesetz für die Herzogtümer Schleswig-Holstein< vom 15. September 1848 ein Erbe hinterlassen, dem selber das Erbe der 1460 zugesagten Einheit von Schleswig und Holstein und der nationale Wille zur Zugehörigkeit zum deutschen Staatsverband innewohnten. Dieses umfassende geschichtliche Erbe wirkte in die Zeit nach 1945 mehr unbewußt als bewußt hinein – unbewußt deshalb, weil die Menschen in Schleswig-Holstein und vor allem die vielen Flüchtlinge und Vertriebenen unter ihnen in einer unvorstellbaren Not lebten und – weiß Gott – andere Sorgen hatten, als die *Provinz* Schleswig-Holstein in ein *Land* Schleswig-Holstein überzuleiten.

Und dennoch: Die Geschichte Schleswig-Holsteins war auch nach 1945 gegenwärtig, als man schon 1946 ganz offiziell das schleswig-holsteinische Wappen zeigen konnte – man beachte die Bilder zur Landtagseröffnung im Februar 1946 – und zwei Jahre später auch die blau-weiß-rote Fahne hissen durfte. Hiergegen gab es einen offiziellen dänischen Protest in London; der dänische Gesandte Graf Reventlow wurde in dieser Sache vorstellig: Die „Flagge der Revolte" sei für die Dänen immer noch eine Provokation. Die britische Regierung konnte solches nicht nachvollziehen, und das war gut so. Aber auch aufgrund meiner persönlichen Herkunft als „Schleswiger" ist es mir wichtig zu sagen: Im Unterschied zu der versuchten schleswig-holsteinischen Staatsgründung von 1848 und im Unterschied zur seinerzeitigen versuchten parallelen „eiderdänischen" Staatsgründung ist die Gründung des Landes Schleswig-Holstein nach 1945 gegen niemanden gerichtet gewesen; die Bundesrepublik Deutschland und Dänemark haben heute – auch dank britischer Wegbereitung in der Besatzungszeit – eine befriedete Grenze miteinander, und dabei erweist sich rückblickend gesehen die Abstimmung von 1920 als unentbehrliche Grundlage.

Der nationale Gedanke der deutsch-gesinnten Schleswiger wie auch der nationale Gedanke bei den Dänen mußte sich erst von seiner territorialen Bindung an das ganze Herzogtum Schleswig lösen. Es mag geschichtlich erklärbar sein: die Dänen wollten einen dänischen Nationalstaat bis zur Eider, die Schleswig-Holsteiner von 1848 ein dem deutschen Staatsverband angehöriges Schleswig-Holstein bis zur Königsau – unbeschadet der Sprache, Kultur und Gesinnung der dort lebenden Menschen. Erst ihre Selbstbestimmung und die den Minderheiten nördlich wie südlich der 1920 neugezogenen Grenze zustehenden Rechte haben die Voraussetzung für die Nationalstaatslösung gebracht, zu der ganz wesentlich das nach 1945 als Land im deutschen Staatsverband gegründete Schleswig-Holstein gehört.

Genug der Worte an dieser Stelle. Das Buch möchte gelesen werden, und zwar von allen, die sich für die schleswig-holsteinische Geschichte interessieren. Es verbleibt mir nur noch allen denen Dank zu sagen, die zum Entstehen des Buches beigetragen haben. Da ist die finanzielle Seite: Ich danke dem Ministerium für Bildung, Wissenschaft, Forschung und Kultur des Landes Schleswig-Holstein für den in schwieriger Zeit gewährten Druckkostenzuschuß. Ich danke dem Präsidium des Schleswig-Holsteinischen Landtags für den Erwerb eines Teiles der Auflage. Und *last, but not least* sei dem Sparkassen- und Giroverband für Schleswig-Holstein dafür gedankt, daß auch die letzte finanzielle „Hürde" genommen werden konnte, um das Buch im Wachholtz Verlag erscheinen zu lassen. Hier hat man sich dieser Aufgabe mit der gewohnten Sorgfalt angenommen, und auch dafür ist zu danken.

Mit allen, die ideell und finanziell zum Neu-Entstehen des vorliegenden Buches beigetragen haben, weiß ich mich verbunden in der Wertschätzung dieses Landes, das nach 1945 – immer wieder sei es gesagt: in noterfüllter Zeit – ein freies, demokratisches Bundesland in der Bundesrepublik Deutschland geworden ist.

Kronshagen, im März 1998   Kurt Jürgensen

Zur Einführung

Leopold von Ranke, der Altmeister der kritischen Geschichtswissenschaft des 19. Jahrhunderts – er starb im Mai 1886 neunzigjährig in Berlin – hat gefordert, daß die Geschichte immer wieder von der Gegenwart her gesehen neu dargestellt werden müsse. Dem liegt die Erkenntnis zugrunde, daß Geschichte und Gegenwart in einem engen Wechselbezug stehen, daß die Gegenwart immer eine geschichtlich gewordene Gegenwart ist und daß sie immer wieder Fragen an „ihre" Vergangenheit zu stellen hat.

Soll man dies wirklich als eine in damaliger Zeit neue Erkenntnis verstehen? Es ist doch sicherlich richtig, daß – lange zurückliegend – auch ein Herodot im fünften vorchristlichen Jahrhundert die griechische Welt seiner Zeit mit ihrer Geschichte verbinden wollte. Ist nicht Thukydides – um eine Generation jünger als Herodot – von der kritischen Geschichtsschreibung des 19. Jahrhunderts geradezu als ihr „Ahnherr" verehrt worden? Das ist richtig und steht doch nicht im Widerspruch zu der Tatsache, daß sich im 19. Jahrhundert die Frage nach dem „eigentlich" Gewesenen neu stellte, und zwar unter den seit Jahrhunderten gegebenen Voraussetzungen des christlichen Zeitalters und dann auch der Entfernung von heilsgeschichtlichen Deutungen der Geschichte (wie etwa bei Otto von Freising im 12. Jahrhundert) bis hin zum „aufgeklärten" Denken im 18. Jahrhundert. Bei dem „eigentlich" Gewesenen ging es Ranke darum, die Zusammenhänge von Geschehnissen zu erkennen und ihre Hintergründe aufzudekken; es ging ihm darum, das Wissen aus den Zeugnissen der Vergangenheit in quellenkritischer Methode zu erarbeiten.

Warum nun solche Überlegungen als Vorspann zu einer landesgeschichtlichen Darstellung, die der jüngsten Zeitgeschichte angehört? Der Autor dieses Buches hat die reizvolle Aufgabe, ein vor rund dreißig Jahren behandeltes Thema neu aufzugreifen. 1969 erschien das Buch >Die Gründung des Landes Schleswig-Holstein nach dem Zweiten Weltkrieg< als Beiheft zur großen Landesgeschichte, die die Gesellschaft für Schleswig-Holsteinische Geschichte im Wachholtz Verlag herausgibt und die in damaliger Konzeption auf acht Bände angelegt war. Die Konzeption ist geändert, das Beiheft wird verschwinden und der Zeitbereich nach 1945 wird Gegenstand eines eigenen Bandes werden. Das sog. Beiheft erschien 1969 auch als Monographie; sie ist seit längerem vergriffen, und das ist gut so.

Das Thema ist es wert, neu behandelt zu werden, und das ausgehend von Fragen unserer heutigen Zeit und unter Heranziehung auch von solchen Quellen, die vor dreißig Jahren noch gar nicht zugänglich waren. Das betrifft vor allem das britische Quellengut, das die Militärregierung hinterlassen hat und das erst seit den 80er Jahren im britischen Staatsarchiv, dem Public Record Office in Kew (Surrey, Großraum London) zugänglich ist. Leider ist vom seinerzeitigen Registraturgut vor allem aufgrund der Kassation nur ein Teil erhalten. Der gut erschlossene britische Quellenbestand weist also – gemessen an dem, was hätte aufbewahrt werden können – große Lücken auf. Man muß dies beklagen, und doch ist von großem Wert, was quantitativ und qualitativ an britischen Akten vorliegt. Sie sind für das Thema des Buches außerordentlich wichtig, ist doch das heutige Land Schleswig-Holstein ein „Kind" der Besatzungszeit.

Diese Feststellung könnte bestätigen, was Peter Petersen Anfang 1970 nach Erscheinen der ersten Auflage dieses Buches >Die Gründung des Landes Schleswig-Holstein nach dem Zweiten Weltkrieg< hierzu geschrieben hat: Den Schleswig-Holsteinern sei nach 1945 das in den Schoß gefallen, wonach die deutsch-gesinnten Schleswig-Holsteiner in zurückliegender Zeit vergeblich gestrebt hätten: das eigene Land Schleswig-Holstein als Gliedstaat im deutschen Staatsverband! Und noch nicht einmal gejubelt habe man über das „Geschenk" der Besatzungsmacht; so Peter Petersen. Als ob die Menschen in der Zeit größter Not in ihrem täglichen Existenzkampf nicht größere Sorgen gehabt hätten als den verfassungsrechtlichen Status der Provinz Schleswig-Holstein zu ändern! Man soll auch mit dem Urteil, die britische Besatzungsmacht habe das Land Schleswig-Holstein geschaffen, vorsichtig umgehen. Ist der Wandel, der nach 1945 vollzogen wurde, nämlich von der preußischen Provinz zum Land Schleswig-Holstein, wirklich ohne Zutun der Schleswig-Holsteiner zustande gekommen? Waren nicht sogar auch Menschen aus dem Osten, die das Schicksal nach Schleswig-Holstein verschlagen hatte, an der politischen, wirtschaftlichen und auch verfassungsrechtlichen Neugestaltung Schleswig-Holsteins beteiligt? Kann man das Werden des Landes Schleswig-Holstein nach 1945 wirklich von seiner ins 19. Jahrhundert zurückreichenden Vorgeschichte trennen, so wie Peter Petersen dies für den unbefangenen Leser – sicherlich gegen seine Absicht – getan hat?

Das Land Schleswig-Holstein ist nicht zu begreifen ohne die Jahrhunderte während Verbundenheit der beiden Herzogtümer Schleswig und Holstein. Sie ist nicht allein, aber doch besonders stark mit den Geschehnissen der Jahre 1386 und 1460 verknüpft, zu denen weiter unten noch etwas gesagt ist. Das Land ist nicht zu verstehen ohne die 1867 in Form der preußischen Provinz erreichten Einheit, von der Oswald Hauser gesagt hat, daß sie sich einfüge in das Leitbild des preußischen Königreiches von der „staatlichen Einheit und regionalen Vielfalt". Damals blieb den Schleswig-Holsteinern das eigene Land verwehrt. Nach 1945 wurde es geschaffen, und dies unter Voraussetzungen, zu denen der geschlossene geographische Raum zwischen der Nordsee und der Ostsee und vor allem die Geschichte dieses Raumes gehören, überdies aber auch der politische Wille der meisten hier lebenden Menschen, die staatliche Einheit dieses Landes zu wollen und an ihr festzuhalten.

Schleswig-Holstein als naturgegebener und geschichtlich gewordener Raum

Der Blick auf die Karte zeigt die Sonderheit der geographischen Lage Schleswig-Holsteins. Dank der Nordsee, der Ostsee und des breiten Unterlaufs der Elbe im Süden ist Schleswig-Holstein ein Land der natürlichen Grenzen. Nur im Südosten gegenüber Mecklenburg und im Norden gegenüber Dänemark vermutet man zu Recht von Menschenhand festgelegte Grenzen. Die Grenze im Norden verläuft da, wo sich die deutsche Sprache und Kultur und die dänische Sprache und Kultur berühren und bis zu einem gewissen Grade auch ineinandergreifen; sichtbarer Ausdruck hierfür sind die Minderheiten, die deutsche in Nordschleswig und die dänische in Südschleswig.

In diesem naturgegebenen Raum, dem südlichen Teil der kimbrischen Halbinsel, leben Menschen unterschiedlicher Herkunft und Prägung und zugleich mit einem starken Zusammengehörigkeitsgefühl, zu dem der in sich geschlossene Raum nicht unerheblich beiträgt. Als gegen Ende des Zweiten Weltkriegs und danach Hunderttausende von Menschen in Schleswig-Holstein Zuflucht suchten und fanden, gab es trotz vielfach bewiesener Hilfsbereitschaft auch mehr und mehr besorgte Stimmen, das Land stehe in Gefahr, überfremdet zu werden. Diese Stimmen verstummten in dem Maße, wie im Zuge des politischen und wirtschaftlichen Wiederaufbaus die ins Land gekommenen Menschen integriert wurden und dazu auch selber sehr viel beitrugen. Schleswig-Holsteiner zu sein ist keine Frage des Geburtsortes, sondern eine Frage des Bekenntnisses zu diesem Lande und auch zu seiner Geschichte, so unterschiedlich auch das Wissen um diese Geschichte sein mag.

Schleswig-Holstein ist ein geschichtlich gewordener Raum. Der Bindestrich im Namen macht dies deutlich. Die Verbindung beider Territorien geht auf 1386 zurück, als der Schauenburger Graf Gerhard VI. am 15. August des betreffenden Jahres von der dänischen Königin Margrete und ihrem Sohn Oluf das Herzogtum Schleswig als erbliches Lehen erhielt. Damit war die Grundlage der staatlichen Gemeinsamkeit von Schleswig und Holstein gelegt, und dies unbeschadet ihrer unterschiedlichen Lehnszugehörigkeit. Holstein war nämlich sächsisches Stammesgebiet und hatte somit eine deutsche Lehnszugehörigkeit. Schleswig hatte sich zu einem gesonderten Territorium innerhalb Dänemarks entwickelt und gehörte lehnsrechtlich zur dänischen Krone. Bis in das 19. Jahrhundert hinein war die Eider die Nordgrenze des Römisch-Deutschen Reiches und des nachfolgenden Deutschen Bundes.

Die Gemeinsamkeit von Schleswig und Holstein erhielt am 5. März 1460 im Ripener Privileg eine feste Grundlage; einen Monat später wurde das Privileg in Kiel „tapfer verbessert". Die Vertreter der schleswig-holsteinischen Ritterschaft hatten sich nach dem Tode des Schauenburger Grafen Adolfs VIII. für den Sohn seiner Schwester Hedwig und ihres Mannes, des Grafen Dietrich von Oldenburg, entschieden; das war Christian, den der dänische Reichsrat 1448 zum König von Dänemark gewählt hatte und der der Stamm-vater des Oldenburger Königsgeschlechtes werden sollte. Die Entscheidung für seine Person garantierte den Fortbestand der Einheit von Schleswig und Holstein bei gleichzei-tiger klarer Abgrenzung gegenüber dem Königreich Dänemark aufgrund der Festlegun-gen im Ripener Freiheitsbrief (eigenes Münzrecht und eigenes Steuerrecht in Schleswig und Holstein, Indigenatsrecht, keine Teilhabe an etwaigen Kriegen des Königreichs Dä-nemark, u.a.m.). Nein, es war schon eine Entscheidung aus Gunst zur Person Christians und nicht zum König. Die Eigenständigkeit und Einheit sollte mit der ungeteilten Herr-schaft in Schleswig und Holstein verbürgt sein:>dat se bliven ewich tosamende ungedeelt<. So regierte also König Christian I. bis zu seinem Tode 1481 als Herzog von Schleswig und war als solcher Lehnsherr und Lehnsnehmer in einer Person; er war zugleich Graf in Holstein und vermochte 1474 für die Grafschaft Holstein-Stormarn in Wien bei Kaiser Friedrich III. die Rangerhöhung zum Herzogtum zu erreichen. So war Holstein nunmehr ein Reichslehen, König Christian I. war holsteinischer Lehnsnehmer des römisch-deut-schen Kaisers. Zu Holstein gehörte übrigens damals noch nicht die Bauernrepublik Dith-marschen, wohl aber fast 100 Jahre später seit der letzten Fehde von 1559.

Machen wir nun einen Sprung über den langen Zeitraum der Herrschaftsteilungen hinweg, wohl wissend, daß diese zwar die Einheit der Herzogtümer gefährdeten, aber doch letztlich nicht in Frage zu stellen vermochten. Nach Aufhebung des Gegensatzes zwischen der königlichen Linie und der gottorfschen Linie im 18. Jahrhundert gelang unter Christian VII. sogar die Wiederherstellung der alleinigen Herrschaft des dänischen Königs als Herzog von Schleswig und Holstein. Die gottorfschen Besitzanteile am Her-zogtum Schleswig waren bereits im Nordischen Krieg (1700 - 1721) verlorengegangen. Überlegungen, sie zurückzugewinnen, hatten den Norden an den Rand eines neuen Krieges gebracht. Die Verbindung des Hauses Gottorf mit dem Haus Romanow durch die Eheschließung des Herzogs Karl Friedrich mit der Tochter des Zaren Peter des Großen Anna Petrowna hatte die Machtverhältnisse völlig verschoben, und dies um so mehr, weil der Sohn aus dieser Ehe Karl Peter Ulrich als Peter III. den russischen Zaren-thron übernehmen sollte und gewillt war, den gottorfschen Staat in seinem alten Um-fang wiederherzustellen. Seine Ermordung – so tragisch das Geschehen an sich auch war – machte den Weg frei für einen friedlichen Ausgleich. Indem der dänische König Christian VII. auf seine Herrschaftsrechte an Oldenburg und Delmenhorst zugunsten der im Fürstentum Lübeck (mit Eutin als Hauptort) regierenden gottorfschen Nebenli-nie verzichtete, erhielt er als Gegenleistung nicht nur die Anerkennung der ehemals gottorfschen Besitzanteile am Herzogtum Schleswig, sondern auch die Übernahme der gottorfschen Herrschaftsrechte im Herzogtum Holstein. Dies war das Ergebnis der klu-gen Politik Caspar von Salderns als Berater der Zarin Katharina II. und des leitenden dänischen Staatsmannes Johann Hartwig Bernstorff. Als die Vereinbarung sechs Jahre später nach der Volljährigkeit des Großfürsten Paul, des Sohnes Katharinas und ihres ermordeten Gemahls Zar Peter III., mit dem Vertrag vom Juni 1773 in Kraft gesetzt werden konnte, waren die Herzogtümer Schleswig und Holstein einschließlich kleine-rer Absplitterungen, zu denen frühere und ebenfalls überwundene Erbteilungen geführt hatten, wieder gänzlich in der Hand des dänischen Königs. Nunmehr können wir vom dänischen Gesamtstaat sprechen, in welchem der dänische König als alleiniger Herrscher im Königreich Dänemark-Norwegen und in den Herzogtümern Schleswig und Holstein regierte.

Schauen wir auf die Karte des heutigen Landes Schleswig-Holstein (siehe S. 17), so finden wir dort auch ehemals nicht schleswig-holsteinische Gebietsteile.

Zum ersten: das Herzogtum Lauenburg. Der heutige Kreis hat in seinem Namen den Zusatz „Herzogtum" bewahrt, was den Lauenburgern sehr wichtig ist. 1815 / 16 war das Herzogtum Lauenburg mit seinem nördlich der Elbe gelegenen Gebiet zur dänischen Krone gekommen. Der neue dänische Gesamtstaat, zu dem seit dem Kieler Frieden von 1814 das Königreich Norwegen nicht mehr gehörte, hatte sein Schwergewicht nach Süden verlagert.

Zum zweiten: die ehemals reichsunmittelbare Hansestadt Lübeck und der oldenburgische Landesteil Lübeck (das ehemalige Fürstentum Lübeck). Beide Territorien hatten als „Entschädigung" herhalten müssen für die zum 1. April 1937 im Rahmen des Groß-Hamburg-Gesetzes abgetretenen holsteinischen Städte Altona und Wandsbek und für weitere von Schleswig-Holstein abgetrennte Gemeinden. Einen kleinen Preis hatte Hamburg auch selber zahlen müssen, weil es die hamburgische Stadt Geesthacht und die Gemeinde Großhansdorf an die damalige preußische Provinz abzutreten hatte. Im lauenburgischen Kreisgebiet findet man heute auch ehedem lübeckische und mecklenburgische Enklaven, darunter vielleicht am bekanntesten den Domhof zu Ratzeburg.

Zum dritten: ehemals reichsdänische Gebietsteile. 1864 / 65 wurden aufgrund des von Bismarck initiierten „Tauschvertrags" gemäß dem Wiener Frieden vom 30. Oktober 1864 von der dänischen Krone u. a. die Insel Amrum, das westliche Föhr und die Nordspitze von Sylt mit List abgetreten. Weitere Auswirkungen des Tauschvertrags gibt es in Schleswig-Holstein seit der Abtretung Nordschleswigs an Dänemark gemäß dem Abstimmungsergebnis vom 10. Februar 1920 nicht mehr. Die Auflagen des Versailler Friedensvertrages zur Anwendung des Selbstbestimmungsrechtes im nördlichen und mittleren Schleswig hatten nämlich zur Teilung des alten Herzogtums Schleswig entlang der Abstimmungslinie zwischen der ersten und der zweiten Zone geführt; letztere hatte sich mit der Stadt Flensburg eindeutig für Deutschland entschieden. Die heutige Bundesgrenze ist mit der Teilungslinie von 1920 identisch.

Das tiefgreifendste Einschnittjahr in der deutschen Geschichte, das Jahr 1945, hat auch Schleswig-Holstein als Territorium nicht unberührt gelassen; es geht um Helgoland, es geht um den lauenburgisch-mecklenburgischen Gebietsaustausch.

Die Insel Helgoland war von Mai 1945 bis März 1952 aus Deutschland und somit aus Schleswig-Holstein als Teil der britischen Zone ausgegliedert. Die Insel unterstand direkt dem *War Office* in London und diente nach Ausweisung der restlichen Bevölkerung britischen und amerikanischen Luftstreitkräften als Bomben-Übungsziel. Von „restlicher" Bevölkerung ist deshalb zu reden, weil das Luftbombardement vom 18. April 1945, das die Menschen in dem unterirdischen Inselbunker überlebt hatten, kein heiles Haus auf der Insel belassen hatte. Eine Lebensmöglichkeit auf der Insel war nicht mehr gegeben, so daß fast alle Inselbewohner hatten evakuiert werden müssen. Im März 1952 wurden endlich die Hoheitsrechte an die Bundesrepublik Deutschland übertragen; die Wiedereingliederung der Insel in den Kreis Pinneberg konnte erfolgen und der Wiederaufbau der Insel in Angriff genommen werden. Damit hatte das dunkelste Kapitel in der Geschichte Helgolands eine glückliche Wende genommen.

Nun zum lauenburgisch-mecklenburgischen Grenzraum! Zwei ranghohe Offiziere, der britische General Barber und der sowjetische General Lyaschenko, vereinbarten eine Änderung des Verlaufs der Zonengrenze, um die Grenzkontrolle zu vereinfachen. Die lauenburgischen „Ausbuchtungen" östlich des Schaalsees (mit Lassahn, Kampenwerder und Stintenburg) und weiter nördlich (mit Groß- und Klein-Thurow und Dechow) kamen zur Sowjetischen Besatzungszone; mecklenburgisches Gebiet östlich des Ratzeburger Sees mit Bäk, Römnitz, Mechow und der Gemeinde Ziethen kamen zur britischen Besatzungszone. Am 27. November 1945 wurde der Austausch vollzogen; fast die gesamte lauenburgische Bevölkerung, die ihre bewegliche Habe einschließlich der Haustiere mitnehmen konnte, wechselte in den Westen über. Einem ungeheuren psychischen Druck folgend – die Entscheidung zur Aussiedlung hatte einen Tag nach Vertragsabschluß am 14. November 1945 binnen Stunden verbindlich getroffen werden müssen – entschied man sich zum Fortgang aus der angestammten Heimat, die zur Sowjetischen Besatzungszone kam; man verblieb meist im lauenburgischen Kreisgebiet. Die Menschen trugen ein schweres Schicksal, das dennoch nicht dem der Flüchtlinge und Vertriebenen aus dem deutschen Osten vergleichbar ist.

Bei allen territorialen Veränderungen, die Schleswig-Holstein im Laufe seiner Geschichte erfahren hat, ist zu bedenken, was sie für die Menschen bedeutet haben mögen. Sie mußten sich neuen Hoheitsrechten fügen, neue Landesherren akzeptieren, wie immer dies im einzelnen ausgesehen hat. Grenzänderungen, die staatliche Hoheitsrechte berühren, greifen tief in das Lebensgefühl der Menschen ein. Die Zeit nach 1945 brachte für Schleswig-Holstein indirekt – durch die Aufnahme der Flüchtlinge und Vertriebenen –, die neue Erfahrung, daß zur Änderung von Grenzen und Hoheitsbereichen auch der Verlust der Heimat, also die Infragestellung des Heimatrechtes, eines Grundrechtes des Menschen, gehören kann. Indem viele der Flüchtlinge und Vertriebenen in Schleswig-Holstein geblieben sind und das Land als ihre neue Heimat angenommen haben, haben auch sie Anteil an seinem Aufbau und an seiner Entwicklung zu einem demokratischen Bundesland. Von 1945 aus gesehen lag dieser Weg jedoch völlig im dunkeln. Ließ sich damals überhaupt die Zukunft planen? Gehörte nicht alle Kraft dem tagtäglichen Lebenskampf? Oder kann man auch die Frage nach geistigen Impulsen stellen, die Thema des nächsten Kapitels sind?

Schleswig-Holstein
1950

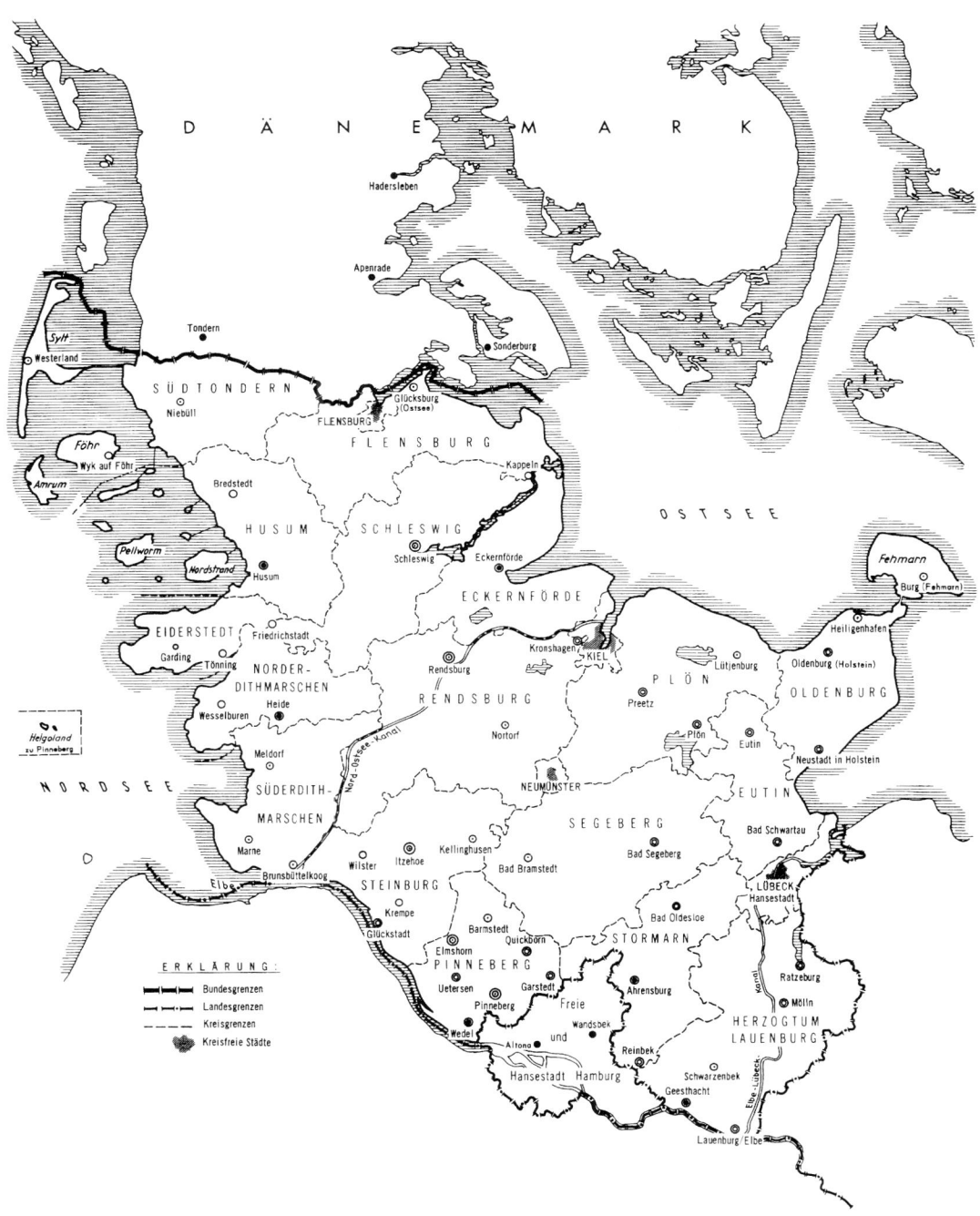

Geistige Impulse für den Neuanfang
in der Zeit des völligen Darniederliegens

Auf diese Frage gibt es keine einfache Antwort. Es ist schwerlich denkbar, daß es 1945 einen zielgerichteten Gestaltungswillen auf deutscher Seite gegeben haben kann. War man nicht gänzlich dem Willen der Sieger, in Schleswig-Holstein also dem Willen der britischen Besatzungsmacht, ausgeliefert? Nahm nicht die ungeheure Not alle Kräfte in Anspruch, um das Leben, ja das Überleben zu sichern? Besonders groß war die Not der Ausgebombten, vor allem in Kiel, wo noch am 3. Mai 1945 der letzte Angriff auf die Stadt geflogen worden war. Lübecks Altstadt lag seit der Bombennacht zum Palmsonntag 1942 großenteils in Schutt und Asche. Neumünster und Bad Oldesloe hatten noch in der Schlußphase des Krieges schwere Schäden hinnehmen müssen. Tiefflieger beherrschten damals den Luftraum und verbreiteten Angst und Schrecken. Am größten war sicherlich die Not der Flüchtlinge, die seit der Jahreswende 1944 / 1945 in immer größer werdender Zahl in Trecks über die mecklenburgisch-lauenburgische „Landbrücke" zwischen Elbe und Ostsee und vor allem über die Ostsee nach Schleswig-Holstein kamen.

Der Wohnraum wurde unter britischer Besatzung immer schärfer bewirtschaftet. Anfangs waren es noch zehn, dann acht, ja schließlich nur vier qm Wohnraum, die pro Person als Bemessungsgrundlage galten. Gemäß dieser Bemessung wurde Wohnraum beschlagnahmt und wurden Flüchtlinge bei Einheimischen zwangseinquartiert; für andere wurden Massenquartiere in Gasthöfen, Schulen, Baracken eingerichtet. Noch 1948 lebten 108 000 Flüchtlinge und Heimatvertriebene in Baracken, weitere fast 6000 in Nissenhütten (kleinere Wellblechbaracken), und nur langsam verringerte sich diese Zahl in den 50er Jahren. Erst Mitte der 50er Jahre war das sog. Barackenräumprogramm weitgehend erfüllt. Um sich ein Bild vom >Leben im Flüchtlingslager< zu machen, sollte man das mit eindrucksvollen Fotografien ausgestattete Buch von Uwe Carstens in die Hand nehmen.

Die schon während des Krieges immer schwieriger gewordene Versorgungslage verschlechterte sich in der frühen Nachkriegszeit erheblich. Es fehlte an allem Lebensnotwendigen wie Nahrung, Kleidung, Heizmaterial, Gas, Elektrizität. Das Leben bewegte sich an der Grenze des Existenzminimums, nach der Kürzung der Zuteilungsrationen im März 1946 auf rund 1000 Kalorien für den „Normalverbraucher" auch darunter. Daß aber überhaupt das Versorgungssystem auf Lebensmittelkarten, Kleiderkarten, Bezugscheinen über die Kapitulation hinaus kontinuierlich weiterlief, war doch ein Zeichen der Ordnung in allem Chaos. Die für die Nahrungsversorgung zuständige Behörde der NS-Zeit, der Reichsnährstand, wurde unter britischer Regie als *Regional Food Office* mit Sitz in Hamburg in zum Teil gleicher personeller Besetzung fortgeführt. Dabei hatte britischerseits die Effizienz der Verwaltung – und nicht nur in diesem Bereich – Vorrang vor der Entnazifizierung.

Da jeder darauf angewiesen war, durch das Kartensystem an der Versorgung teilzuhaben, läßt sich die Bevölkerungsbewegung statistisch recht gut erfassen. Nicht nur der rapide Anstieg der Wohnbevölkerung um rund 70 % auf 2,6 Millionen Menschen ist dabei im einzelnen nachvollziehbar. Hinzukommen die weniger genau erfaßbaren, fast eine Million deutscher Soldaten, die größtenteils in den sog. *Concentration Areas* in Ostholstein (= Gefangenengebiet F) und in Dithmarschen / Eiderstedt (= Gefangenengebiet G) interniert waren. Schleswig-Holstein war Auffang- und Rückführungsgebiet für deutsche Soldaten aus dem Osten, sofern sie sich dem sowjetischen Zugriff hatten entziehen können, und aus Dänemark, das binnen vier Wochen zu räumen war, und großenteils auch aus Norwegen. Ehemalige Fremdarbeiter – richtiger gesagt Zwangsarbeiter –, *Displaced Persons* (DP's) genannt, wurden in Lagern untergebracht, nach und nach repatriiert, wenn man nicht Gründe hatte, auf eine Rückkehr in den sowjetischen Machtbereich zu verzichten. Die *Displaced Persons* waren versorgungsmäßig deutlich besser gestellt als die deutsche Bevölkerung, was manche nicht davon abhielt, bei Bauern das mit Gewalt zu holen, was die Lebenslage zu bessern vermochte. Rachegefühle, Allüren der Selbstjustiz als Sieger auf der einen Seite, Angst und Schrecken bei den heimgesuchten Personen auf der anderen Seite kennzeichneten die Lage, der die britische Besatzungsmacht entgegenzutreten versuchte.

Man kann die Darstellung der damaligen Not der Menschen endlos fortsetzen; man kann zu schildern versuchen, wie das Leben der Menschen an der Grenze des Zumutbaren materiell einigermaßen sichergestellt wurde. Zu fragen ist aber auch, wie sich ein solches Leben seelisch auswirkte. Verfielen die Menschen in Lethargie? Brach sich nicht auch die Hoffnung Bahn, da das schreckliche Töten des Krieges aufgehört hatte und in den Kriegsgefangenenlagern die Entlassungsaktion anlief? Die o.g. *Concentration Areas* wurden im Raum G bis September 1945, im Raum F bis März 1946 geräumt; gleichwohl wurden nicht alle entlassen, sondern vor allem SS-Angehörige in Lager außerhalb Schleswig-Holsteins verlegt.

Man findet alle Gemütslagen und übersieht dabei am leichtesten die seelische Not derer, die mit den schrecklichen Erlebnissen der Flucht und des Bombenkrieges fertig werden mußten; man übersieht die seelische Not derer, die engste Familienmitglieder verloren hatten und vergeblich auf die Heimkehr des Ehemannes, des Vaters, des Sohnes, auch der Tochter warteten. Kann man in solch einer Lage überhaupt damit rechnen, daß sich geistige Kräfte regten, die Grundlage für den Neuanfang werden konnten?

Es gibt bewegende Zeugnisse dafür, wie gleich nach dem Zusammenbruch Sozialdemokraten, auch Kommunisten, aus dem Untergrund auftauchten und ihre Parteien neu zu beleben versuchten. Die Besatzungsmacht ließ manches zu, was offiziell noch gar nicht erlaubt war. Eine Zulassung politischer Parteien – und dazu gehörten dann auch die sog. bürgerlichen Parteien – konnte es, beginnend mit der Kreisebene, erst geben, nachdem dafür in der Verordnung Nr. 12 der britischen Militärregierung vom 15. September 1945 die rechtlichen Voraussetzungen geschaffen waren.

In Schleswig-Holstein haben wir es mit einem Land zu tun, in dem Hitler und seine Bewegung schon vor 1933 einen besonders großen Zulauf gefunden hatten. Die schwere wirtschaftliche Not – gerade auch der bäuerlichen Bevölkerung – reicht hierfür als Erklärung nicht aus. Der Ursachenforschung ist an dieser Stelle nicht nachzugehen; zu verweisen ist auf das Buch von Rudolf Rietzler >Kampf in der Nordmark<, das mit sehr viel Sachverstand diesem Thema gewidmet ist. In der Zeit nach 1933 zeigt sich, daß Anpassung und Mitläufertum typische Merkmale einer Diktatur sind, in der das freie Wort unterdrückt wird. Ob nach der Errichtung des sog. Führerstaates wirklich alle Ja-Sager auch innerlich bei ihrer Haltung blieben, ist schwer zu sagen. Es muß dennoch gefragt werden, wieviele der Anhänger Hitlers in den ersten Jahren des Regimes heimlich dem NS-Staat abschworen, als immer offenkundiger wurde, daß Hitler in seinem Rassenwahn und Größenwahn das Reich zugrunde richten würde und Menschen – ihrer persönlichen Freiheit beraubt – zu entwürdigen trachtete.

Die schwierige Mentalitätsgeschichte zum Leben in der Diktatur hat noch sehr viel aufzuarbeiten. Hier möchte ich wagen, von einer These auszugehen, deren Verifizierung noch aussteht: Es hat auch in Schleswig-Holstein einen demokratischen Neuanfang nach 1945 nur geben können, weil die meisten Menschen – ob Einheimische oder Flüchtlinge und Vertriebene – dem NS-Regime vor 1945 längst abgeschworen hatten, sich 1945 befreit fühlten und bereit waren, sich den Werten zu öffnen, die als unveräußerliche Menschenrechte Grundlage der demokratischen Ordnung sind. Nur so war eine feste demokratische Staatswerdung möglich. Dabei ist sehr wohl eine Orientierung an den Werten denkbar, die auch zur schleswig-holsteinischen Geschichte gehören, wie etwa das aus der schleswig-holsteinischen Erhebung hervorgegangene, von einer freigewählten Landesversammlung erarbeitete Staatsgrundgesetz vom 15. September 1848. Die Gründung des Landes Schleswig-Holstein ist mit seinem geschichtlichen Erbe, das in den Farben blau-weiß-rot der Landesfahne symbolisiert ist, eng verbunden. Was damals gewollt, aber nicht zu realisieren war, hat nach 1945 in der Gründung des Landes Schleswig-Holstein sichtbare Gestalt angenommen.

Noch einmal sei gesagt, was auch an anderer Stelle bereits anklang: Das heutige Bundesland Schleswig-Holstein ist von seinem geschichtlichen Erbe, das neben anderen Daten insbesondere an den Jahren 1386, 1460 und 1848 festzumachen ist, gar nicht zu trennen. Wieweit dies in dem konkreten politischen Handeln unter den Bedingungen der britischen Besatzungsherrschaft Menschen bewußt sein konnte, lasse ich dahingestellt. Bei den Menschen aus dem Osten war ein solches Bewußtsein schon gar nicht zu erwarten. Und dennoch darf man sagen, daß der verfassungsrechtliche Weg Schleswig-Holsteins nach 1945 im Einklang mit der langen Geschichte dieses Landes gesehen werden kann.

Die zerstörte Nikolaikirche in Kiel

Aufräumarbeiten der Briten vor dem „Empire-Building", nämlich vor dem von ihnen für die Soldaten-Betreuung (Army Welfare) beschlagnahmten Gewerkschaftshaus in der Fährstraße (Legienstraße) in Kiel

21

Die Gebäude der Electro-Acustik (Rüstungsbetrieb im Kriege); im August 1945 wurden die Gebäude der Elac großenteils der Christian-Albrechts-Universität übergeben, die ihre eigenen Häuser im Kriege weitgehend verloren hatte.

Die Elac-Gebäude Ecke Westring / Olshausen-Straße mit der Baracke, die u.a. vom Studentenwerk genutzt wurde. Aufnahme der 50er Jahre mit dem neu errichteten Eingangsgebäude (Aufgang zum Hebbel-Hörsaal). In dem sich anschließenden flachen Gebäude (Mensa, zugleich als Auditorium maximum dienend) fand am 27. November 1945 die feierliche Wiedereröffnung der Universität statt.

Organisation, Aufgaben und Ziele
der britischen Militärregierung

Die britische Militärregierung bestimmte den Handlungsspielraum, der den Deutschen gegeben war. Hatte sie dabei überhaupt eine Zielvorstellung, hatte sie ein Konzept? Diese Fragen sind grundsätzlich zu bejahen, wobei zweierlei zu bedenken ist:

Erstens: Es gab überlegte Maßnahmen, die der *Short term policy* angehörten, und zwar zur Hauptsache im Bereich der Sicherheit, der politischen Säuberung von Spitzenfunktionären, die größtenteils der Kategorie der sog. *Automatic arrest categories* zugerechnet wurden; dazu gehörten im Korps der politischen Leiter der NSDAP die hauptamtlich Bediensteten vom Kreisleiter aufwärts, dazu gehörten die SS-Offiziere. Es gab Maßnahmen zur Versorgung der notleidenden Bevölkerung. Dem gegenüber hatte die *Long term policy* es zu tun mit Überlegungen zur staatlichen Neuordnung Deutschlands auf der Grundlage einer politischen und geistigen Neuorientierung der Menschen im Sinne des liberalen und demokratischen Gedankens und auf der Grundlage eines föderativen Staatsaufbaus für Deutschland. In dem Maße, wie letzteres erkennbar wurde, eröffnete sich auch die Chance zur Gründung des Landes Schleswig-Holstein.

Zweitens: Zu jedem Konzept gehörte bei seiner Umsetzung auch ein Stück Pragmatismus. Alle Vorgaben in der kurzfristig wie auch langfristig angelegten Politik mußten bei ihrer praktischen Umsetzung „dem Mann vor Ort" einen Handlungsspielraum zubilligen, der eigenverantwortlich auszufüllen war. Die wiederkehrende Formel lautete: *„The man on the ground has to decide".*

Die Deutschland-Planung reichte weit in die Kriegszeit zurück. Sie war im Oktober 1943 auf der Moskauer Außenminister-Konferenz der drei Großmächte (mit Molotow / UdSSR, Stettinius / USA, Eden / Großbritannien) einer sog. Europäischen Beratenden Kommission (*European Advisory Commission*) angetragen worden, die dann im Januar 1944 ihre Beratungen in London aufnahm. Dabei ging es zur Hauptsache über das künftige Kontrollverfahren in Deutschland. Auf die Beratungen, die unter dem Vorsitz des britischen Delegierten Unterstaatssekretär Sir William Strang stattfanden, hat die britische Seite einen besonders starken Einfluß genommen. Auch wenn die konkrete Kriegslage zur Zeit des Zusammenbruchs ihre eigenen Anforderungen an die Abfassung etwa des Textes der bedingungslosen Kapitulation der Wehrmacht stellte, so war doch in den Erklärungen, die die vier Oberkommandierenden der sowjetischen, amerikanischen, britischen und auch französischen Streitkräfte am 5. Juni 1945 in Berlin abgaben, das enthalten, was in der Europäischen Beratenden Kommission vereinbart worden war: Die Übernahme der höchsten Regierungsgewalt (*supreme authority*) in Deutschland durch die Siegermächte, die Festlegung des Kontrollverfahrens in Deutschland mit den Besatzungszonen, den zonalen Militärregierungen, dem Alliierten Kontrollrat in Berlin, der gemeinsamen Kommandantur für das in vier Sektoren aufgeteilte Berlin.

Da, wo der militärische Operationsstand in Folge der Kriegshandlungen von den im Plan festliegenden Grenzen der Besatzungszonen abwich, fanden am 1. Juli 1945 die entsprechenden Truppenbewegungen statt. Dies berührte auch Schleswig-Holstein. Am 1. Juli 1945 wurden die Einheiten der 15. Schottischen Division, die auf mecklenburgischem Boden standen (die anglo-amerikanischen Streitkräfte waren im Zuge der Kampfhandlungen bis zu einer Linie Ludwigslust – Schweriner See – Wismarer Bucht vorgerückt), zur schleswig-holsteinischen-mecklenburgischen Landesgrenze zurückgenommen. Bei der Festlegung der Zonengrenze war man tunlichst innerdeutschen Grenzen gefolgt, um nicht Verwaltungsstrukturen zu durchschneiden. Doch war man schon in der Planungsphase davon abgewichen, wenn dies für die militärische Kontrollaufgabe an der Zonengrenze als zweckdienlich angesehen wurde. So wurde das rechtselbische hannoversche Amt Neuhaus am 1. Juli in die Sowjetische Besatzungszone einbezogen. Daß das aber auch nachträglich geschehen konnte, nämlich an der mecklenburgisch-lauenburgischen Grenze, ist bereits im anderen Zusammenhang erwähnt worden.

Bleiben wir nun in Schleswig-Holstein! Der Krieg war hier mit der Kapitulation gegenüber der 21. britischen Heeresgruppe (wie im ganzen nordwestdeutschen Raum und auch in Holland und in Dänemark) am 5. Mai 1945, morgens 8 Uhr, gemäß der am Vorabend im Hauptquartier von Feldmarschall Montgomery bei Lüneburg unterzeichneten Kapitulationsurkunde zu Ende gegangen. Britische Truppen standen zu dieser Zeit schon im Kieler Raum, besetzten nachfolgend ganz Schleswig-Holstein, und dies mit einer gewissen Verzögerung im Norden des Landes, um der letzten >Reichsregierung< unter Großadmiral Dönitz eine zur Herbeiführung der gesamten Kapitulation (wirksam um Mitternacht 8./9. Mai 1945) die nötige Autorität zu belassen.

Im Plöner Schloß richtete Generalleutnant Sir Evelyn Barker, Kommandeur des VIII. Korps der 2. britischen Armee, sein Hauptquartier ein. Von hier aus befehligte er die Besatzungsstreitkräfte. Ihm unterstanden ferner die *Detachments* der britischen Militärregierung, die nach einem Plan des Generals Templer im Hauptquartier der 21. Heeresgruppe in die Provinz Schleswig-Holstein entsandt wurden. Diese *Detachments* entsprachen der Struktur der preußischen Provinzialordnung. Folglich gab es 21 Kreis-*Detachments* für die 17 Landkreise und 4 Stadtkreise, und zwei weitere *Detachments* für die Regierung des Regierungsbezirks Schleswig (so benannt nach der Stadt Schleswig als Sitz des Regierungsbezirks) und für das Oberpräsidium in Kiel. Jedes *Detachment* hatte seine Kennziffer. Das wichtigste *Detachment* war das *Provincial Detachment*, in der abgekürzten Formel *312 (P) Det. Mil. Gov. (Detachment Military Government)*, das der Colonel und sehr bald zum Brigadegeneral beförderte Gail Patrick Henderson befehligte. Das einigermaßen unversehrt gebliebene Gebäude der Landwirtschaftskammer am Sophienblatt in Kiel wurde Dienstsitz des *Provincial Detachment*, zu dem von Offizieren geleitete Fachabteilungen für Inneres, Wirtschaft, Finanzen, Erziehung, usw. gehörten.

Die Befehlswege liefen über das Hauptquartier von General Barker in Plön. Doch daneben gab es auch die direkten Dienstanweisungen, die von den Fachabteilungen der zonalen Militärregierung mit ihrem „vorgeschobenen" Hauptquartier in Berlin kamen; das war das *Advanced Headquarters*; und mehr noch kamen sie von den einzelnen Fachabteilungen des *Main Headquarters* an verschiedenen Orten im ost-westfälischen Raum; man spricht hier auch von den *Zonal Executive Offices*.

Besatzungsstreitkräfte und Militärregierung waren funktional getrennt, arbeiteten aber eng zusammen, etwa bei der Einhaltung des *Curfew,* der nächtlichen Ausgangssperre, für die es Ausnahmeregelungen gab, sonst aber strikt überwacht wurde. Aufgehoben wurde sie erst im Oktober 1946. Die Zusammenarbeit wurde auch bei den oben erwähnten automatischen Verhaftungen praktiziert, die hohe Funktionsträger wie auch die Inhaber hoher staatlicher Ämter (Landräte, Oberbürgermeister) betrafen. Die Feldpolizei des *Field Security Service* führte die Verhaftungen durch.

Die Besatzungsmacht war also präsent. Sie hatte sich in öffentlichen Gebäuden, aber auch in beschlagnahmten Privathäusern eingerichtet. Sie nahm deutsches Dienstpersonal an. Die Streitkräfte von Armee, Marine und Luftwaffe befehligten deutsche Dienstgruppen, die unter Wehrmachtangehörigen rekrutiert wurden und Panzersperren zu beseitigen, Munitionsdepots aufzulösen, Minen zu räumen hatten und vieles mehr an meist militärischen Aufgaben erledigen mußten. Die Besatzungsmacht bediente sich im Bereich des *Army Welfare Service* mit den Casinos, Filmtheatern usw. gerne deutscher Hilfskräfte, und nicht wenige bemühten sich um einen Arbeitsplatz bei den britischen Dienststellen, gerne auch im Küchendienst, hatte man doch manche Vorteile, etwa die Chance, Tee und Zigaretten zu bekommen.

Im übrigen bestimmten sofort die Maßnahmen der *Short term policy* das äußere Leben. Dazu gehörte das erwähnte *Curfew*. Nachrichtenblätter der Militärregierung, die anfangs nur im Aushang zu lesen waren, enthielten Anweisungen für die Registrierung von Militärpersonen, die noch nicht ordnungsgemäß entlassen waren, für Waffenablieferung, für die Ausgabe von Lebensmittelkarten, usw. Ferner wurde sofort angeordnet und entsprechend zur Kenntnis gebracht, daß alle deutschen Gerichte und alle Schulen und Hochschulen zu schließen seien. Das bedeutete Stillstand in der Rechtspflege, Stillstand im Erziehungs- und Bildungsbereich.

Die Zuständigkeit für die Anordnungen lag ab 14. Juli 1945, dem Tag der Aufhebung des gemeinsamen westlichen Oberkommandos mit General Eisenhower an der Spitze als *Supreme Commander Allied Expeditionary Force* bei der *Control Commission for Germany / British Element* .

Der CCG (BE) war u.a. das 312 (P) Det. Mil. Gov. unterstellt, das sich nach dem 14. Juli 1945 wie folgt präsentiert:

Control Commission for Germany (British Element)
CCG (BE)

Advanced Headquarters: Berlin
Main Headquarters: Lübbecke, Bünde etc.
Zonal Executive Offices

* *

*

8 Corps District
Commander: Lieutenant General Sir *Evelyn Barker* (Plön)

312 (P) Detachment Military Government (Kiel)
Commander : Brigadier *Gail Patrick Henderson*

Executive Offices (Branches)

SO 1 (Senior Officer) Lieutenant-Colonel *B. K. Thomas*
Policy; Military Government Instructions; Security

SO 2 (Senior Officer) Major *C. N. Rose*
Information Control; Public Relations

Sections (ad SO 2)

Legal: Major *F. Cassels*; Public Safety: Lieut.-Colonel *J. Chambers*; Education: Major *H.E. Wilcox*

SO I (Senior Officer) Administration: Lieutenant-Colonel *R. Landells*
Coordination of functions; Policy

SO II (Senior Officer) Administration: Major *R. Craig*
Refugees, Routine Correspondence

Sections (ad SO II)

Road Transport: Major *L. Walker;* Public Health: Lieutenant-Colonel *F. Ansley;* Food & Agriculture: *T. Griffin;* Trade & Industry: Major *W. McLean;* Labour: Captain *R. Davidson*

Organisation (312 (P) Det. Mil. Gov. (1945)
gekürzte Wiedergabe
Public Record Office, Akte: WO 1006/102

Noch im Juli 1945 erschien die erste Ausgabe des Amtsblattes der Militärregierung Deutschland / Britisches Kontrollgebiet bzw. *Military Government Gazette / British Zone of Control*, und dies als Nr. 4, um so anzuknüpfen an die Amtsblätter Nr. 1 - 3, die in der Verantwortung von Eisenhower als gemeinsamem westlichen Oberkommandierenden erschienen waren. In der ersten Ausgabe des britischen Amtsblattes wurde kraft Verordnung des obersten Befehlshabers und Militärgouverneurs der britischen Zone verfügt:

"All Military Government Proclamations, Ordinances, Laws, Notices, Regulations and other enactments and orders and all amendments and modifications thereof issued by or under the authority of the Supreme Commander Allied Expeditionary Force and effective within the British Zone of Control on 14th July 1945 are hereby confirmed and will continue in force throughout the British Zone until repealed or amended by or under the authority of the Commander-in-Chief of the British Zone of Control."

Gemäß dieser sog. *Confirmation of Legislation* bestand auch der Stillstand in der Rechtspflege und im Erziehungsbereich fort, doch dies in der Absicht, nach gründlicher Überprüfung des Richterstandes und des Lehrer- und Hochschullehrerstandes wie auch der deutschen Gesetze als Grundlage der Rechtssprechung und des Lehrmaterials die Gerichte und Schulen und Hochschulen wieder zu eröffnen. Am 26. und 27. November 1945 war es soweit, daß an den beiden aufeinanderfolgenden Tagen das höchste Gericht des Landes, das Oberlandesgericht – damals noch in Kiel –, und die höchste Bildungsstätte des Landes, die Christian-Albrechts-Universität zu Kiel, ihre Arbeit in der Rechtspflege und in der Forschung und Lehre wieder aufnehmen konnten.

Die Potsdamer Konferenz der Großen Drei, d.h. der Staats- und Regierungschefs der USA (Truman), der UdSSR (Stalin) und Großbritanniens (Churchill, abgelöst durch Attlee) hatte in ihrer abschließenden Erklärung vom 2. August 1945 wenig konkrete Wege zur Behandlung der Deutschen Frage aufgezeigt. Man kann mit Herman Graml sagen: Der Entschlossenheit der Alliierten, die oberste Staatsgewalt in Deutschland im Bereich der vier Besatzungszonen auszuüben, entsprach kein gemeinsames Deutschland-Konzept. Wir haben es zu tun, so Graml, mit einer auch nach der Potsdamer Konferenz fortbestehenden „konzeptionslosen Entschlossenheit".

Um so wichtiger war es der britischen Politik, ihre Ziele der *Long Term Policy* zu definieren und zur Grundlage ihrer Politik zu machen. Es wird sich zeigen, daß diese Politik auf die Schaffung einer bundesstaatlichen Lösung für Deutschland hinauslief, so wie sie Jahre später im Bereich der westlichen Besatzungszonen in Form der Bundesrepublik Deutschland verwirklicht werden sollte, doch dies nur als eine partielle Lösung der Deutschland-Frage.

Die britische Deutschland-Planung, die weit in den Zweiten Weltkrieg zurückreicht und die Lothar Kettenacker zum Gegenstand einer gründlichen Untersuchung gemacht hat, läßt die Schlußfolgerung zu, daß diese *Long Term Policy* lange überlegt worden war, auch auf dem Hintergrund von Erfahrungen mit dem Frieden von Versailles. Die von diesem Frieden ausgegangene Fehlentwicklung durfte sich nicht wiederholen. Die Briten mußten zur Verantwortung in Deutschland und für Deutschland bereit sein, um auf diese Weise zur >Regeneration of Germany< beizutragen. Das war der Titel eines Memorandums, das der Deutschland-Berater im *Foreign Office*, John Troutbeck, im Januar 1944 vorlegte. Aus diesem und anderen Schriftstücken des *Foreign Office* ist die Schlußfolgerung zu ziehen: Die langfristig angelegte britische Politik folgte einer Leitlinie, zu der die drei zentralen Begriffe gehörten: *Re-education, Responsible Government, Federation of Germany.*

Der erste Begriff ist mit „Umerziehung" nicht treffend zu übersetzen. Worauf es den Briten ankam, war dies: Die Menschen in Deutschland sollten sich neu orientieren; deshalb auch der Begriff *Re-orientation* statt *Re-education*; sie sollten sich neu orientieren in der eigenen Geschichte und in der humanistischen Tradition ihres Landes, um zu erkennen, daß die Werte von Freiheit, Demokratie, Selbstbestimmung, Toleranz auch in der deutschen Geistesgeschichte ihren hohen Rang haben. Das Erbe von 1848 war neu zu beleben und in seinem Wert bewußt zu machen.

Der zweite Begriff zielte auf demokratische Mitverantwortung der Menschen in der Kommune, in der Region, im Lande. Die praktische Umsetzung dieses Leitbegriffes sollte Ende 1945 / Anfang 1946 dazu führen, daß die Deutsche Gemeindeordnung nach dem Vorbild des britischen *Local Government* umgestaltet wurde. Wolfgang Rudzio sieht darin einen „Export britischer Demokratie", doch fügt er mit Recht ein Fragezeichen hinzu, gab es doch auf britischer Seite warnende Stimmen: man solle nicht in den Fehler verfallen, britische Einrichtungen nach Deutschland zu transplantieren. In diesem Sinne äußerte sich zum Beispiel der spätere *Educational Adviser* des Militärgouverneurs der britischen Zone, Sir Robert Birley, ein Wegbereiter der deutsch-britischen Verständigung.

Ziel der neuen Kommunalordnung war es, die Kommunalvertretungen (sie wurden erstmals im September und Oktober 1946 gewählt) und die Kommunalverwaltung klar voneinander zu trennen. Die politische Verantwortung hatte bei den gewählten Körperschaften zu liegen; die Verwaltung hatte sich als allein ausführendes Organ zu verstehen. Das war gut gedacht, wenn nur nicht die Neubewertung von Begriffen Verwirrung gestiftet hätte.

Die Titel „Landrat", „Oberbürgermeister" oder „Bürgermeister" standen nunmehr der Person an der Spitze der gewählten Körperschaft zu; diese Person sollte sich als Repräsentant des Kreises, der kreisfreien Stadt oder des kreisabhängigen Ortes verstehen. Das war eine neue ungewohnte Verwendung der überlieferten deutschen Titel, und dies in Anpassung an den englischen Begriff *Mayor*. Die Person an der Spitze der Verwaltung nannte man Kreisdirektor(in), Oberstadtdirektor(in) oder Stadt- bzw. Gemeindedirektor(in).

Ein Blick voraus: Nach Eingrenzung der Besatzungsrechte auf der Grundlage des Besatzungsstatuts vom 21. September 1949 konnte man an die Reform der „englischen" Gemeindeordnung herangehen, was dann auch im folgenden Jahr durchgeführt wurde. Seit dem 1. März 1950 sind Landrat und Oberbürgermeister bzw. Bürgermeister wieder die Spitzen der Verwaltung; in den neuen Titeln der Vorsitzenden der gewählten kommunalen Körperschaften, nämlich Kreispräsident(in), Stadtpräsident(in) oder Bürgervorsteher(in) wird aber treffend zum Ausdruck gebracht, daß sie – und nicht die Spitzen der Verwaltung – die politischen Repräsentanten des Landkreises, der kreisfreien Stadt und der Ortsgemeinde sind.

Die Umsetzung des *Responsible Government* auf Landesebene war ein schwieriger Prozeß, weil damit die territoriale Neuordnung des nordwestdeutschen Raumes verbunden war. Diese Neuordnung war geboten, weil Preußen als Gesamtstaat faktisch aufgehört hatte zu bestehen. Das Land Schleswig-Holstein sollte einer seiner Nachfolgestaaten werden.

Mit der territorialen Neugestaltung des nordwestdeutschen Raumes wollte die Londoner Regierung für den britisch besetzten Teil Deutschlands die Voraussetzung dafür schaffen, daß in ihrem Verantwortungsbereich der Weg zu einer künftigen *Federation of Germany* frei würde. Ja, die Zielsetzung der britischen Politik ging sogar noch weiter: Dereinst sollte ein föderativ geordnetes demokratisches Deutschland in die Gemeinschaft der freien Völker zurückfinden können.

Fortbestehende deutsche Verwaltung unter Dr. Otto Hoevermann als Oberpräsident

Die Not im Lande, die Versorgungsprobleme auch aufgrund eines darnieder liegenden Verkehrssystems, die fortdauernde Ankunft von Flüchtlingen aus dem Osten – all dies ließ auf britischer Seite den Gedanken an einen Stillstand der Verwaltung nicht aufkommen. Es gab zuviel Eigeninteresse auf Seiten der Briten, die bei Unterversorgung und mangelnder Gesundheitsfürsorge Seuchen befürchteten, welche dann auch die eigenen Leute im Lande gefährden mußten. Es gab aber auch ein Verantwortungsgefühl gegenüber den Deutschen.

Vor der Ankunft der britischen Streitkräfte war noch von deutscher Seite Anweisung gegeben worden, daß alle Dienststellen der Verwaltung – Reichs-, Provinz- und Kommunalbehörden – soweit wie irgend möglich funktionsfähig zu halten seien. Die Briten, die in die Dienststellen kämen, sollten die Behördenleiter an ihrem Arbeitsplatz antreffen. Alle Dienststellen der NSDAP hingegen waren vor Ankunft der Briten aufzulösen. Das Registraturgut der Partei wurde vielerorts verbrannt. Die Spitzenfunktionäre der

Partei versuchten vielfach unterzutauchen, wie etwa Gauleiter und Oberpräsident Hinrich Lohse, der später doch gefaßt und arretiert wurde.

Zu den Reichsbehörden: sie waren mit der Regierung Dönitz in Flensburg-Mürwik auf höchster Ebene vertreten. Großadmiral Dönitz war entschlossen, an seinem Platz zu bleiben, obwohl er nicht damit rechnete, daß ihm die Briten eine Wirkungsmöglichkeit als Staats- und Regierungschef belassen würden. Daß es dann am 23. Mai 1945 zu der in unwürdiger Form vorgenommenen Verhaftung der Mitglieder der Reichsregierung und des Oberkommandos der Wehrmacht kam, war dann doch für die Betroffenen überraschend, und dies aus folgendem Grunde: Mit den deutschen militärischen Dienststellen war es nämlich gleich nach der Kapitulation zu einer Art Zusammenarbeit gekommen, die manchen – Generaloberst Jodl, Feldmarschall Busch und Generaladmiral von Friedeburg – die Illusion gab, dies könne so weitergehen. In Wahrheit ging es den Briten nur darum, wie Winston Churchill im Mai 1945 im Unterhaus rechtfertigend erklärte, deutsche Kommandostrukturen für die Befehlsübermittlung zu nutzen, zumal – so Churchill – die Deutschen ja in Befehlsempfang und Befehlsausführung bestens geübt seien. Wie anders, so fragte Churchill, sei es denn möglich, mit drei Divisionen in Schleswig-Holstein die dortigen Hunderttausende von deutschen Soldaten zu entwaffnen, zu versorgen und zu kontrollieren. Die Briten hätten diese Form der „Zusammenarbeit" wohl gerne noch länger aufrecht erhalten. Doch die Sowjets und die Amerikaner drängten darauf, solches Zusammenwirken auf dieser hohen Ebene zu beenden. Auf unterer Ebene – etwa in der „militärischen Selbstverwaltung" der Deutschen in den oben erwähnten Internierungsräumen – bestand die Zusammenarbeit noch länger fort.

Es war den Briten klar: Im Bereich der Provinzial- und Kommunalverwaltung kam für sie die Zusammenarbeit mit den Spitzenfunktionären der NS-Zeit auf keinen Fall in Betracht. Aber wer sollte die Ämter leiten? Es gab eine weitere Schwierigkeit. Die Briten verstanden nicht die Kompetenzabgrenzungen zwischen den preußischen Zentralbehörden in der Provinz Schleswig-Holstein. Da gab es den Oberpräsidenten in Kiel, den Regierungspräsidenten in Schleswig, den Landeshauptmann, dessen Behörde im Krieg von Kiel nach Schleswig verlegt worden war. Zwar hatte man sich bemüht, diese Behördenorganisation zu begreifen. Eine Hilfe dafür war das Handbuch der Militärregierung, das während des Krieges in Zusammenarbeit mit dem *Foreign Office Research Department* (Leiter: Professor Tom Marshall, Oxford) entstanden war und die Angehörigen der *Detachments* der Militärregierung unterrichten sollte. Viele Angehörige der Militärregierung hatten auch Vorbereitungskurse besucht, die vom britischen *War Office* durchgeführt wurden. Aber in der Provinz Schleswig-Holstein mit dem einen Regierungsbezirk Schleswig – so etwas gab es nur hier – waren die Verhältnisse besonders schwierig. Schauen wir uns die personelle Besetzung bei Kriegsende näher an, bevor die Engländer ihre Eingriffe vornahmen!

Hinrich Lohse, im Amt des Oberpräsidenten seit April 1933, erhielt am 9. Mai 1945, also unmittelbar nach der um Mitternacht wirksam gewordenen Gesamtkapitulation, von Großadmiral Dönitz aus seinem Hauptquartier in Flensburg-Mürwik das folgende kurze Entlassungsschreiben, das vom 6. Mai 1945 datiert ist: *„In Berücksichtigung der gegenwärtigen Lage habe ich mich entschlossen, auf Ihre weitere Mitarbeit als Oberpräsident und Reichsverteidigungskommissar zu verzichten. Ich danke Ihnen für die Dienste, die Sie dem Reiche geleistet haben.“* Gleichlautende Entlassungsschreiben erhielten auch die Reichsminister Rust, Rosenberg und Thierack. Dönitz setzte einerseits auf Kontinuität, deshalb wohl der Dank; andererseits glaubte er wohl der neuen Lage Rechnung tragen und sich von „NS-Größen“ trennen zu müssen, um eine Chance für das Fortbestehen seiner Regierung zu haben, was sich ja sehr schnell als Illusion erwies. Die Geschäfte des Oberpräsidiums versah der Vizepräsident im Oberpräsidium Waldemar Vöge, dem Hinrich Lohse im Dezember 1940 den ungewöhnlichen Titel eines Regierungspräsidenten gegeben hatte. So wurde in der preußischen Verwaltungsordnung der Mann an der Spitze eines Regierungsbezirks benannt. In diesem Sinne war Wilhelm Hamkens der letzte Regierungspräsident. Das Amt hatte er seit Anfang 1938 als Nachfolger von Anton Wallroth inne; er trat aus persönlichen Gründen im Februar 1944 von diesem Amt zurück.

Zu einer Neubesetzung kam es nicht. Vielmehr wurde der Regierungspräsident im Oberpräsidium Waldemar Vöge mit der Wahrnehmung der Geschäfte auch in Schleswig, Verwaltungssitz des Regierungsbezirks, beauftragt. Neben dem Oberpräsidenten – so bis 1934 und dann ihm formal unterstellt – gab es die sog. Selbstverwaltung des Provinzialverbandes; die Provinz Schleswig-Holstein bildete diesen Provinzialverband, allerdings aufgrund der lauenburgischen Sonderrechte ohne den Kreis Herzogtum Lauenburg. Der Provinzialverband hatte die Verantwortung für bestimmte Kultureinrichtungen der Provinz wie etwa das Thaulow-Museum in Kiel, für Sozialeinrichtungen wie etwa die Heilanstalten in Schleswig und in Neustadt sowie für den übergemeindlichen Wegebau und die Landschaftspflege. Der Provinzialverband hatte einen eigenen Behördenapparat; an seiner Spitze stand seit 1938 – in der Nachfolge von Otto Roer – Dr. Wilhelm Schow, der bald nach der Kapitulation den Freitod wählen sollte.

Die britische Besatzungsmacht übernahm in Schleswig-Holstein zum Zeitpunkt des deutschen Zusammenbruchs eine funktionierende Provinzialverwaltung. Der Befehlshaber des 312 (P) Det. Mil. Gov. Gail Patrick Henderson war darum besorgt, diese Verwaltung funktionsfähig zu halten. Deshalb verzichtete er auf sofortige übermäßige personelle Eingriffe, wie sie eine schnelle und durchgreifende Entnazifizierung erfordert hätten. Zunächst wurden nur die Spitzen und somit die Repräsentanten der Verwaltung aus der NS-Zeit ausgewechselt. Neuer kommissarischer Oberpräsident wurde am 14. Mai 1945 der Regierungsdirektor im Oberpräsidium Dr. Otto Hoevermann. Regierungsrat Werner Mensching übernahm die kommissarische Leitung des Amtes des Regierungspräsidenten in Schleswig. Landesoberverwaltungsrat Dr. Hans Müthling wurde im Mai 1945 als kommissarischer Landeshauptmann mit der Verwaltung der Geschäfte des Provinzialverbandes beauftragt. Damit waren solche Männer in die Verwaltungsspitzen gerückt, die jeweils aus den drei Verwaltungsbereichen kamen und folglich mit ihren neuen Aufgaben schnell vertraut werden konnten. In ähnlicher Weise wurden im Mai / Juni 1945 die Landräte und Oberbürgermeister der Land- und Stadt-kreise durch neue Führungsleute ersetzt, während auch hier der untere Verwaltungs-bau zunächst weitgehend vor personellen Eingriffen verschont blieb.

Der wichtigste neue Mann war Dr. Otto Hoevermann; nicht nur hatte er die rang-höchste Stellung inne. Im Unterschied zu Mensching und Müthling wurde Hoevermann in seiner Stellung als Oberpräsident am 18. August 1945 ausdrücklich bestätigt. Was war das für ein Mann? Wieso ernannte die Militärregierung gerade ihn?

Otto Hoevermann war Rheinländer. Er war 1888 in Bonn am Rhein als Sohn des Quästors der dortigen Universität geboren worden. Seine Vorfahren stammten väterli-cherseits aus dem ost-niedersächsischen Raum, mütterlicherseits aus der Eifel. Nach Schleswig-Holstein kam der promovierte Jurist erst am 1. Juni 1939 aufgrund seiner Versetzung vom Kommunaldezernat der Regierung des Regierungsbezirks Koblenz in der Rheinprovinz an das Oberpräsidium in Kiel. Hier leitete er ab September 1939 als Regierungsdirektor die Allgemeine Abteilung. Die Ernennung zum kommissarischen Oberpräsidenten kam für Hoevermann selber überraschend. Denn er war im Jahre 1937 der NSDAP beigetreten, andererseits hatte er von den neuen nationalsozialisti-schen Machthabern 1933 die Absetzung als Landrat des sog. Restkreises St. Wendel-Baumholder (Regierungsbezirk Trier) und die mehrmonatige Versetzung in den Warte-stand hinnehmen müssen. An dem Tag seiner Ernennung zum kommissarischen Ober-präsidenten hatte das 312 (P) Det. Mil. Gov. im Zusammenwirken mit der *Public Safety Branch* im Dienstgebäude des Oberpräsidiums – das war der Rantzau-Bau des im übri-gen völlig zerstörten Kieler Schlosses – Fragebögen ausfüllen lassen, so wie einer auf Seite 157 als Faksimile abgebildet ist. Nach der Auswertung der Fragebögen wurde Dr. Hoevermann zum Dienstsitz des 312 (P) Det. Mil. Gov. gerufen; er erhielt dort von Colo-nel G. P. Henderson seine Ernennung, nicht ohne diesen auf seine Angaben im Fragebo-gen ausdrücklich aufmerksam gemacht zu haben. Henderson hatte einen Augenblick gezögert, um sodann zu erklären, daß für seine Ernennung die von ihm erwartete Sach-kompetenz maßgebend sei.

Und die besaß Hoevermann im hohen Maße! Er war Beamter und als solcher gegen-über der ihm übergeordneten Dienstbehörde weisungsgebunden. Diese Behörde war nicht mehr die preußische Staatsregierung in Berlin, sondern die britische Militärregie-rung. Ihr diente er korrekt. In seinen fast täglichen Dienstbesprechungen mit der Mili-tärregierung gewann er die Wertschätzung des Kommandeurs des 312 (P) Det., Briga-dier G. P. Henderson. Wenn gleichwohl die Amtszeit von Dr. Otto Hoevermann schon am 15. November 1945 enden sollte, dann lagen die Gründe dafür – zwar nicht allein, aber auch – in seinem bisherigen Lebensweg. Im Vorfelde der Gründung politischer Parteien wurde die Militärregierung namentlich von sozialdemokratischer Seite gefragt, ob mit einem Manne wie Hoevermann ein demokratischer Neuanfang wirklich mög-lich sei. Von dänischer Seite wurde Hoevermanns äußerst kritische Haltung gegenüber namhaften Südschleswigern, die den Anschluß an den Norden suchten, als deutsch-national, ja nationalistisch ausgelegt. Schließlich wurde Dr. Otto Hoevermann auf Anweisung der britischen *Control Commission* in Berlin seines Amtes enthoben und in den Ruhestand versetzt.

Hoevermanns Leistungen als Oberpräsident sind nicht zu bestreiten und wurden auch von britischer Seite anerkannt. Paul Backe war auf Hoevermanns Vorschlag neuer Vizepräsidenten im Oberpräsidium geworden; sein Fragebogen (siehe Abbildung) zeigt keinerlei politische Belastung. In Zusammenarbeit mit seinem Vizepräsidenten und mit den neu ernannten Landräten und Oberbürgermeistern setzte sich Hoevermann tatkräftig für die Besserung der äußerst schwierigen Versorgungslage der Bevölkerung und vor allem für die Linderung der Not der Flüchtlinge und Vertriebenen ein. Dabei ging Hoevermann von dem Grundsatz aus: „nur die Arbeit kann uns retten". Er appellierte an die sittliche Verantwortung eines jeden einzelnen, und dies angesichts der Tatsache, daß vielerlei dazu beitrug, Lethargie und Hoffnungslosigkeit aufkommen und sittliche Maßstäbe in Verfall geraten zu lassen: der Mißbrauch, der mit Menschen und ihrem Idealismus im Dritten Reich getrieben worden war, die Konfrontation mit den Schreckensbildern aus den Konzentrationslagern, die völlig im dunkeln liegenden Zukunftsperspektiven. Hoevermann sah es als seine Aufgabe an, der Lethargie und der Hoffnungslosigkeit entgegenzuwirken.

Auf Hoevermanns Initiative hin fanden im Juli in Rendsburg und im September in Lübeck sog. Aufbautagungen aller staatlichen Verantwortungsträger in der Provinz, im Regierungsbezirk und in den Kreisen statt, dies auch im Beisein britischer Fachoffiziere. Hier wurden Arbeitsprogramme entwickelt, etwa für den Holzeinschlag und für die Gewinnung von Torf für die Hausbrandversorgung; Hausbrandkohle gab es für den Winter 1945/46 nicht. Hoevermann wollte durch Entwässerungsarbeiten neues Siedlungsland gewinnen (Bongsiel-Gebiet). In den vom Bombenkrieg geschädigten Kommunen waren die wenigen Baumaterialien vorrangig für Reparaturarbeiten einzusetzen, um ein Maximum an Häusern winterfest zu machen. Die öffentlichen Versorgungseinrichtungen – eine meist in der Verantwortung der Kommunen liegende Aufgabe – waren wieder in Stand zu setzen, die Verkehrsverbindungen wiederherzustellen. Dabei sah Hoevermann Aufgaben in seiner Verantwortung liegen, die auch oder allein Sache des Reiches gewesen waren. Hierzu gehörten die Bereiche Finanzen, Post, Verkehr. Erst mit der Schaffung von Zonenzentralämtern, die treuhänderisch für Reichsaufgaben zuständig waren, trat hier gegen Jahresende 1945 bis in das Jahr 1946 hinein eine Klärung der Rechtsverhältnisse ein.

Die sittlichen Werte nicht verloren gehen zu lassen, erforderte Anstrengungen auch im kulturellen Bereich und machte die Zusammenarbeit mit den Kirchen wünschenswert. Hoevermann legte großen Wert auf diese Zusammenarbeit, gerade da, wo in der Sozialfürsorge und Diakonie eine gemeinsame Verantwortung für den Menschen gegeben war. Ende August 1945 wurde in Treysa auf der Kirchenführerkonferenz, an der alle evangelischen Landeskirchen teilnahmen und auf der die schleswig-holsteinische Ev.-Luth Landeskirche durch Präses Wilhelm Halfmann als Vorsitzenden der Vorläufigen Kirchenleitung vertreten war, das Evangelische Hilfswerk ins Leben gerufen. Pastor Dr. Mohr organisierte dieses Hilfswerk für Schleswig-Holstein und hatte dabei die Unterstützung des Oberpräsidiums. So konnten die Flüchtlingslager besser versorgt werden, Versehrtenheime zur Versorgung der Kriegsverletzten entstehen, und vieles andere mehr konnte getan werden.

Hoevermann drängte bei der Militärregierung auf die baldige Wiedereröffnung der Schulen, was – beginnend mit den Grundschulklassen der Volksschulen – endlich Mitte August anlaufen konnte. Im September 1945 wurden in Husum und in Kiel die ersten Oberschulen wieder eröffnet. Übervolle Klassen, Schichtunterricht vormittags und nachmittags im wöchentlichen Wechsel, um Gebäude von zwei und mehr Schulen nutzen zu lassen, Unterricht ohne Bücher und ohne Schreibhefte in meist ungeheizten Räumen – das waren äußere Merkmale des wieder in Gang kommenden Schulwesens.

Hoevermann nahm als Oberpräsident auch die Funktion des Kurators der Christian-Albrechts-Universität zu Kiel wahr. Hier hatte die Zerstörung der meisten Gebäude der Universität in Kiel und ihre weitgehende Auslagerung noch zur Kriegszeit an achtzehn Orte im Lande – zur Hauptsache nach Schleswig – schier unlösbare Probleme geschaffen, die alle der Wiedereröffnung der Universität in Kiel entgegenstanden. Die „rettende Idee" kam wohl von Professor Dr. Karl Gripp, Geologe, der auf die relativ unbeschädigt gebliebenen Gebäude der ELAC aufmerksam machte. Diese Idee griff Dr. Hoevermann spontan auf, vereinbarte mit der Werksleitung der ELAC und dem Rektorat (Prof. Dr. Predöhl als gewesenem Rektor, Prof. Dr. Creutzfeldt als designiertem Rektor und Prof. Dr. Burck als designiertem Prorektor) einen Termin zur Werksbegehung; sie erfolgte am 10. Juli 1945. Dr. Hoevermann beurteilte das Ergebnis als „sehr günstig". Die Werksleitung war froh, wenn die Gebäude, die der elektroakustischen Rüstungsindustrie gedient hatten und das Reich zum Teil erst während des Krieges hatte bauen lassen, nicht gesprengt würden, sondern als Stätten der Forschung und Lehre genutzt werden könnten. Dies zu erreichen, erforderte intensive Verhandlungen mit der Militärregierung und hier mit dem britischen Universitätsoffizier auf Zonenebene Dr. James Mark und mit dem Erziehungsoffizier im 312 (P) Det. Mil. Gov., Mr. Wilcox. Die Verhandlungen führten zu einem guten Ergebnis. Umfangreiche Arbeiten waren nötig, um die Gebäude zu reparieren und für ihren neuen Zweck herzurichten. Eine Nutzung der Gebäude war zwar erst im Sommersemester 1946 möglich; aber im Hinblick darauf ließ die Militärregierung die Vorbereitungen zur Wiedereröffnung der Universität schon für das Wintersemester 1945/46 anlaufen. Unvorstellbar war die Primitivität der Unterbringung – für sehr viele auf vier Schiffen im Hafen -, und doch war der Schlafplatz wichtige Voraussetzung für die Zulassung zum Studium. Unvorstellbar waren die Studienbedingungen in den äußerst beengten und unzulänglich ausgestatteten Räumlichkeiten im Bereich der weitgehend zerstörten alten Universität. Die bereits oben erwähnte Wiedereröffnung der Christian-Albrechts-Universität erfolgte dann am 27. November

Flüchtlingstreck auf dem Marktplatz in Ratzeburg, Frühjahr 1945

Ankunft eines Wagens aus dem Flüchtlingstreck in dem Dorf Bohmstedt bei Husum, Frühjahr 1945

Barackenlager in Kiel (ehemals Baracken des Reichsarbeitsdienstes) an der Eckernförder Chaussee, Frühjahr 1945

Kaufmannsladen in einem Flüchtlingslager in Neumünster. Das Türschild zeigt die Suche nach der „Normalität".

Das triste Leben in der Füchtlingsbaracke.

1945 im großen Eßsaal der ELAC, der als Mensa hergerichtet wurde und daneben auch die Funktion eines Auditorium maximum zu erfüllen hatte.

Zu diesem Zeitpunkt war Dr. Otto Hoevermann nicht mehr im Amt. Es muß ihm schwer gefallen sein, die Ansprache zur Eröffnung der Universität seinem Nachfolger als Oberpräsidenten überlassen zu müssen; das war Theodor Steltzer: Zu sehr hatte gerade die Universität Dr. Hoevermann am Herzen gelegen. Nur sei auch gesagt: Theodor Steltzer hielt eine sehr kluge Ansprache, in der er das Interesse des Staates an der Freiheit von Forschung und Lehre begründete; diese und weitere Reden Steltzers aus seiner Amtszeit als Oberpräsident und später Ministerpräsident liegen in Buchform vor. Mit Theodor Steltzer begann eine neue Zeitspanne in der Nachkriegsära.

Die Schaffung einer einheitlichen Provinzialverwaltung
unter Theodor Steltzer als letztem Oberpräsidenten
und erstem Ministerpräsidenten

Theodor Steltzer war in Schleswig-Holstein durchaus kein Unbekannter. Als Landrat des Kreises Rendsburg hatte er sich einen Namen gemacht. Er war der Sohn eines Amtsgerichtsrates in Trittau (Holstein). In diesem Orte wurde er am 17. Dezember 1885 geboren. Er war zeitlebens ein Suchender. Ungewöhnlich der berufliche Weg: Der Student der Staatswissenschaften schlug die aktive Offizierslaufbahn ein, der der Erste Weltkrieg ein Ende setzte. Schwer verwundet kam er nach seiner Genesung (allerdings mit bleibenden Folgen, einem verkürzten Bein) in die Nähe von Gröner, der Nachfolger von Ludendorff als Generalquartiermeister wurde. Dieser öffnete ihm nach Kriegsende den Weg in das Rendsburger Landratsamt. Hier entwickelte Steltzer seine volkspädagogischen Ideen und setzte sie praktisch um mit der Gründung einer Landfrauenschule und vor allem mit der nach dänischem Vorbild geschaffenen Heimvolkshochschule, dem heutigen Nordkolleg. Steltzer lag daran, in Menschen aller Alters- und Berufsschichten ein Verantwortungsgefühl gegenüber dem Gemeinwesen zu wecken.

Von den neuen nationalsozialistischen Machthabern wurde Steltzer sehr bald seines Amtes entbunden und in politisch motivierte Prozesse verwickelt. Er arbeitete in kirchlichen Aufgabenkreisen. Im Zweiten Weltkrieg „reaktiviert", wurde er Transportoffizier in der Wehrmacht und tat Dienst in Norwegen. Von hier aus fand er Verbindung zu deutschen Widerstandskreisen und konnte sich dem Kreisauer Kreis um Helmuth James Graf von Moltke und Peter Graf York von Wartenburg anschließen. Nach dem Zwanzigsten Juli wurde er verhaftet, im Januar 1945 vom Volksgerichtshof zum Tode verurteilt. Die Tore seiner Berliner Todeszelle öffneten sich in den Wirren des Zusammenbruchs. Dort in Berlin übernahm er Aufgaben in der Stadtverwaltung. Er gründete mit einem größeren Kreis Gleichgesinnter (darunter Andreas Hermes, Otto Heinrich von der Gablentz, Jakob Kaiser) am 26. Juni 1945 die CDU. Theodor Steltzer kehrte im September 1945 nach Rendsburg zurück, wo ihm der britische Kreisoffizier Colonel Cornell mit Wirkung vom 1. Oktober 1945 sein Rendsburger Landratsamt zurückgab. Durch Cornell wurde der Kommandeur des 312 (P) Det. Brigadier G. P. Henderson auf Steltzer aufmerksam; er sah in ihm den geeigneten Nachfolger von Otto Hoevermann, dessen Tage als Oberpräsident gezählt waren. Der Wechsel wurde am 15. November 1945 vollzogen.

Einen Tag später erhielt Theodor Steltzer ein Schreiben des Brigadier G. P. Henderson, das in der englischen Formulierung die *Reorganisation of Provincial/Regierungsbezirk Administration* zum Gegenstand hatte. Es ging darum, die schleswig-holsteinische Verwaltungsstruktur zu vereinheitlichen. Eine tiefgreifende Änderung stand wegen der in diesem Schreiben verfügten Aufhebung der Verwaltung des Regierungsbezirks Schleswig mit Ablauf des Monats November 1945 bevor. Eine neue Verwaltungsstruktur, die am 1. Dezember 1945 in Kraft treten sollte, war gemäß Hendersons Schreiben zu überlegen. Man beachte das als Faksimile wiedergegebene Schreiben auf der Seite 163.

Diesem Dokument ist auch zu entnehmen, daß die Frage der Neuorganisation schon zu einem Schriftwechsel zwischen dem 312 (P) Det. und dem Oberpräsidenten Dr. Hoevermann geführt hatte, doch war der Vorgang noch ohne Verbindlichkeit. Es ging darum, das Problem der räumlichen Deckungsgleichheit der verwaltungsmäßigen Zuständigkeit des Oberpräsidenten und des Regierungspräsidenten zur Sprache zu bringen. Es war für einen Außenstehenden, der die besondere geschichtliche Situation von 1867/1868 nicht kannte, nicht einsichtig, warum Aufgaben, die zusammengehörten, nicht in einer Hand lagen. Was wußten die Briten schon von dem Provinzialschulkollegium, das zur Abteilung für das Höhere Schulwesen in der Verantwortung des Oberpräsidenten geführt hatte? Das Volks- und Mittelschulwesen hingegen ressortierte beim Regierungspräsidenten in Schleswig. Die Position des Oberpräsidenten war in der Zeit des Dritten Reiches auch in anderen Bereichen gestärkt worden, nicht zuletzt auch dadurch, daß ihm die Verwaltung des Provinzialverbandes, also die provinzielle Selbstverwaltung mit dem Landeshauptmann an der Spitze, unterstellt worden war. Die Briten gingen davon aus, daß der preußische Staat nicht fortbestehen würde, und so gab es für sie keinen Grund, an der besonderen Provinzialstruktur der preußischen Provinz Schleswig-Holstein festzuhalten. Ohnehin war schon im Sommer 1945 eine britische Planungsgruppe damit beschäftigt, über die Frage der künftigen Länderordnung in der Britischen Zone nachzudenken.

Was immer an Überlegungen zwischen dem 312 (P) Detachment und dem Oberpräsidium zur Amtszeit von Dr. Hoevermann ausgetauscht worden war – eine Entscheidungskompetenz war auf dieser Ebene in einer so wichtigen Frage nicht gegeben. Sie lag beim *Control Office for Germany and Austria*, das im Oktober 1945 in London gebildet worden war und Zuständigkeiten übernahm, die vorher in einem gewissen Konkurrenzverhältnis beim *War Office* und beim *Foreign Office* gelegen hatten. An der Spitze des *Control Office* stand als sog. Deutschlandminister der *Chancellor of the*

Duchy of Lancaster; das war ein alter „Leertitel", der für Minister mit besonderen Aufgaben verwendet wurde.

Deutschlandminister wurde John Hynd. Von seinem Ministerium erging am 24. Oktober 1945 die allein Schleswig-Holstein betreffende *Zone Policy Instruction* Nr. 4. *Zone Policy Instructions* waren wichtige Anweisungen der britischen Regierung für die *Control Commission for Germany (British Element)*. Und so war der Stellv. Militärgouverneur der britischen Zone Generalleutnant Sir Brian Robertson der Adressat der ›Zonenanweisung Nr. 4‹. Er residierte in Lübbecke, wo das *Main Headquarters* der CCG(BE) seinen Sitz hatte. General Robertson kümmerte sich mit großem Engagement um die politischen Vorgänge in der Zone, während Feldmarschall B. L. Montgomery sich in erster Linie als Oberbefehlshaber der gesamten britischen Besatzungsmacht verstand und hier insbesondere der *British Army of the Rhine*, wie die 21. Heeresgruppe nach ihrer Reduzierung auf Armeestärke von August 1945 an hieß.

Eine kurze Bemerkung zu Sir Brian Robertson! Kaum ein anderer Brite in hoher Position hat sich so wie er für den Wiederaufbau eingesetzt, und das schließlich in der Stellung des Militärgouverneurs der britischen Zone (Oktober 1947 - September 1949) und dann als der erste britische Hohe Kommissar in der neugegründeten Bundesrepublik Deutschland (September 1949 - Juni 1950). Er war ein herausragender, Deutschland wohlgesinnter Mann, der in der bisherigen Forschung – sieht man von dem Werk des englischen Historikers David G. Williamson ab – noch keineswegs die Würdigung erfahren hat, die ihm zukommt.

Zurück zur *Zone Policy Instruction* Nr. 4 vom 24. Oktober 1945, der einzigen nur Schleswig-Holstein betreffenden ›Zonenanweisung‹. Hier wurde verfügt: Mit Wirkung vom 1. Dezember 1945 sei die Verwaltung des Regierungspräsidenten im Regierungsbezirk Schleswig in die des Oberpräsidenten in Kiel einzufügen. Diese ›Zonenanweisung‹ erreichte das 312 (P) Detachment über den Oberkommandierenden und Militärgouverneur des sog. *8 Corps District;* das war der *Corps Commander* Generalleutnant Sir Evelyn Barker in Plön. Zu seinem Befehlsraum gehörte – nebenbei erwähnt – auch die Hansestadt Hamburg. So also waren die Befehlswege, die letztlich zu dem Schreiben von G. P. Henderson an den Oberpräsidenten Theodor Steltzer führten. Ihm, Steltzer, oblag es – ausgehend von dem schon im Vorfeld gemachten Vorschlägen seines Amtsvorgängers vom 6. November 1945 – „ein neues vollständiges Diagramm der Provinzialverwaltung so schnell wie möglich zu erstellen" (siehe die Ziffern 9 und 10 im Faksimile-Dokument auf Seite 163).

Theodor Steltzer legte am 29. November 1945 seinen Neuordnungsplan vor. Er sah vor: Dem Oberpräsidenten und der ihm zugeordneten Präsidialkanzlei als „einer kleinen Führungsstelle" sollten sechs Ämter unterstellt werden, nämlich das Amt für Inneres, das Amt für Finanzen, das Amt für Schulen und Erwachsenenbildung, das Amt für Volkswohlfahrt, das Amt für Ernährung, Landwirtschaft und Forsten und das Amt für

Wirtschaft. Die Sonderstellung der Universität sollte gewahrt bleiben; ohne ihre akademische Selbstverwaltung zu schmälern, war gleichwohl an der Stellung eines Kurators insbesondere zur wirtschaftlichen Unterstützung der Universität und zur Wahrung der staatlichen Aufsichtsrechte festzuhalten.

Theodor Steltzer schlug vor, daß in die neuen Ämter auch die Selbstverwaltungsorgane des Provinzialverbandes einbezogen werden sollten. Das würde zugleich die Rechte einer kommenden demokratischen Vertretungskörperschaft stärken, wie den Worten Steltzers zu entnehmen ist. Denn die gesamte Provinzialverwaltung würde so der demokratischen Kontrolle unterstellt werden. Steltzer plädierte also für die Aufhebung des Provinzialverbandes, und so ist es auch gekommen, aber nur durch mündliche Anweisung der Militärregierung. Sie knüpfte damit an die Rechtslage an, die im Dritten Reich geschaffen worden war. Der Provinzialverband wurde – im Unterschied zur Regierung in Schleswig – nicht eigens aufgelöst, weil er ja dem Oberpräsidium unterstellt war und auch nicht mehr über einen Provinziallandtag zur Wahrnehmung der Selbstverwaltungsaufgaben verfügte wie in den Jahren von 1867 bis 1933.

Mit der Zusammenfassung der Provinzialverwaltung in einem in sich geschlossenen Organismus stellte sich die Frage, an welchem Orte das zu geschehen habe. Das heißt: es stellte sich die Frage nach der Provinzialhauptstadt. Theodor Steltzer plädierte für Schleswig. Er hatte dafür drei Gründe. *Zum ersten*: Der Schwerpunkt der Verwaltung hatte in preußischer Zeit beim Regierungspräsidenten gelegen. *Zum zweiten*: Die Stadt Schleswig verfügte über die besseren Räumlichkeiten als das stark zerstörte Kiel; gedacht war vornehmlich an das große Regierungsgebäude, den sog. „Roten Elefanten", der nach seiner Fertigstellung im Jahre 1879 bis in das Kriegsjahr 1917 hinein (hier sind Steltzers Angaben zu korrigieren bzw. zu präzisieren) auch Dienstsitz des Oberpräsidenten war. In der Tat war nicht durch ein Gesetz, sondern durch eine Verordnung Kaiser Wilhelms II. die kriegsbedingte „vorläufige" Verlegung des Amtssitzes des Oberpräsidenten nach Kiel verfügt worden. Dies hatte sich dann in der Zeit des Dritten Reiches durch die Ämterverbindung von Oberpräsident und Gauleiter verfestigt, ohne daß es je eine gesetzliche Regelung über Kiel als Amtssitz des Oberpräsidenten gegeben hätte. Hieraus ergab sich *zum dritten* das Argument: Schleswig sei – so Steltzer – „seit Jahrhunderten im Bewußtsein der Bevölkerung" der Verwaltungsmittelpunkt gewesen. Dabei mochte er an die gottorfsche Residenz gedacht haben; er konnte auch gewußt habe, daß hier von 1834 bis 1848 der Sitz der schleswig-holsteinischen Provinzialregierung als Unterbehörde zur Schleswig-Holsteinisch-Lauenburgischen Kanzlei war. Ob das aber der breiten Bevölkerung bekannt war, sei dahingestellt und ist zu bezweifeln.

Für die Militärregierung zählten Theodor Steltzers Argumente nicht, auch nicht das Ausmaß der Zerstörung Kiels. Als ob man an dieser Stadt etwas wiedergutzumachen hätte! Aber darum war es den Briten nicht zu tun. Die Größe Kiels, die zentrale Lage der Stadt und der hier vorhandene Sitz des Oberpräsidiums waren für sie maßgebend. In einem sich hinziehenden Prozeß wurde in einer sog. Turnusbesprechung des 312

(P) Detachment mit Dr. Hans Müthling als deutschem Verbindungsmann eine abschließende Erklärung abgegeben. In Dr. Müthlings Turnusbericht heißt es hierzu:

„Die Öffentlichkeit müsse dahin überzeugt werden, daß es zur Wiederherstellung der Aktionsfähigkeit dringend der Zusammenfassung bedürfe. Die Verwaltung sei auch nur auf diese Weise billiger und wirtschaftlicher zu gestalten. Standortmäßig sei es überhaupt keine Frage, daß Kiel den Vorrang habe; denn Kiel läge zentraler als Schleswig. Die Kritiken übersähen, daß es keinen Regierungsbezirk mehr gäbe. Es bestände jetzt nur noch ein Oberpräsidium, und das sei in Kiel. Der Sitz des Oberpräsidiums bestimme den Sitz der ganzen Verwaltung. Die alte Devise >The Capital is Kiel< hätte keine Einschränkung erfahren.“

Das war es also. Immerhin ist den Worten zu entnehmen, daß Theodor Steltzer nicht der einzige war, der für Schleswig als Hauptstadt eingetreten war. Vor allem im Landesteil Schleswig gab es viele Fürsprecher für die Stadt Schleswig. Dahinter verbirgt sich eine unterschwellige Rivalität zwischen den Landesteilen Schleswig und dem aufgrund seiner Lage und Größe dominanten Landesteil Holstein. Verantwortliche Politik kann in Schleswig-Holstein nur gemacht werden, wenn den Interessen beider Landesteile gleichermaßen Rechnung getragen wird. Das wußte Theodor Steltzer, und deshalb beherrschte sofort die Frage nach einem Ausgleich für Schleswig, das den Sitz der Regierung verloren hatte, seine Überlegungen. Dies war auch ein beherrschendes Thema unter seinem sozialdemokratischen Nachfolger Hermann Lüdemann. Am Ende eines schwierigen Entscheidungsprozesses erfolgte am 19. April 1948 – wieder im Konflikt der Interessen – die Verlegung des Oberlandesgerichts von Kiel nach Schleswig.

Natürlich war die Unterbringung der gesamten Provinzialverwaltung in Kiel ein Raumproblem. Deshalb rechnete man auch auf britischer Seite mit Übergangsformen, so daß ein Teil der Verwaltung in Schleswig verblieb und nur ein Teil der Verwaltung seinen Sitz in Kiel hatte. Entscheidend war dabei, so die britische Vorgabe, daß nicht Ämter auseinandergerissen würden, sondern entweder in Kiel oder in Schleswig untergebracht waren. Mit der Freigabe der Marineakademie, die die britische Militärregierung beschlagnahmt hatte, und mit dem Wiederaufbau des zerstörten Mittelteiles des Gebäudes war die Möglichkeit gegeben, ein repräsentatives Regierungsviertel mit schöner Lage an der Kieler Förde aufzubauen. So ist es später geschehen.

Die Verwaltungsorganisation wurde am 1. Dezember 1945 wirksam, nachdem am 30. November 1945, 23 Uhr 59, das Amt des Regierungspräsidenten erloschen war; so die vielleicht für einen Offizier typische Zeitangabe in dem Schreiben des Brigadier Henderson an den Oberpräsidenten vom 16. November 1945. Für Werner Mensching, der das Amt kommissarisch versehen hatte, sollte sich im folgenden Jahr eine berufliche Tätigkeit als Richter am Verwaltungsgericht in Schleswig eröffnen.

Theodor Steltzer umgab sich im Rahmen der neuen Verwaltungsstruktur mit einer fähigen Mannschaft. Hier finden wir als Leiter der Präsidialkanzlei den Oberregierungs-rat Dr. Lauritz Lauritzen, der später als Landesdirektor Amtschef im Ministerium des Innern werden sollte und dann Kasseler Oberbürgermeister und schließlich Wohnungs-bauminister in der ersten sozialdemokratisch geführten Bundesregierung. Als Leiter der neuen Verwaltungsämter sind hervorzuheben: Regierungsdirektor Dr. Heinrich Clasen als Leiter des Amtes für Inneres. Er war in der Zeit der Weimarer Republik Land-rat des Kreises Husum, wurde von den neuen Machthabern nach 1933 abgesetzt, blieb aber im staatlichen Dienst als Regierungsrat, zuletzt in Stettin; er kehrte als Flüchtling in seine Heimat zurück und wurde dann in den Dienst des Oberpräsidiums gerufen, führ-te u.a. die Geschäfte des Kurators, um dann für eine befristete Zeit die neue Aufgabe im Innenressort anzunehmen. Den Höhepunkt erreichte Dr. Clasen 1948, als er Chef des Schleswig-Holsteinischen Landesrechnungshofes wurde. Der Erste Landesrat Dr. Hans Müthling kam aus der kommunalen Selbstverwaltung des Provinzialverbandes, den er 1945 einige Monate kommissarisch leitete. Er stieg später zum Leitenden Landesdirek-tor auf. Man kennt ihn späterhin als Kieler Oberbürgermeister in der Nachfolge von Andreas Gayk und als Kieler Bundestagsabgeordneten. Auch Landesrat Albert Billian, der das Amt für Volkswohlfahrt zu leiten hatte, war in der kommunalen Selbstverwal-tung des Provinzialverbandes tätig gewesen, wie sein Titel verrät. Er übernahm später den Vorsitz in der Arbeitsgemeinschaft der freien Wohlfahrtsverbände Schleswig-Hol-stein. Mit dem Vizepräsidenten der Industrie- und Handelskammer in Lübeck, Dr. Kuhnert, stand eine Mann der Wirtschaft an der Spitze des Amtes für Wirtschaft und Verkehr. Paul Backe, der im August 1945 zum Vizepräsidenten im Oberpräsidium ernannt worden war, erhielt die Aufgabe, das Amt für Ernährung, Landwirtschaft und Forsten zu leiten: er ging dann auch im folgenden Jahr – wie Mensching – als Richter an das Verwaltungsge-richt in Schleswig. Schließlich ist noch als Leiter des Amtes für Volksbildung (Schulen/ Erwachsenenbildung) der Leiter des Studienseminars in Lübeck zu nennen, Oberstudi-endirektor Dr. Teichert.

Zusammenfassend ist zu sagen: Das war eine fähige Mannschaft, um von seiten der Verwaltung die dringenden Aufgaben, Menschen aus der Not herauszuführen und all-mählich geordnete Verhältnisse zu schaffen, anzupacken. Wie sehr aber doch Unsicher-heiten die derzeitige Verwaltungsorganisation prägten, zeigt die Tatsache, daß man nicht zugleich eine einheitliche Amtsbezeichnung für die Leiter der Ämter einführte; man behielt den Titel bei, den man bisher in der jeweiligen beruflichen Stellung gehabt hatte. Manches sieht nach Improvisation aus und war doch Teil einer von britischer Seite wie von deutscher Seite überlegten Politik. Es war auch nur ein Zwischenstadium erreicht. Gleichwohl war die Aufhebung des Regierungsbezirks Schleswig mit der dor-tigen Regierung und die Schaffung einer auf Ämtern beruhenden Verwaltungsorgani-sation eine Abkehr von Preußen und seiner Provinzialordnung und somit ein entschei-dender Schritt in Richtung eines sich selbst regierenden Landes Schleswig-Holstein.

Feldmarschall Bernard Law Montgomery of Alamein, Kommandeur der 21. Britischen Heeresgruppe und von August 1945 – Mai 1946 der Britischen Rheinarmee auf einem Gemälde in der National Portrait Gallery in London (1945; Maler: Frank O. Salisbury). Das Bild zeigt oben links das Wappen der 21. Heeresgruppe, daneben das Wappen der britischen Control Commission for Germany (Initialen: CCG). Hauptmotiv des Bildes: Montgomery weist auf den Ausgangspunkt seines Weges nach Deutschland, das Kampfgebiet in der Normandie. Feldmarschall Montgomery war der erste Militärgouverneur der britischen Zone, und zwar von Mai 1945 (offiziell vom 1. Juli 1945 an, dem Tag der offiziellen Inbesitznahme der Besatzungszonen durch die Besatzungsmächte) bis zum Mai 1946. Ihm folgte als Militärgouverneur Luftmarschall Sir Sholto Douglas.

Portrait des Stellv. Militärgouverneurs der Britischen Zone, Generalleutnant Sir Brian Robertson. Sir Brian Robertson wurde im September 1947 – bei gleichzeitiger Beförderung zum General – Militärgouverneur der Britischen Zone (Nachfolge von Luftmarschall Douglas). Nach Inkrafttreten des Besatzungsstatuts (21. September 1949) wurde General Sir Brian Robertson der erste britische Hohe Kommissar in der Allied High Commission. Er verließ die britische Zone Ende Juni 1950. Bis dahin hat er die britische Deutschland-Politik maßgeblich mitgeprägt.

General Sir Brian Robertson auf dem Kieler Hauptbahnhof. Ein Fallschirmjäger erstattet Meldung. Juni 1948.

*Dr. Otto Hoevermann, Oberpräsi-
dent 1945 bis November 1945. Aufnahme des Jahres 1945.*

*Der Rantzau-Bau, der zum zerstörten Kieler Schloß gehört; Sitz des Ober-
präsidiums der preußischen Provinz Schleswig-Holstein seit 1924. Hier eine
Aufnahme aus dem Jahre 1945.*

*Einführung des Oberbürgermeisters der Stadt Flensburg, I. C. Möller, des Bürgermeisters der Stadt, C. C. Christian-
sen (nicht im Bild), und der ernannten Ratsherren (nicht im Bild), und zwar durch den britischen Major Nicholls;
die Personen rechts von ihm, die an der Fensterseite sitzen (vom Betrachter aus gesehen): Oberbürgermeister I. C.
Möller, Oberpräsident Dr. Otto Hoevermann, komm. Regierungspräsident Werner Mensching, Regierungs-Vizepräsident Paul Backe; die Person links neben Major Nichols: Frau Bertram, Dolmetscherin. Aufnahme vom 7. September 1945.*

Der „verordnete" Weg zur parlamentarischen Regierungsform

Am Anfang des „verordneten" Weges zur Schaffung einer parlamentarischen Ordnung in Schleswig-Holstein stand die für die ganze Britische Zone erlassene >Verordnung Nr. 12< der britischen Kontrollkommission vom 15. September 1945 und dann in der revidierten Fassung vom Januar 1946. Diese Verordnung erlaubte nunmehr offiziell die Gründung politischer Parteien, zunächst auf Kreisebene, doch von vornherein mit der Zielrichtung, daß sich in naher Zukunft Parteien gleichen Namens und gleicher Programmatik auch in der Region (Land, Provinz) und schließlich in der ganzen britischen Zone zusammenfinden sollten und zur gegebenen Zeit auch darüber hinaus.

Theodor Steltzer hatte ja schon in seinem Strukturplan für die neue Provinzialverwaltung von einer künftigen demokratischen Vertretungskörperschaft gesprochen. Demokratische Willensbildung war aber nur in freien, gleichen und geheimen Wahlen möglich. Doch davon redete derzeitig noch kaum einer. Wahlen lagen zum Jahreswechsel 1945/46 noch in weiter Ferne; nur wußte man: eine politische Willensbildung war nicht ohne demokratische Parteien denkbar, die mit Programmen und Personen im freien Wettbewerb um die Wählergunst werben würden.

Die Briten hatten ein Konzept, das parlamentarische Strukturen auch ohne Wahlen zuließ; das war das Konzept der „ernannten" Vertretungskörperschaften, mit dem englischen Begriff: *Nominated Representative Councils.* Das heißt: Personen sollten ernannt werden, und zwar von der Militärregierung, um parlamentarische Verantwortung in einem ernannten Gemeinderat, Kreistag und schließlich auch (Provinzial-)Landtag wahrzunehmen. Es sollten demokratisch gesinnte Personen sein, und zwar unterschiedlicher Parteienrichtung, aller gesellschaftlichen Schichten und aus der ganzen „Gebietskörperschaft", die sie zu vertreten hätten. In der Ferne stand dann der >Tag x<, an dem demokratische Wahlen über die Mandate in Gemeindetag, Kreistag, Landtag entscheiden würden.

Die Programmatik aller Parteien war – unbeschadet ihrer sonstigen Zielsetzungen – auf eine demokratisch-parlamentarische Regierungsform ausgerichtet. Doch lassen wir das Wort „demokratisch" vorerst beiseite. Zuviel der Willensbildung ging von der Militärregierung aus; sie verordnete, was zu geschehen hatte.

Wir werfen nur einen kurzen Blick auf die politischen Parteien.
Die Sozialdemokraten hatten sich mit stillschweigender Duldung der Besatzungsmacht schon sehr bald nach der Kapitulation wieder zusammenfinden können, soweit sie im Lande waren. Mehr und mehr stießen Genossen aus der Flüchtlingsbevölkerung und dank der Heimkehr vom Kriegseinsatz beziehungsweise aus der Kriegsgefangenschaft dazu. Hermann Clausen hat in seinem Buch über den Aufbau der Demokratie in Schleswig den Vorgang, alte Parteifahnen, Parteibücher und ähnliches aus Verstecken hervor-

zuholen, anschaulich geschildert. Man war also, als das „grüne Licht" der Besatzungsmacht zur offiziellen Parteiengründung kam, sofort in der Lage, die Kreisverbände und zum Jahresanfang 1946 den Bezirksverband Schleswig-Holstein der SPD zu konstituieren. Erster Vorsitzender des Bezirksverbandes wurde Wilhelm Kuklinski.

Eine ähnliche Entwicklung, doch mit sehr viel weniger Resonanz in der Bevölkerung, ist bei der KPD zu beobachten, die in Hugo Bischof und Emil Matthews ihre „Leitfiguren" hatte. Die KPD hatte es schwer, Anhänger zu finden, und zwar aufgrund ihrer Schwächung nach der Verfolgung im Dritten Reich, aber auch aufgrund der bitteren Erlebnisse, die bei vielen mit Flucht, Vertreibung und leidvollen Übergriffen der Sowjets verbunden waren. Von den Briten wurde die KPD – in Anbetracht ihrer entschiedenen Gegnerschaft zum Nationalsozialismus und mit Rücksicht auf die sowjetische Besatzungsmacht – als demokratische Partei angesehen.

Die bürgerliche Seite nutzte die Chance des Neuanfangs, nachdem sie vor 1930 parteipolitisch zersplittert und danach in großem Maße von der sog. nationalsozialistischen Bewegung „aufgesogen" worden war. Es ist erstaunlich, daß die CDU auch in Schleswig-Holstein ihre voneinander unabhängigen Entstehungszentren hatte, wobei die Akzente verschieden gesetzt waren. Carl Schröter (Kiel) propagierte den Sammlungsgedanken: Alle politischen Richtungen rechts von der SPD seien in einer „Demokratischen Union" zu einen. Sicherlich kamen für manche – weniger für den Pragmatiker Carl Schröter, aber gewiß für den Kieler Historiker Prof. Dr. Otto Becker – liberale Wertvorstellungen aus der Tradition der Weimarer Deutschen Demokratischen Partei hinzu. Für andere Anhänger der CDU, die auch zu diesem Namen ein positives Verhältnis hatten, mochte der christlich-konservative Gedanke im Vordergrund gestanden haben, so bei Dr. Schlange-Schöningen und Freiherrn von Senfft-Pilsach im ostholsteinischen Raum. Für den christlich-sozialen Gedanken mit einer gewissen Orientierung an der englischen *Labour Party* standen Theodor Steltzer und seine Rendsburger Freunde. Der Name CDU setzte sich auch nach dem Willen von Carl Schröter als einheitlicher Name für die Partei durch, weil nur so der Anschluß an die Christlich-Demokratische Union Konrad Adenauers in der Britischen Zone sicherzustellen war. So wurde dann am 15. Februar 1946 der Landesverband der CDU in Rendsburg gegründet.

Für den liberalen und betont laizistischen Flügel der bisherigen Demokratischen Union war der Begriff >christlich< im Partei-Namen nicht tragbar. Diesen Flügel verkörperte Peter Christel Asmussen, Kreis Pinneberg, und so vollzog er mit seinen politischen Freunden die Trennung von der CDU und gründete – im Zusammenwirken mit Hamburger Liberalen – die Freie Demokratische Partei in Schleswig-Holstein. Außerhalb der CDU gab es auch noch eine kleine Rechtspartei, die Deutsche Konservative Partei, späterhin die Deutsche Partei.

Alle diese Parteien waren sog. Lizenz-Parteien; das heißt: Ausgangspunkt der Wiederbegründung oder Neugründung einer Partei war in jedem Falle die Antragstellung auf

Zulassung als Partei bei der örtlichen Militärregierung, die die eingereichten Unterlagen dem 312 (P) Det. Mil. Gov. zur abschließenden Prüfung vorlegte. Zu den Unterlagen gehörten die Namen des Gründungskomitees, Namen der zur Parteimitgliedschaft und zur Vorstandsarbeit in der jeweiligen Partei bereiten Personen, ihre Fragebögen, die etwas über die mögliche NS-Belastung aussagen konnten, das Programm der zu gründenden Partei. War die Zulassung ausgesprochen, mochten sich die Parteien als „Lizenz"-Parteien verstehen.

Wurde die Lizenz auch versagt? Ja, wenn zum Beispiel in einem Kreis (in Pinneberg war dies der Fall) die Lizenz für eine Partei erbeten wurde, die sich von einer bereits bestehenden Partei in ihrer Programmatik nicht oder kaum unterschied. Ferner wurde die Lizenz für eine sog. Flüchtlingspartei versagt, die Flüchtlinge und Vertriebene zur Interessenwahrung dieser Bevölkerungsgruppe gründen wollten. Die Briten befürchteten radikale Zielsetzungen und verwiesen die Antragsteller darauf, ihre besonderen Interessen innerhalb der anderen demokratischen Parteien, die schon zugelassen waren, zu vertreten.

Die Parteien mußten über Werbemöglichkeiten verfügen. Hektographierte Rundschreiben, die meist nur Mitglieder erreichten, hatten nur einen sehr begrenzten Empfängerkreis. Wichtig war deshalb für die Parteien die von den Briten im Frühjahr 1946 eingeleitete Lizenzvergabe an Herausgeber von Tageszeitungen. Doch nur wenn gewährleistet war, daß es mehr als eine Tageszeitung am Orte geben würde, war die Voraussetzung dafür gegeben, daß Zeitungen einer bestimmten Parteilinie folgen durften; sie standen ja im Konkurrenzverhältnis mit anderen Zeitungen. Dies führte beispielsweise in Kiel Anfang April 1946 zur Zulassung von drei Zeitungen, den >Kieler Nachrichten< (der CDU-nahestehend), der >Schleswig-Holsteinischen Volkszeitung< (der SPD-nahestehend) und zu dem kommunistischen >Norddeutschen Echo<. In Flensburg hingegen, wo die dänischsprachige Bevölkerung ihr >Flensborg Avis< hatte (eine Zeitung, die im Mai 1945 ohne Unterbrechung fortbestand, aber unter Zensur gestellt worden war), konnte es als deutschsprachiges Organ nur eine überparteiliche Zeitung geben, die nicht Parteiinteressen dienen sollte, wohl aber der deutschen Sache angesichts der neuentbrannten Auseinandersetzung um den Landesteil Schleswig. Das war das >Flensburger Tageblatt<. Sie bekam später (1948) Konkurrenz durch eine deutschsprachige Zeitung mit dänischer Gesinnung, nämlich die >Südschleswigsche Heimatzeitung<.

So kam also ab Jahresende 1945 mehr und mehr Bewegung in die politische Landschaft Schleswig-Holsteins, und das war eine gute Voraussetzung, um nicht nur in den Kreisen und Gemeinden, sondern auch für das Land im ganzen ein *Nominated Representative Council* einzuberufen. Und doch war es in der Zeit unvorstellbarer Not und düsterer Zukunftsperspektiven gar nicht selbstverständlich, daß sich Menschen politisch engagierten und den Wiederaufbau ihres Landes nicht nur im materiellen, sondern auch im ideellen Sinne voranbringen wollten, also nach neuen Werten suchten, die sie dann in dieser oder jener Partei vertreten sahen. Man muß immer wieder den tagtäglichen Lebenskampf, um die persönliche Existenz und die der Familie zu sichern, in die Betrachtung der Nachkriegsentwicklung einbeziehen. Manchmal half der viel-bescholtene Schwarzmarkt, wo man etwa Tabak – es gab ja eine minimale Ration, und der Tabakanbau im Schrebergarten hatte Konjunktur! – gegen Lebensmittel „eintauschen" konnte.

Die öffentlichen Finanzen waren zerrüttet. Es gab die „verordneten" Preise, die man für die wenigen Waren zu entrichten hatte, die es auf Kartenabschnitten und Bezugscheinen gab; es gab daneben die horrenden Schwarzmarktpreise, die etwa in der sog. „Zigarettenwährung" zu bemessen waren (eine amerikanische Zigarette = 6 Mark und mehr). Auf dem Schwarzmarkt „versetzten" manche ihre Habseligkeiten, oder sie taten es auf sog. „Hamsterfahrten" beim Bauern, wenn der sich darauf einließ, dafür einige Lebensmittel herzugeben. Genug dieses Seitenblicks, zurück zum politischen Wiederaufbau, der zur parlamentarischen Regierungsform führen sollte!

Am 29. November 1945 hielt der Oberpräsident Theodor Steltzer in Rendsburg in Anwesenheit von Brigadier Gail Patrick Henderson eine Tagung der Oberbürgermeister und Landräte ab, auf der er die neue Gemeindeordnung erläuterte und – nach Abstimmung mit der Militärregierung – seine Vorstellungen zur provinziellen Selbstverwaltung vortrug. Demgemäß sollten beim Oberpräsidenten und bei den neu zu bildenden Ämtern – wir kennen sie schon – ehrenamtliche Beiräte gebildet werden, die die Möglichkeit eröffnen könnten, politisch engagierte Menschen als Repräsentanten der Bevölkerung an der Selbstverwaltung mitwirken zu lassen. Ziel müsse es dann sein, möglichst noch im Laufe des folgenden Jahres, die Beiräte durch einen „freigewählten Landtag unseres Landes" zu ersetzen. Ob Steltzer bei dieser Äußerung den Begriff >Land< mit Bedacht – im Unterschied zur >Provinz< – gewählt hat? Schwer zu sagen: der Begriff >Land< ist ja auch ein bloßer Raumbegriff.

Dennoch ist bei Steltzer zu bedenken – und das spricht für eine Bedachtsamkeit -, daß er unter den damaligen Gegebenheiten in Schleswig-Holstein ein Land natürlicher Gestalt und angemessener Größe sah. Schleswig-Holstein war überschaubar, hier war bürgernahe Politik möglich. Weniger die geschichtliche Tradition von 1460 und 1848 prägte Theodor Steltzers Denken, mehr der Selbstverwaltungsgedanke eines Reichsfreiherrn vom Stein, der die politische Mitverantwortung des einzelnen für das Gemeinwesen, in welchem er lebte, wecken wollte. Auch das Subsidiaritätsprinzip, das in einem Staatsaufbau von unten nach oben umzusetzen war, die kleineren Einheiten gegenüber der nächst höheren stärken wollte – entsprechend den Neuordnungsplänen des Kreisauer Kreises von 1942-43, an denen Theodor Steltzer ja mitgewirkt hatte –, spielte eine wichtige Rolle in seinem Denken, wie seine Briefe der ersten Nachkriegsjahre zeigen.

So schrieb Steltzer am 26. Oktober 1945 als wieder eingesetzter Landrat in seinem Rendsburger Landkreis – also drei Wochen vor seiner Ernennung zum Oberpräsidenten – an seinen Freund Otto-Heinrich von der Gablentz (Berlin) ganz beglückt: „Hier bin ich für die Weiterführung der Arbeit auf unsere Kreisauer Konzeption getroffen." Das will im Grunde genommen nur besagen, daß Menschen bereit waren, Verantwortung zu übernehmen und einen Weg zu gehen, den der Kreisauer Kreis vorgedacht hatte, der hier im Lande aber auch seine eigenen Wurzeln haben mochte. Gerade im Kreis Rendsburg konnte Theodor Steltzer an seine eigene volkspädagogische Arbeit als Landrat der Weimarer Zeit anknüpfen. Dadurch waren seinerzeit Brücken geschlagen worden, etwa zwischen Gewerkschaften und Bauern – wie Steltzer an seinen Berliner Freund schrieb -, und dies wirkte nach. Schon zu dieser Zeit – Steltzers Brief an von der Gablentz belegt es – tauchte die Idee auf, Schleswig-Holstein mit einer neuen „einheitlichen provinziellen Landesverwaltung" einen Modell-Charakter zu geben, also Vorbild werden zu lassen für andere Regionen. So war alles, was zu gestalten war, mit Steltzers Worten „vom Ganzen her zu denken". Theodor Steltzer wollte Otto-Heinrich von der Gablentz dafür gewinnen, nach Schleswig-Holstein zu kommen und hier seine „Arbeiten weiterzuführen in engster Verbindung mit der gestaltenden Praxis".

Otto von der Gablentz kam nicht. Es war aber von Wert, mit Theodor Steltzer selber einen solchen „vom Ganzen her" denkenden Mann im Lande in führender Postion zu haben, und dies – wie gesagt – seit dem 15. November 1945 als Oberpräsident, der Wegbereiter einer neuen demokratischen-parlamentarischen Landesordnung werden sollte. Nur hatte er dafür den Handlungsspielraum? Die Entscheidungskompetenz lag bei den Briten; sie setzten die Wegmarken, nach denen sich alles zu richten hatte. Und doch war wichtig: Theodor Steltzer hatte im Kreisauer Kreis über die >Neuordnung im Widerstand< mit nachgedacht; so der treffende Titel des Buches, das Ger van Roon über den Kreisauer Kreis geschrieben hat. Er hatte gegenüber seinen britischen Gesprächspartnern eine ihm eigene Autorität und fand Gehör.

Die einheitliche Provinzialverwaltung wurde nach dem 1. Dezember 1945 praktisch umgesetzt, wobei sich die Eingliederung der Verwaltung des Provinzialverbandes einige Zeit hinzog. Doch wie sollte es weitergehen? In den Kreisen bereitet sich etwas vor, was in seiner Bedeutung nicht gleich erkennbar war: Die Kreisgouverneure der Militärregierung wurden aufgefordert, – so in Dithmarschen der *Commander 520 (K) Detachment Military Government* mit Schreiben vom 21. Januar 1946 – zwei Personen für einen zur gegebenen Zeit einzuberufenden Provinz-Beirat vorzuschlagen. Wie die Kreisgouverneure die geeigneten Personen fanden, war ihre Sache. Man hatte inzwischen genügend deutsche Kontakte. Wer sich in der Gemeindearbeit hervorgetan oder bei der Gründung einer demokratischen Partei mitgewirkt hatte, mochte für einen Vorschlag in Frage kommen. Wichtig war vor allem, daß keine politische Belastung durch Mitgliedschaft in der NSDAP oder SS vorlag, und deshalb gehörten zu den Vorschlägen, die beim 312 (P) Det. Mil. Gov. einzureichen waren, zwingend die ausgefüllten Fragebogen der Vorgeschlagenen dazu. Die *Field Security Section* mit Captain Ridley als *Political Intelligence Officer* hatte ein entscheidendes Wort mitzureden.

Die Vorschläge, die aus Dithmarschen kamen, wurden akzeptiert. Der Heider Rechtsanwalt und Notar Dr. May Fromböse, dortiges Gründungsmitglied der CDU, und der parteilose Meldorfer Rechtsanwalt und Notar Dr. Ernst Nagel waren als Vertreter von Norder- und Süderdithmarschen für den kommenden Provinz-Beirat nominiert. Im Kreis Südtondern hatte der Kreisgouverneur das Vorschlagsrecht an den dortigen ernannten Kreistag delegiert, und in anderen Kreisen mochte wieder anders verfahren worden sein. So hat sicherlich im Kreis Rendsburg Theodor Steltzer dank seiner guten Kontakte zum Kreisgouverneur Colonel Cornell dafür Sorge tragen können, daß sein Freund Pastor Johannes Iversen berufen wurde, sehr zum Mißfallen des Vorsitzenden der Vorläufigen Kirchenleitung Präses Wilhelm Halfmann, der die Kirche auf eine zwar freundliche, aber doch deutliche Distanz zur „weltlichen Obrigkeit" bringen wollte, zumal wenn es sich bei der Obrigkeit um eine – mit Halfmanns Worten – „fremde Militärmacht" handelte. Immerhin hatte diese ermöglicht, daß die Ev.-Luth. Landeskirche im August 1945 eine Vorläufige Gesamtsynode in Rendsburg abhalten und dort unter anderem auch eine Vorläufige Kirchenleitung wählen konnte, der dann Präses Halfmann vorstand.

Was war nun eigentlich mit dem Provinz-Beirat bezweckt? Oberpräsident Theodor Steltzer wurde hiervon erst durch ein Schreiben des 312 (P) Det vom 22. Januar 1946 unterrichtet. Colonel Needham teilte darin mit, es werde dem Oberpräsidenten ein *Provincial Advisory Council* an die Seite gestellt, eben ein Provinz-Beirat mit wirklich nur beratender Funktion. Brigadier Henderson gab als *Commander* des 312 (P) Det am 7. Februar 1946 nähere Hinweise: Es handle sich um einen Beirat für die Provinz Schleswig-Holstein; ihm sollten der Oberpräsident als Vorsitzender und rund 60 ernannte Mitglieder aus allen Schichten der Bevölkerung wie auch aus allen Kreisen der Provinz und aus den verschiedenen Verwaltungsbereichen der Provinz angehören, die sog. Sonderverwaltungen (ehemalige Reichsangelegenheiten) wie Bahn, Post, Finanzen einbegriffen.

Der Provinz-Beirat sollte nach britischer Vorstellung am 22. Februar 1946 zusammentreten, und zwar in dem kleinen unscheinbaren Theater am Wilhelmplatz. Der Termin wurde schnell widerrufen und die Eröffnung neu festgesetzt, und zwar für den späten Vormittag des 26. Februar 1946 und in einem anderen Hause, nämlich im >Neuen Stadttheater<, dem späteren Schauspielhaus an der Holtenauer Straße. Noch vor dieser Eröffnung wurden die Rechte des *Provincial Council* erweitert. Dieser englische Begriff sagt es: das *Advisory*, also die nur beratende Funktion, war entfallen. Der Provinz-Beirat sollte die vollen Rechte eines Provinzial-Landtages erhalten. Ihm war die Aufgabe zugedacht, über Ausschüsse – man nannte sie später Hauptausschüsse – die neugebildeten Ämter der Provinzialverwaltung einer politischen Führung und Kontrolle zu unterstellen. Näheres sollten eine Geschäftsordnung und eine Verfassung regeln, die der Provinziallandtag selber auszuarbeiten hätte und die mit britischer Zustimmung in Kraft zu setzen sein würden.

Corps Commander Generalleutnant Sir Evelyn Barker (stehend) bei seiner Ansprache zur Wiedereröffnung des Oberlandesgerichts, damals noch in seinem Gerichtsgebäude in Kiel (heute: Sitz des Justizministeriums) am 26. November 1945. Die anderen Personen im Bild (v.l.n.r.): Oberlandesgerichtspräsident Dr. Gottfried Kuhnt, Chief of Legal Division (CCG) Nicholas L. M. Macaskie, Lieutenant-Colonel L. P. Shanks (Legal Officer), Rear-Admiral H. T. Baillie-Grohmann, Brigadier G. P. Henderson, Commander 312 (P) Det. Mil. Gov.

Corps Commander Generalleutnant Sir Evelyn Barker (in der Mitte der Personengruppe) geleitet den Gast an seiner linken Seite aus dem Plöner Schloß nach draußen, Frühjahr 1946. Bei dem Gast (in Zivil) handelt es sich um den britischen Deutschland-Minister, den Chancellor of the Duchy of Lancaster John Hynd.

Hamburger Schulszene, die auch in Schleswig-Holstein zum Schulalltag in den Städten gehört hat: Schüler emp-fangen die sog. Schulspeisung auf dem Schulhof eines Gymnasiums. Die Essensausgabe wird von dem Direktor der Education Branch, Dr. D. C. Riddy (direkt neben dem Baum stehend) beobachtet. An seiner Seite: Sir John Maud. Aufnahme vom 27. Juni 1946.

Bildausschnitt von einer ähnlichen Szene in einer niedersächsischen Schulklasse.

Schlangestehen vor einer Bäckerei in Kiel, Mai 1945.

Die britische Besatzungsmacht in Schleswig-Holstein nutzte den Dienstag vormittag des 26. Februar, um die bei ihr liegende Hoheit auch mit militärischen Gepränge zu demonstrieren, andererseits aber auch die besondere Bedeutung des Provinziallandtags im neuen Provinzgefüge zu unterstreichen. Zugleich war dieser Tag – nach der nur relativ kleinen Feier zur Wiedereröffnung des Oberlandesgerichts am 26. November 1945 – das zweite öffentliche Auftreten des Kommandierenden Generals im 8 Corps-Distrikt, des Generalleutnants Sir Evelyn Barker.

Alles lief nach einem genauen Zeitplan ab. Nachdem an diesem 26. Februar alle Deutschen, nämlich die ernannten Mitglieder des Provinziallandtags wie auch die in größerer Zahl eingeladenen deutschen Gäste, den Haupteingang des Theaters entsprechend der ihnen gegebenen Anweisung durch die linke Tür betreten und bis 10.45 Uhr ihre Plätze eingenommen hatten – die Abgeordneten in der vorderen linken Parkett-Hälfte, die Gäste dahinter und auf dem Rang –, zog draußen vor dem Theater die Ehrenwache auf: Alle britischen Offiziere und ranghohen Mitglieder der Militärregierung und britischen Gäste betraten durch die rechte Tür des Haupteingangs das Theater und nahmen ihre Plätze im vorderen Parkett rechts ein. Im Foyer waren nur die *Very Important Persons* verblieben, die auf Generalleutnant Sir Evelyn Barker warteten und dort von ihm begrüßt werden sollten.

Die Ankunft des *Corps Commander* war für genau 11 Uhr festgesetzt. Er inspizierte zunächst die Ehrengarde, dann spielte sich die vorgesehene Begrüßungsszene im Foyer ab und genau um 11.10 Uhr – wie es sich für ein generalstabsmäßig geplantes Unternehmen gebührt – setzte die Musik des Städtischen Orchesters aus (was mag man gespielt haben?), und der *Corps Commander* Generalleutnant Barker betrat – gefolgt von den *Very Important Persons* – die Bühne und nahm dort an einem langgestreckten Tisch Platz. Derweil war auch – wie vorgeschrieben – der Oberpräsident aus den Kulissen hervorgetreten und nahm als letzter – von der Bühne aus gesehen – ganz links an dem Tisch Platz. Hat eine Begrüßung zwischen dem Korps-Kommandanten und dem Oberpräsidenten stattgefunden? Man möchte es wünschen; das Protokoll sagt darüber nichts aus.

Da saßen sie nun, die *Very Important Persons,* und zwar als Vertreter der *Control Commission for Germany (British Element)* ganz rechts Mr. Evans, und dann schlossen sich ihm an *Air Commodore* Chrisholm, *Corps Commander Lieutenant General* Sir Evelyn Barker, Brigadier Gail Patrick Henderson, *Flag Officer (Navy) Rear Admiral* Baillie-Grohman, Brigadier Phayre (DDMG). Und dann kam – wie gesagt – Theodor Steltzer. Am Vorhang hinter dem langgestreckten Tisch prangten die britische Fahne, der *Union Jack*, und darunter das Schleswig-Holstein-Wappen. Soweit das äußere Bild.

Brigadier Gail Patrick Henderson eröffnete die Sitzung; das Protokoll vermerkt dafür 11.11 Uhr; er beschloß auch die Sitzung, das Protokoll vermerkt dafür 11.42 Uhr; um 11.45 hatten die Engländer das Haus verlassen. Dazwischen gab es zwei Ansprachen (mit Übersetzung durch einen englischen Dolmetscher, der seinen Platz hinter dem Rednerpult hatte): die des Generals Barker und die des Oberpräsidenten Steltzer. General Barker würdigte die bisher von britischer Seite geleistete Aufbauarbeit und fand auch gute Worte für die von Deutschen geleistete Arbeit, um sodann den Provinziallandtag für eröffnet zu erklären. Danach durfte Oberpräsident Theodor Steltzer seine Ansprache halten, so wie sie vorher schon der Militärregierung zur Prüfung vorgelegen hatte und ohne Beanstandung geblieben war. Theodor Steltzer war nicht der Mann, der sich durch die Art, wie die Briten sich als Siegermacht aufführten, irritiert fühlte, zumal er auch wußte, daß ein solcher Staatsakt für das Verhältnis von Siegern und Besiegten kaum maßgebend war. Viel wichtiger waren ihm die vielen informellen und auf Kooperation angelegten Gespräche zwischen Briten und Deutschen auf unterer Ebene.

Steltzer hielt sich in seinen Worten nicht lange mit der Beschreibung der Not auf, die einen damals allenthalben umgab. Sein Blick war zum einen in die frühere Vergangenheit Deutschlands gerichtet, die Werte einer Selbstverwaltungstradition – etwa im Reformwerk des Freiherrn vom Stein – enthielt; zum anderen schaute er nach vorn, um dank dieser guten Traditionen in der deutschen Geschichte das Selbstwertgefühl zu stärken und um den Weg einer demokratischen Neugestaltung der öffentlichen Ordnung zu beschreiten. Theodor Steltzer führte wörtlich aus:

„Dem Provinziallandtag wird hierbei eine entscheidende Mitwirkung zufallen. Ich glaube, wir alle begrüßen es, daß anstelle des ursprünglich vorgesehenen Provinzialbeirats schon jetzt eine beschließende Körperschaft mit Vollmachten getreten ist, die die Kompetenzen des früheren preußischen Landtages bei weitem übersteigen. Denn der heute zusammengetretene schleswig-holsteinische Provinziallandtag ist nicht nur das oberste beschließende Organ für alle Fragen der allgemeinen Landesverwaltung, sondern hat auch das Recht zur Behandlung von Fragen erhalten, die sich auf die Gebiete der Sonderverwaltungen erstrecken. So knüpfen wir bei der Bildung der Gemeinden, Städte und Kreise auch mit den dem Provinziallandtag zugewiesenen Rechten wieder an die Selbständigkeitstradition unseres Landes an. Wir sind dankbar dafür, denn wir Schleswig-Holsteiner sind immer treue Deutsche gewesen. Aber wir haben uns ungern in den preußischen Staat eingliedern lassen und haben uns unter seinem autoritär-zentralistischen System nie zu Hause gefühlt.“

Sodann beschrieb Theodor Steltzer die neue einheitliche Landesverwaltung, die für ihn ohne Frage Wegbereitung des eigenen *Landes* Schleswig-Holstein war. Er erwartete von dem – zwar noch ernannten – Provinziallandtag „eine demokratische Kontrolle" für die klar nach Sachgebieten geordnete Landesverwaltung, „die hoffentlich bald auch diesen Namen erhalten wird", fügte Steltzer wörtlich hinzu. Er wollte ganz offenkundig weg von den Begriffen Provinz / Provinzial –; er hatte völlig recht: Mit den grundlegenden Veränderungen in der Verwaltung der Provinz und mit der Schaffung einer Vertretungskörperschaft zu seiner „demokratischen" Kontrolle – das Wort bedarf noch

Der 26. Februar 1946, Eröffnung des ersten ernannten Provinziallandtags. Die Abgeordneten und Abgeordnet-innen (letztere: nur 7 von 61) und deutsche geladene Gäste gehen in das Kieler Neue Stadttheater. Die sog. Ehren-garde von King's own Company of Grenadiers Guard *hat (noch) in lockerer Haltung auf dem abgesperrten Ab-schnitt der Holtenauer Straße Aufstellung genommen.*

Ankunft des Corps Commanders Ge-neralleutnant Sir Evelyn Barker; hin-ter ihm: Rear Admiral Baillie-Groh-man und Brigadier Gail Patrick Hen-derson; letzterer grüßt noch die Ehren-garde.

An einem langgestreckten Tisch auf der Bühne des Theaters und unter dem Union Jack und dem Schleswig-Holstein-Wappen sitzen die Herren (v.l.n.r.): Mr. Evans, Governmental Officer in der britischen Control Commission, Air Commodore Chrisholm, Corps Commander Generalleutnant Sir Evelyn Barker, Brigadier Gail Patrick Henderson, Rear Admiral Baillie-Grohman, Brigadier Phayre, Oberpräsident Theodor Steltzer. Am Rednerpult ein Dolmetscher.

Blick in das Parkett: im Bild links britische Offiziere, u. a. Mitglieder des (P) Mil. Gov. Det. und aller (K) Mil. Gov. Detachments; rechts anschließend (kaum noch im Bild) die Abgeordneten und Abgeordnetinnen. Hintere Reihe: deutsche Gäste.

Corps Commander Generalleutnant Sir Evelyn Barker bei seiner Ansprache zur Eröffnung des Provinziallandtags.

Der Corps Commander verläßt mit seinem Gefolge das Neue Stadttheater. Links stehend: ein deutscher Polizist, der die Ehrenbezeugung erweist.

Theodor Steltzer, letzter Oberpräsident der Provinz Schleswig-Holstein und erster Ministerpräsident des Landes Schleswig-Holstein (November 1945 bis April 1947); Aufnahme des Jahres 1946.

Dr. Hans Mühling, letzter komm. Landeshauptmann, dann stellv. Oberpräsident, Ltd. Landesdirektor und Verbindungsmann des Oberpräsidenten zur britischen Militärregierung.

Dr. Paul Husfeldt, Präsident des 1. Ern. Provinziallandtags vom 11. April bis 11. November 1946.

der Anführungszeichen – war der Weg hin zu einem eigenen demokratisch regierten Lande Schleswig-Holstein innerhalb des neu zu gestaltenden deutschen Staatsverbandes beschritten.

Nur konnten Strukturen und Formen nicht das Wesentliche sein, schon gar nicht im Anblick der unermeßlichen Not, die – so Steltzer – ein „Massenschicksal" geworden war, dennoch nicht jeden gleichermaßen getroffen hatte und zur Solidarität zwang mit denen, die am meisten seelisch und physisch zu leiden hatten. Steltzer führte am Ende seiner Ansprache aus:

„Meine Damen und Herren, gestatten Sie mir noch ein ernstes Schlußwort. Eines dürfen wir bei unserer Arbeit nicht aus dem Auge verlieren. Es sind nicht neue Formen allein, die zum Ziele führen. Formen schaffen nur Möglichkeiten. Entscheidend ist, daß auch ein neuer Geist die neuen Formen belebt. (...) Hier kann nur helfen, wenn wir uns in einer neuen und sozialen und menschlichen Haltung gegenübertreten. Unser Volk hungert danach, daß eine neue brüderlich menschliche Einstellung der Menschen verwirklicht wird, daß sie spürbar wird im öffentlichen Leben und an den Menschen, die in dieses Leben verantwortlich eintreten sollen."

So warb Steltzer um Vertrauen; er machte Mut für den Neuanfang und machte die Mitglieder ihrer Verantwortung bewußt, Vorbild zu sein in der Bereitschaft zu helfen, aufzubauen und Demokratie, die in den äußeren Formen noch fehlte, gleichwohl schon zu „leben". Wahre Demokratie ist in der Würde des Menschen und in seinen unverletzlichen und unveräußerlichen Rechten verankert. Wo solches Denken gelebt wird und das Handeln bestimmt, wird die entscheidende Abkehr vom menschenverachtenden Herrschaftssystem des Nationalsozialismus vollzogen. In solchen Gedanken liegt die weit über diesen Tag, den 26. Februar 1946, hinausreichende Bedeutung dessen, was der Oberpräsident Theodor Steltzer im Rahmen seiner Ansprache beim offiziellen Festakt zu sagen hatte.

Er hatte noch Gelegenheit, seine Überlegungen für den Neuanfang weiter vorzutragen, nämlich in der anschließenden Arbeitssitzung, die der feierlichen Eröffnung des Landtags nachfolgte. Die Repräsentanten der Besatzungsmacht verließen das Haus, wohl auch die deutschen Gäste. Ein genaues Protokoll gibt es nicht. Zu vermuten wäre auch, daß die Militärregierung ein oder zwei Beobachter im Raume belassen hat, so wie von späteren Sitzungen bekannt ist, daß Mr. Reginald Currey als Vertreter des 312 (P) Det. Mil. Gov. Landtagssitzungen beigewohnt hat. Theodor Steltzer sprach auf der Arbeitssitzung weiter über „den demokratischen Aufbau unserer Landesverwaltung", den er auf die breite Grundlage der Selbstverwaltung von Provinz, Städten, Kreisen und Gemeinden gestellt wissen wollte – Gedanken, die wir von ihm kennen.

Zeitlichen Vorrang hatten organisatorische Fragen, so die Suche nach einem geeigneten Tagungsraum. Man probierte in der Folgezeit einiges aus, bis schließlich von der 5.

Landtagssitzung im Festsaal der Pädagogischen Hochschule in Kiel-Hassee die geeigne-te Tagungsstätte zumindest für eine Übergangzeit gefunden war. Das war im Juni 1946. Der Einzug in das heutige Landeshaus sollte dann noch vier Jahre auf sich warten las-sen. Den Vorsitz im Landtag hatte noch der Oberpräsident inne, eine Regelung, die der parlamentarischen Ordnung widersprach und so auch nicht bleiben sollte, aber doch noch bis zur 3. Sitzung. Um so dringlicher war die arbeitsmäßige Entlastung des Ober-präsidenten. Steltzer verschaffte sie sich dadurch, daß er den jungen und dynamischen Regierungsrat Hans-Georg Wormit (später bekannt geworden als langjähriger Präsident der Stiftung Preußischer Kulturbesitz in Berlin) zum Sekretär des Landtags berief und hierfür die Zustimmung der Landtagsabgeordneten auf ihrer ersten Arbeitssitzung (nach dem Festakt am 26.2.1946) fand. Er trat auch gleich in Aktion. Er verlas die dem Ober-präsidenten von der Militärregierung zugegangene Liste der Landtagsabgeordneten; 61 waren anwesend (von 63). Von ihnen wurden die Personalien aufgenommen, so daß man ein genaueres Bild bekam, wer eigentlich in den Landtag berufen war. Nicht we-nige kannten sich untereinander, manche auch unangenehmerweise so genau, daß man bei manchen von ihren „guten" Beziehungen zur NSDAP wußte; sie mochten auch ohne Mitgliedschaft gegeben sein. Der Militärregierung sollte eine Überprüfung nahe-gelegt werden, dies aber auch – so ein zustimmend aufgenommener Vorschlag – im Hinblick auf eine bessere Ausrichtung auf das Bevölkerungsbild im Lande.

Hier gab es in der Tat Handlungsbedarf. Von den 61 Abgeordneten waren nur fünf Flüchtlinge aus dem Gebiet östlich der Oder=Neiße. Weitere fünf kamen aus dem Ge-biet der damaligen Sowjetischen Besatzungszone. Von den 61 Abgeordneten waren nur sieben weiblich. Von Ausgewogenheit konnte also keine Rede sein. Eher schon im Be-rufsbild, das heißt: es waren alle Berufs- und Gesellschaftsschichten angemessen ver-treten. Das heißt (im Unterschied zu heute): es gab nur fünf Lehrer und Lehrerinnen. Vielleicht noch eine Bemerkung zur Altersstruktur: der älteste Abgeordnete war 73, der jüngste 32. Hätte es die Funktion eines Alterspräsidenten gegeben, so wäre dieses Eh-renamt dem parteilosen Rechtsanwalt und Notar Dr. Hermann Raabe aus Barmstedt zugefallen. Es hat in den folgenden Monaten eine gewisse Fluktuation durch Rücktritt und Neuernennung gegeben, so daß insgesamt 78 Abgeordnete dem ersten ernannten Landtag – zum Teil nur für begrenzte Zeit – angehört haben. Wir werden unter ihnen namhafte Persönlichkeiten der großen Parteien, also der SPD und der CDU, kennen-lernen.

Das Kennenlernen bezieht sich auch auf die Inhaber hoher Positionen in der neuen Provinzialverwaltung. Besonders herausgestellt wurde der Erste Landesrat Dr. Hans Müthling als der „ständige Stellvertreter des Oberpräsidenten". So „ständig" war das nicht; schon auf einer der folgenden Sitzungen nahm der Landtag das ihm von der Militärregierung zugebilligte Recht in Anspruch, den Stellvertreter des Oberpräsiden-ten zu wählen. Am 6. Mai 1946 wurde Wilhelm Kuklinski (SPD) einstimmig zum Stell-vertreter des Oberpräsidenten gewählt. Doch zu diesem Zeitpunkt hatte sich schon die Arbeit des am 26. Februar 1946 gewählten Ausschusses zur Ausarbeitung der Geschäftsordnung und zur Vorbereitung einer Verfassung ausgewirkt.

Mit dem Kieler Universitätsprofessor und Inhaber des Lehrstuhls für Öffentliches Recht Dr. Hermann von Mangoldt gehörte ein Mann hoher Fachkompetenz dem Ausschuß an und mit ihm – neben anderen – auch die beiden starken Persönlichkeiten der SPD und der CDU, Andreas Gayk, und Carl Schröter. Am 5. März 1946 war dieser Ausschuß im Amtssitz des Oberpräsidenten, das heißt im Rantzau-Bau des Kieler Schlosses, zu seiner ersten Arbeitssitzung zusammengetreten und beriet dabei die Abgrenzung der Kompetenzen des Oberpräsidenten gegenüber dem Landtag. Dieser hatte sich zu „verselbständigen", gerade auch, um die Gewaltenteilung sichtbar zu machen. Das geschah auf der 3. Sitzung des Landtags am 11. April 1946 gemäß der einstimmig verabschiedeten Geschäftsordnung.

Dazu ist Näheres zu sagen. Doch vorweg ein kurzer Blick auf die zweite Sitzung des Landtags, die am 13. März 1946 im Theater des Westens am Wilhelmsplatz in Kiel stattfand. Sie zeigt, mit welcher Notlage sich der Landtag in diesem Monat konfrontiert sah. Die eindrucksvolle Entschließung, die der Landtag auf Vorschlag von Kurt Pohle (SPD) einstimmig annahm, sagt alles aus: Die drastische Senkung der Lebensmittelrationen im März 1946 auf rund 1000 Kalorien beschwor die Gefahr einer furchtbaren Hungersnot herauf. Das Verlangen, ihr aus eigener Kraft zu begegnen, führte zu einem Hilferuf an die besser versorgte ländliche Bevölkerung. Ob der Ruf gehört und auch beachtet wurde?

Am 11. April 1946 trat der Landtag im Hörsaal des Milchforschungsinstituts zusammen. Es scheint, man war der Landwirtschaft nähergerückt. Doch es ging um die parlamentarische Struktur des Landes. Die Beschlußfassung über die neue Geschäftsordnung und ihre sofortige Handhabung führten zur Wahl eines eigenen Landtagspräsidiums, und dies einstimmig. Gewählt wurden die Herren: Dr. Paul Husfeldt (Gast CDU) als Präsident des Landtags, Karl Panitzki (SPD) als Erster Stellvertreter und Hugo Bischof (KPD) als Zweiter Stellvertreter. Es folgte unmittelbar darauf ein „fliegender Wechsel". Der Oberpräsident Theodor Steltzer übergab den Vorsitz sofort an den Landtagspräsidenten Dr. Paul Husfeldt.

Seine einstimmige Wahl war nicht überraschend, auch nicht für Dr. Husfeldt. Solche Personalfragen klärt man vor der Sitzung in interfraktionellen Absprachen. Paul Husfeldt kam deshalb auch mit einer vorbereiteten längeren Grundsatzrede in die Sitzung. In der Tat, er hatte einiges zu sagen. Auch im Blick auf eine kommende Landesverfassung ging es Dr. Husfeldt darum klarzustellen, wie wichtig es sei, daß man sich aus innerer Überzeugung und durchaus auch in Kenntnis deutscher geschichtlicher Traditionen der demokratischen Werteordnung anschlösse. Es gelte, die Folgen obrigkeitsstaatlicher Bevormundung – eine Anspielung auf die spezifischen Verfassungsformen im Bismarck-Reich und im Preußen des Drei-Klassen-Wahlrechts – zu überwinden. Noch waren die

Folgen spürbar: *„Wir sind ein unpolitisches Volk geworden, ein Volk, das aus histori-schen Gründen nicht an der politischen Willensbildung beteiligt war."*

Hieraus hätte sich – so Husfeldt – folgendes ergeben: der Mangel an staatsbürgerli-cher Mitverantwortung, die Hingabe an die vermeintliche landesväterliche Fürsorge, und dies alles im Gegensatz zur demokratischen Entwicklung in den westlichen Län-dern, also den Ländern eines vergleichbaren kulturellen und wirtschaftlichen Entwick-lungsstandes. Husfeldt führte aus:

„Wir haben den Anschluß verpaßt an jenen Strom der Überlieferung, die von der >Declaration of Rights< im England des 17. Jahrhunderts über die amerikanische Verfassung am Ende des 18. Jahrhunderts zu der Erklärung der Grundrechte eines Staatsbürgers in der Französischen Revolution führte und dann in die Verfassungen der europäischen Länder einfloß, eine Überlieferung, welche die Mitarbeit und Mit-verantwortlichkeit jedes einzelnen Menschen an der gesamten Gestaltung des Le-bens als seine tiefste ethische Verpflichtung faßte und weit über die bloße Rechts-pflicht hinausging."

Paul Husfeldt konnte sich wenig später von Gedanken des hannoverschen Kultus-ministers Adolf Grimme bestätigt fühlen. Adolf Grimme und mit ihm zusammen der Hamburger Schulsenator Heinrich Landahl waren im Frühsommer als erste offizielle deutsche Besucher nach dem Kriege nach England gekommen, und zwar auf Einla-dung der im Kriege in London gegründeten Organisation >German Educational Reconstruction<. Adolf Grimme bekam Gelegenheit, sich in einem von der *British Broadcast Corporation* ausgestrahlten Vortrag an seine deutschen Landsleute zu wen-den. Grimme zeigte sich von der Demokratie in Großbritannien tief beeindruckt: Sie sei hier – so Grimme – nicht bloß eine Staatsform, sondern eine Lebensform. Genau dies wünschte sich Paul Husfeldt auch für Deutschland, wenn er von der „lebendigen" De-mokratie sprach, die ihre Verankerung im christlich-humanistischen Weltbild habe. Sol-che Verankerung wiederum hielt auch Adolf Grimme für notwendig.

Es ist bemerkenswert ist, daß man sich in der Zeit größter innerer und äußerer Not um eine demokratische Werteordnung bemüht hat. Hilfreich sollte in diesem Bemühen bald das Wirken des *Educational Adviser* des Militärgouverneurs der britischen Zone sein, des späteren *Headmaster of Eton College* Sir Robert Birley. Er war ein aufrichtiger Freund der Deutschen, der in diesem Sinne seine mehrjährige Aufgabe in Deutschland an einflußreicher Stelle wahrnahm.

Bei Paul Husfeldt ist anzunehmen, daß sein Weltbild als Geistlicher – er war Gemein-depastor in Kiel – von der europäischen Religionsgeschichte geprägt war wie auch von der deutschen Geistesgeschichte und Nationalidee. So ließ er in seine „Antrittsrede" als Landtagspräsident Worte von Friedrich Schiller einfließen: Wir, die Deutschen, sollen uns verstehen als „ein einig Volk von Brüdern, in keiner Not uns trennen und Gefahr".

Er verknüpfe diesen Appell mit Worten aus dem Schleswig-Holstein-Lied, das Matthäus Friedrich Chemnitz (als Dichter) und Carl Gottfried Bellmann (als Kantor) geschaffen hatten und das im Juli 1844 auf dem Schleswiger Sängerfest aus der Taufe gehoben worden war: „Schleswig-Holstein meerumschlungen, deutscher Sitte hohe Wacht". Paul Husfeldt schloß mit dem Bekenntnis, dem laut Protokoll lebhafter Beifall der Landtags-abgeordneten folgte: „Eine freie, innerlich wahre Demokratie, ein arbeitsames brüderliches Schleswig-Holstein und Deutschland."

Das Wichtigste im Hinblick auf die werdende parlamentarische Struktur des Landes war die Entscheidung, dem Oberpräsidenten eine politische Führungsmannschaft an die Seite zu stellen. Sie wird laut Handbuch des Schleswig-Holsteinischen Landtags als das 1. Kabinett Steltzer bezeichnet, das von diesem 11. April bis zum 22. November 1946 bestanden hat. Diese Führungsmannschaft wurde in besonderer Form aus dem Landtag heraus gebildet. Der Landtag wählte adäquat zu den inzwischen sieben Verwaltungsämtern – zu den sechs bestehenden Ämtern war das von Medizinalrat Dr. Habernoll geleitete Amt für Gesundheitswesen hinzugekommen – sieben Hauptaus-schüsse mit je sieben Landtagsabgeordneten unterschiedlicher Parteirichtung. Diese Ausschüsse wiederum wählten ihren Vorsitzenden, und dies nach interfraktioneller Absprache wie folgt: die CDU stellte drei Hauptausschußvorsitzende, nämlich die Herren Hermann von Mangoldt (Innere Verwaltung), Thomas Andresen (Haushalt und Finanzen) und Willy Rickers (Ernährung, Landwirtschaft und Forsten); die SPD stellte auch drei Hauptausschußvorsitzende, nämlich die Herren Bruno Diekmann (Wirtschaft und Verkehr), Wilhelm Kuklinski (Volksbildung) und Kurt Pohle (Volkswohlfahrt); die KPD stellte einen Hauptausschußvorsitzenden, nämlich Emil Matthews (Gesundheits-wesen).

Der Oberpräsident Theodor Steltzer (CDU) und die genannten Hauptausschußvor-sitzenden bildeten ein Kabinett der Großen Koalition. Diese Form der Regierung ent-sprach ganz der Mentalität Theodor Steltzers. Er war nicht ein Mann der politischen Konfrontation, sondern suchte den Ausgleich der politischen Meinungen und Interessen. Nur war dies allein nicht maßgebend. Entscheidend war, was die Besatzungsmacht wollte, und sie hatte einen plausiblen Grund, die Aufgaben des Regierens und des Op-ponierens nicht dieser oder jener Partei zuzuweisen. Das könne nur der Wähler tun; so die britische Vorgabe in der Instruktion Nr. 46 der *Internal Affairs and Communication Division/Zonal Executive Offices* in Bünde an das 312 (P) Det. Mil. Gov., und entspre-chend wurde der Oberpräsident instruiert. Wollte man derzeitig die Funktionen von Regierung und Opposition bestimmten Parteien zuweisen, wäre das ein Vorgriff auf den Willen der Wähler, die über die Mehrheitsverhältnisse zu befinden hätten.

Der Begriff >Hauptausschußvorsitzender< für die Kabinettsmitglieder war nur vor-läufig. Die Briten wollten kritisch beobachten, wer wirklich „ministrabel" sei, und sie hatten nichts dagegen, daß nach einer gewissen Bewährungszeit der Minister-Titel ein-geführt würde. Doch diese Entwicklung wurde eingeholt durch die Erledigung der weiteren Aufgabe, die ja dem am 26. Februar gewählten Ausschuß zur Ausarbeitung der Geschäftsordnung und zur Vorbereitung einer Verfassung zugedacht war, nämlich für eine Verfassung Sorge zu tragen. Verfassung jedoch wofür? Für die Provinz Schleswig-Holstein? War das nicht ein fiktives Festhalten am preußischen Staatsaufbau, der längst zerbrochen war? Also dann Verfassung für das Land? Waren dafür jedoch schon die rechtlichen Rahmenbedingungen gegeben? Wo ist der Wechsel von der Provinz zum Land? Wir nehmen die Fragen hinein in das nächste Kapitel.

Zwei Gründungsdaten des Landes Schleswig-Holstein:
der 12. Juni und der 23. August 1946

Es gibt zwei Daten, die im Gründungsprozeß des Landes besonders herauszustellen sind, ja als die Gründungsdaten des Landes bezeichnet werden können. Der Prozeß hatte schon deutlich vor dem Monat Juni 1946 begonnen, nämlich mit der – wie oben dargestellt worden ist – Schaffung der einheitlichen Provinzialverwaltung und der parlamentarischen Regierungsform in Schleswig-Holstein. Der Prozeß sollte noch über das Jahr 1946 hinaus fortdauern. Denn erst im Dezember 1949 erhielt das Land die vom ersten gewählten Landtag verabschiedete Landessatzung, die dann im folgenden Monat, also im Januar 1950, mit der Billigung des damaligen britischen *Landcommissioner* William Asbury in Kraft treten konnte. Wir befinden uns auch dann noch in der Besatzungszeit.

Aber dieser Landessatzung ging die Vorläufige Verfassung voraus, die der erste ernannte Landtag fast einmütig am 12. Juni 1946 für das *Land* Schleswig-Holstein verabschiedete. Diese Vorläufige Verfassung erhielt indes nicht die Bestätigung der Militärregierung, wurde aber mit ihrer Billigung praktiziert. Es gibt gute Gründe, diesen 12. Juni 1946 als das Gründungsdatum des Landes anzusehen, gerade auch, weil diese Verfassung nicht britischerseits bestätigt wurde. Der Grund für die ausgebliebene Bestätigung liegt nämlich darin, daß die britische Militärregierung den Namen >Vorläufige Verfassung des *Landes* Schleswig-Holstein< im Hinblick auf das noch ausstehende Gesetz des Alliierten Kontrollrates zur Auflösung des preußischen Staates nicht akzeptieren konnte. Um so mehr ist die Beschlußfassung des Provinziallandtags als ein deutscher Willensakt zur Gründung des Landes zu verstehen, der nicht in formaler Hinsicht – wegen des Vorbehaltsrechtes der Militärregierung –, aber doch in praktischer Hinsicht auch eine Art Rechtsqualität erhalten hat. Man kann von der normativen Kraft des Faktischen sprechen.

Es ist natürlich zu fragen, ob der ernannte Provinziallandtag überhaupt die Vollmacht besaß, die Provinz Schleswig-Holstein als Land zu konstituieren. Mußte das nicht auf höherer Ebene entschieden werden? Etwa seitens der britischen Kontrollkommission in Berlin, die wiederum auf ein einvernehmliches Vorgehen mit den anderen Besatzungsmächten angewiesen war? Für Fragen, die über die Besatzungszonen hinausgriffen und Deutschland in den vier Besatzungszonen als Ganzes betrafen, war der Alliierte Kontrollrat in Berlin zuständig. Aber hier wurde nichts oder noch nichts entschieden. Das bereits angesprochene Gesetz zur Auflösung Preußens ließ länger auf sich warten, als es auch der britischen Regierung im Hinblick auf ihre Deutschlandpolitik lieb war. Folglich ließ sie schließlich die britische Kontrollkommission in eigener Verantwortung handeln. Wie geschah das?

Die CCG(BE) erließ mit Wirkung vom 23. August 1946 die *Ordinance* / Verordnung Nr. 46 und verfügte darin die „Auflösung der Provinzen des ehemaligen Landes Preußen in der Britischen Zone und ihre Neubildung als selbständige Länder". So der deutsche Titel der Verordnung. Man wundert sich, daß in einem Rechtsakt sowohl im Titel wie im einleitenden Satz der Begriff *former*, also „gewesen, einstig", verwendet wird; denn eine Auflösung des preußischen Staates hatte es bis dahin im rechtlichen Sinne ja noch nicht gegeben. Diesem Tatbestand trägt der erste Artikel dadurch Rechnung, daß gesagt wird, „sie [die Provinzen] erhalten vorläufig die staatsrechtliche Stellung von Ländern". Der maßgebliche englische Text sagt es vielleicht noch vorsichtiger: *„The Provinces [...] are hereby abolished as such and for the time being shall assume the status of Laender."* Der Begriff *for the time being* drückt die Vorläufigkeit aus.

In der Tat war es so: Man wartete seit längerem auf die Auflösung Preußens als Staat. Dies lag in der Gesetzgebungskompetenz des Alliierten Kontrollrats, wenn man – auch das mag juristisch hinterfragt werden – die Erklärung vom 5. Juni 1945 in Anbetracht der Niederlage Deutschlands und der darin enthaltenen Übernahme der *Supreme Authority* in Deutschland durch die Alliierten als völkerrechtlich gültige Erklärung ansieht. Ein Zweifel hieran hebt nicht den Tatbestand auf, daß die genannte Erklärung gehandhabt wurde und daß deshalb auch das am 25. Februar 1947 erlassene Gesetz des Alliierten Kontrollrats nicht in Frage gestellt wurde. Der Zeitpunkt des Gesetzes liegt genau vierzehn Tage vor dem Beginn der Konferenz des Rates der Außenminister der UdSSR, der USA, Großbritanniens und Frankreichs in Moskau. Gemäß diesem Gesetz erhielten die preußischen Provinzen – soweit sie im Bereich der vier Besatzungszonen lagen – den Landesstatus oder wurden in bestehende Länder integriert. Daß eben dies in der britischen Zone schon aufgrund der Verordnung Nr. 46 mit Wirkung vom 23. August 1946 geschehen war, wurde mit keinem Wort erwähnt. Es bleibt zu fragen, was denn überhaupt die Briten damals bewogen hat, diesen Schritt zu tun.

Lassen wir dies als offene Frage stehen und begeben wir uns zunächst zeitlich zurück in das zweite Quartal des Jahres 1946! Das Kriegsende lag damals genau ein Jahr zurück. Die Zeit war in britischer Sicht gekommen, die Form der Militärregierung zu ändern. Die militärischen Aufgaben der deutschen Entwaffnung, der Demobilisierung der deutschen Streitkräfte und der Beseitigung des Kriegspotenzials waren soweit abgeschlossen, daß die Zahl der Besatzungstruppen reduziert werden konnte. Das *8. Corps* wurde aufgelöst, Generalleutnant Sir Evelyn Barker nach Großbritannien zurückbeordert, um sodann von dort einen neuen militärischen Auftrag im Nahen Osten zu übernehmen. Schleswig-Holstein wurde eine eigene *Region* innerhalb des britischen Besatzungsgebietes. An der Spitze der *Region* stand der *Regional Commissioner*; das Amt konnte sowohl ein Militär wie ein Zivilist innehaben.

·

In Schleswig-Holstein wurde der Wechsel vom *Corps Commander* und *Military Governor* (ein selten gebrauchter Titel) zum *Regional Commissioner* im Mai 1946 vollzogen. Gegen Monatsende kam nach Schleswig-Holstein – sozusagen als Nachfolger von Generalleutnant Barker – der Luftmarschall im Ruhestand Hugh V. Champion de Crespigny; ihm kam auch die Bezeichnung Zivilgouverneur zu. Man wußte nicht viel von ihm, aber doch soviel, daß er nach dem Ausscheiden aus dem militärischen Dienst im Sommer 1945 in einem nordenglischen Wahlkreis für die *Labour Party* kandidiert hatte, aber unterlegen war. Sein äußeres Erscheinungsbild verriet den „typischen" Engländer, höflich, distanziert, etwas steif, so wie es vielleicht auch das „offizielle" Photo von ihm zum Ausdruck bringt: der Gouverneur am Schreibtisch sitzend, hinter ihm an der Wand die eingerahmte Karte der Britischen Zone; man beachte das Bild auf Seite 76.

Das Dienstzimmer des *Regional Commissioner* befand sich im Gebäude des vormaligen Gau-Luftwaffenamtes in Kiel zwischen dem Niemannsweg und dem Hindenburgufer. Hier waren die zentralen Dienststellen des *312 Headquarters, Military Government, Schleswig-Holstein Region* (abgekürzt: 312 HQ, Mil Gov, SH Region) untergebracht. Das Haus erhielt einen englischen Namen, der an eine Grafschaft im Südwesten Englands erinnert: *Somerset House*. Es gab mehr dem Namen nach englische Häuser, u.a. in der Legien- Straße (vielleicht hieß sie noch wie im Dritten Reich Fährstraße) das sog. *Empire Building*, das dem *Army Welfare Service* diente. Der *Army Welfare Service* war eine Art Truppenbetreuung mit eigener Film- und Bildproduktion, für die ein Deutscher, der Inhaber von Nordmark-Film Kiel Gerhard Garms, in britische Dienste genommen war. Seine Bilder sind Grundlage des Buches >Die Briten in Schleswig-Holstein<, das Einblick in das „britische Leben" in diesem Lande gibt.

Nochmal zu Champion de Crespigny: Er bewohnte mit seiner Ehefrau und dem Personal das Gutshaus Altenhof bei Eckernförde; das war seine Residenz, in herrlicher Lage umgeben von Wald und Wiesen, unweit der Eckernförder Bucht, gut zu bewachen. Die Entfernung nach Kiel war leicht zurückzulegen, gelegentlich auch – im langen und schneereichen Winter 1946/47 vielleicht auch häufiger – mit einem Sonderzug vom Bahnhof Altenhof aus. Hier im Guthaus hat es viele Gespräche auf hoher Ebene der Briten untereinander, aber auch mit Deutschen gegeben; hier fanden Empfänge statt, auch mit Damen, so anläßlich des Besuchs des Luftmarschalls Sir Sholto Douglas, der im Mai 1946 Feldmarschall Montgomery in seiner Stellung als Militärgouverneur der Britischen Zone abgelöst hatte. Anfang August 1946 fand unter Luftmarschalls Douglas Leitung eine *Secret Conference of Very Important Persons* statt, unter ihnen der Deutschland-Minister John Hynd als *Chancellor of the Duchy of Lan-*

caster, der *Political Adviser* des Militärgouverneurs der Britischen Zone Sir William Strang und die *Regional Commis-sioners* von Hamburg, Hannover, Westphalen und Nordrhein.

Solche Beschlagnahmungen von deutschen Gebäuden in öffentlicher und privater Hand hat es im Jahre 1946 in zunehmender Zahl gegeben. Denn die Briten konnten, wenn sie wollten, ihre Familien nachkommen lassen, die dann in ganzen Straßenzügen ihre jeweilige kleine „Residenz" fanden. Für die Kinder waren Schulen einzurichten, darunter auch eine weiterführende *Boarding School* in Plön. Man führte das gewohnte englische Leben hier in Deutschland weiter, nachdem man festgestellt hatte, daß es in der Britischen Zone ganz friedlich zuging, so wie es die eigene Kriegspropaganda nicht hatte erwarten lassen. Die Deutschen, die die beschlagnahmten Häuser unfreiwillig vermieten mußten – die Miete zahlten die deutschen Kommunalbehörden – wurden wie die Flüchtlinge irgendwo „einquartiert" oder konnten auch, wenn sie Glück hatten, in einer Einliegerwohnung wohnen bleiben. So blieben auch die Eigentümer des Gutshauses Altenhof (das waren der Sohn des Reichskanzlers von Bethmann Hollweg und seine Frau, eine geborene Reventlow) in einem Seitenflügel ihres Hauses wohnen; sie konnten das Haus Jahre später in einem relativ guten Zustand wieder übernehmen.

Die Kontinuität in der britischen Militärregierung in Schleswig-Holstein wahrte Brigadier Gail Patrick Henderson. Er war der Vertreter von Generalleutnant Sir Evelyn Barker; er war es nun von *Regional Commissioner Air Vice Marshal* Hugh V. Champion de Crespigny. Als dieser im Dezember 1947 nach England zurückgerufen wurde, folgte ihm der bisherige *Regional Commissioner* von Nordrhein-Westfalen, William Asbury, in derselben Stellung im Januar 1948 nach, und Brigadier Henderson war auch sein Vertreter, bis er noch vor Jahresende Schleswig-Holstein verließ, und dies als ein Mann, der sich in hohem Maße um Schleswig-Holstein verdient gemacht hat. Henderson hatte sich mehr als alle anderen auch in die Probleme der Umstrukturierung dieses Landes hineingedacht, weg von der preußischen Provinz, hin zu einem Land, das eine eigene parlamentarisch-demokratische Regierungsform erhalten sollte.

Nach der Sitzung des Landtags am 11. April 1946, auf der die parlamentarische Ordnung mit dem eigenständigen Landtag und dem vom Landtag kontrollierten Kabinett Steltzer zustande gekommen war, erkannte Brigadier Henderson, daß eine Entwicklung stattfand, die von den Begriffen *Province / Provincial* wegführte und zu dem Begriff *Land* hinführte. Es lag nicht in seiner Kompetenz, diesen Begriff zu sanktionieren. So suchte er vier Tage nach der Landtagssitzung Rat und Zustimmung bei der *Internal Affairs & Communication Division/CCG(BE)* in Bünde, wenn er ausführte: Die derzeitig noch gültigen Begriffe seien dem alten System verhaftet und trügen dem neuen System mit der parlamentarischen Funktion (zur Führung) und der verwaltenden Funktion (zur Ausführung des politisch Gewollten) in der Eigenverantwortung Schleswig-Holsteins nicht Rechnung. Deshalb empfahl Brigadier Henderson in seinem Schreiben vom 15. April 1947: „*It should be decided to adopt the Land principle uniformly.*"

Die Antwort aus Bünde von der dortigen *IA & C Division* (so die abgekürzte Form) ging erst am 11. Mai 1946 ein. Sie enthielt eine „vorläufige" Zustimmung zu den Begriffen Landtag, Landesregierung und Landesverwaltung, aber bei gleichzeitiger Beibehaltung des Terminus >Provinz Schleswig-Holstein<. Es heißt in dem Schreiben:

(1) *„The titles are provisional."*
(2) *„The substitution of the word >Land< for >Provincial< does not affect the legal and constitutional position of >Provinz Schleswig-Holstein< in any way."*

Die Vier-Mächte-Verantwortung für Deutschland als Ganzes betreffende Fragen macht diese Vorbehalte erklärlich. Die britische Besatzungsmacht zögerte noch – das sollte sich ändern –, das Problem Preußen in ihrer Zone allein anzugehen. Das bestätigt auch die folgende Feststellung in dem Brief der *IA & C Division* aus Bünde vom 11. Mai 1946:
„Pending further instruction from the Control Commission (which are to some extent contingent upon current quadripartite negotiation) it is moreover undesirable that the name of >Land Schleswig-Holstein< should be used instead of >Provinz Schleswig-Holstein<."

Inzwischen hatte sich der ernannte Landtag der ihm schon auf seiner konstituierenden Versammlung am 26. Februar 1946 gestellten Aufgabe angenommen, also mit der Ausarbeitung eines Verfassungsentwurfs im Ausschuß für Geschäftsordnung und Verfassung begonnen. Am 11. April 1946 erstattete der Ausschußvorsitzende Prof. Dr. von Mangoldt im Rahmen der ersten Lesung der Verfassung im Landtag Bericht; diese erste Lesung wurde am 6. Mai 1946 mit der Grundsatzaussprache fortgesetzt. Carl Schröter (CDU), Wilhelm Kuklinski (SPD) und Otto Preßler (KPD) ergriffen das Wort, weniger um etwas zur Verfassung zu sagen, dafür um so mehr zur allgemeinen politischen Lage. Der Verfassungsentwurf wurde von allen drei Rednern gutgeheißen; in bezug auf das allgemeine politische Umfeld wurden indes unterschiedliche Akzente gesetzt.

Carl Schröter, Vorsitzender der CDU in Schleswig-Holstein, legte ein Bekenntnis ab zu Deutschland und zur Reichseinheit und war sehr darum besorgt, daß Schleswig-Holstein bei seiner Aufbauarbeit den Beweis dafür erbringt, „daß Schleswig-Holstein ein für die Demokratie reifes Volk ist". Dies könne es aber nur, so Schröter, wenn es, also das Volk, nicht niedergetreten und nicht gedemütigt werde und es nicht zu hungern und zu frieren brauche. Er ging auch auf die frühe Hinwendung vieler Schleswig-Holsteiner schon deutlich vor 1933 zum Nationalsozialismus ein, hatte aber eine schnelle und zu einfache Erklärung zur Hand. Er sah in dieser Hinwendung den Ausdruck eines verständlichen Protestes „gegen die verfehlte Wirtschaftspolitik des Liberalismus" und „gegen die Vernichtung der Landwirtschaft" am Ende der Weimarer Zeit. Schröter war darum besorgt, diese Partei-Mitglieder von vor 1933 und „die kleinen Blockleiter" (das war der unterste Rang im Korps der politischen Leiter der NSDAP) könnten vom kommenden Wahlrecht und somit von der Teilhabe an der demokratischen Entwicklung ausgeschlossen werden. Ihnen das Wahlrecht zu geben sei, so Schröter, eine Chance, sie für die Demokratie zu gewinnen.

Die Festlegung des Wahlrechtes, das erstmals im Herbst 1946 bei der Wahl der Gemeinde- und Kreisvertretungen zur Anwendung kommen sollte, hatte sich die Militärregierung selber vorbehalten. Sie sah nicht bei den Alt-Parteimitgliedern der NSDAP und den „kleinen Blockleitern" den „schnellen Weg" zur Demokratie und schloß sie vom Wahlrecht, das in den britischen Verordnungen vom April und Mai 1946 festgelegt wurde, aus. Um so bemerkenswerter ist, daß Carl Schröter in freier Rede seinen entgegengesetzten Standpunkt darlegen konnte. Man tolerierte britischerseits auch das, was man nicht guthieß; das war praktizierte Demokratie.

Wilhelm Kuklinski, Vorsitzender der SPD in Schleswig-Holstein, hatte ein sehr viel kritischeres Bild von der Gesellschaft in Deutschland vor 1933. Denn die Fehlentwicklung in Deutschland war eben nicht ein Problem der Endphase der Weimarer Republik, sondern – und da knüpfte Kuklinski an das an, was Paul Husfeldt nach seiner Wahl zum Präsidenten des Landtags gesagt hatte – diese Fehlentwicklung hatte schon im Kaiserreich mit seiner autoritären Staatsführung und seiner Klassengesellschaft begonnen. Für Kuklinski war die Demokratie neu zu finden und mit dem Geist der Volksgemeinschaft und mit sozialen Werten zu füllen.

Auch Otto Preßler (KPD) hieß den Verfassungsentwurf gut, forderte aber, daß Schleswig-Holstein sich als „ein Baustein" in den „Bau eines einheitlichen Deutschlands, eines Deutschland mit einer zentralen einheitlichen Regierung und Verwaltung" einbringe. Er verzichtete darauf, gesellschaftspolitische Vorstellungen, wie man sie von einem Kommunisten erwartet hätte, vorzutragen. Die Kommunisten vertraten die „nationale", „einheitsstaatliche" Linie; man kennt das bis 1949 hin, weiß aber auch, welche „Sowjetisierung" früh in der Sowjetischen Besatzungszone Platz gegriffen hatte und wirklich trennend in Deutschland wirkte.

Was die Verfassungsfrage für Schleswig-Holstein anging, so kam man eigentlich erst am 12. Juni 1946 bei der zweiten und abschließenden Lesung der Vorläufigen Verfassung zur Sache. Nunmehr wurde sie in ihren einzelnen Artikeln durchgesprochen. Angesichts dänischer Bestrebungen, den Landesteil Schleswig als gesonderte Verwaltungseinheit zu behandeln, wurde die Verabschiedung der Verfassung zu einem Bekenntnis für das seit 1460 eng verbundene Schleswig-Holstein gemäß der damals von König Christian I. als Herzog in Schleswig und Graf in Holstein-Stormarn gegebenen Zusage, sie sollen „auf ewig ungeteilt zusammen bleiben". Daß die Zusage des 15. Jahrhunderts seit dem 19. Jahrhundert einen Bedeutungswandel von der Einheit der Herrschaft auch zur Einheit des Territoriums erfahren hat, sei nur am Rande erwähnt.

Der Name der Verfassung vom 12. Juni 1946 als >Vorläufige Verfassung des Landes Schleswig-Holstein< ist auf dem Hintergrund der britischen Erwartungshaltung, wie sie Brigadier Henderson dem Oberpräsidenten mitgeteilt hatte, bemerkenswert. Im übrigen hatte es während der Arbeit des Ausschusses zur Ausarbeitung der Geschäftsordnung und des Verfassungsentwurfs laufende Kontakte mit den britischen Dienststellen gegeben, wie Professor von Mangoldt dem Landtag schon bei der ersten Lesung am 11. April 1946 zu berichten hatte. Die Selbstverwaltung der Gemeinden und Kreise war klar herauszustellen, was – im nachhinein gesehen – nach britischer Auffassung noch stärker hätte geschehen können; denn der Grundsatz des „vollen" Selbstverwaltungs-rechtes für die kommunalen Gebietskörperschaften war doch abgeschwächt durch nicht näher benannte „Gründe einer einheitlichen Regelung für das ganze Land" ge-mäß Artikel 3 der Verfassung. Hinzu kam die auch als Abschwächung empfundene Be-stimmung in Artikel 5, die die Selbstverwaltungskörperschaften der Überwachung durch das Land und insbesondere seiner Finanzaufsicht unterstellte, so wie es deutscher Ver-fassungstradition in den Gemeindeordnungen auch von vor 1933 entsprach. Die Kon-trolle der Landesämter durch die Hauptausschüsse wurde so, wie sie am 11. April 1946 bereits auf britisches Geheiß eingeführt worden war, in Artikel 11 der Verfassung fest-geschrieben.

Aber an der Bezeichnung >Land< hatte man entgegen der britischen Erwartung, die als Anweisung zu verstehen war, festgehalten. War nicht in dem Schreiben aus Bünde vom 11. Mai 1946 gesagt worden, daß es unerwünscht sei, anstelle von >Provinz Schles-wig-Holstein< offiziell von dem >Land Schleswig-Holstein< zu sprechen? Dennoch ist nicht nur im Namen der Verfassung, sondern auch in der Präambel ausdrücklich von >Land< die Rede: der Schleswig-Holsteinische Landtag hat beschlossen, „dem *Lande* diese vorläufige Verfassung zu geben". Das heißt aber auch: Indem der britischen Er-wartung nicht Rechnung getragen wurde, war mit dieser Verfassung um so mehr der Wille bekundet, Schleswig-Holstein als Land zu konstituieren. Die vorläufige Verfassung hat nicht die Bestätigung der britischen Militärregierung bekommen. Eine schriftliche Begründung liegt hierfür in der Überlieferung nicht vor. Die Gründe hierfür haben aber – so Mitteilungen der *oral history* – mit den Abweichungen von den britischen Wün-schen zu tun, wobei diese eben als Auflagen zu verstehen waren.

Die Verfassung war ohnehin als *vorläufig* zu verstehen und auf ein halbes Jahr befri-stet, wobei die Möglichkeit der Verlängerung gegeben sein sollte. Diese Vorläufigkeit und zeitliche Begrenzung hatten einen einfachen Grund: Nur ein gewählter Landtag würde das Mandat haben, eine bleibende Verfassung als Ausdruck des Volkswillens zu verabschieden. Zudem wollte man mit dem Begriff *vorläufig* den „festen Willen" un-terstreichen, wie es in der Präambel heißt, der zukünftigen Gestaltung des Deutschen Reiches nicht vorzugreifen". Daß dieses Reich einmal föderativ geordnet sein würde, war klar, und damit stand indirekt auch der Begriff Reich zur Disposition. Man war davon überzeugt, daß im Staatsaufbau von unten nach oben die Länder eine wichtige tragende Funktion erfüllen würden. Aber welcher Größe sollten die Länder denn sein?

Als gut vier Wochen nach der Verabschiedung der Vorläufigen Verfassung die Briten am 17. Juli 1946 in Berlin ankündigten, man werde die Nordrhein-Provinz und die Provinz Westfalen zu dem Land Nordrhein-Westfalen zusammenfassen, löste dies im schleswig-holsteinischen Landtag wie auch in den Regierungskreisen um Theodor

Steltzer – er nannte sich gemäß der vorläufigen Verfassung trotz ausstehender britischer Bestätigung auch ›Landespräsident‹ – eine starke Verunsicherung aus. Sie war um so größer, als zur selben Zeit bekannt wurde, daß eine Neugliederung des britischen Besatzungsgebietes in Angriff genommen werden solle und daß dabei das Land Nordrhein-Westfalen nicht in Frage gestellt werden dürfe. Die Motive für diese von den Briten so gewollte und entsprechend durchgesetzte Maßnahme sind, wie aufgrund der Aktenlage klar erkennbar ist, zum Teil außenpolitischer, zum Teil innenpolitischer Natur. Die Briten wollten französische Bestrebungen, linksrheinisches Gebiet und vor allem das Ruhrgebiet zu internationalisieren und einer gesonderten Kontrolle zu unterstellen, entgegenwirken; diese Gebiete, die im Lande Nordrhein-Westfalen fest eingebunden waren, standen für eine „Sonderbehandlung" nicht zur Verfügung. Ferner machte es nach britischer Auffassung Sinn, die überwiegend industrielle Nordrhein-Provinz und die überwiegend agrarische Provinz Westfalen zu einer Einheit zusammenzufassen, um die Versorgung des Ruhrgebietes mit Lebensmitteln zu erleichtern.

Die Verunsicherung in den schleswig-holsteinischen politischen Kreisen fand ihren Ausdruck in einem am 20. August 1946 im Schleswig-Holsteinischen Landtag eingebrachten ›Dringlichkeitsantrag zur Frage der Ländereinteilung‹. Zunächst ein bezeichnender Rückblick auf die am 12. Juni 1946 verabschiedete vorläufige Verfassung! Es heißt im Dringlichkeitsantrag: *„Vor der überraschenden Schaffung des Landes Nordrhein-Westfalen sah Schleswig-Holstein für sich die beste Lösung der Frage der Neugliederung der Länder in der Erhebung der Provinz zu einem Bundesland des Deutschen Reiches."* Und nun die Verunsicherung, ja der gebrochene Wille zum Land Schleswig-Holstein!

Was nun werden sollte, lag nicht in der Entscheidungskompetenz Schleswig-Holsteins. Hier handelte es sich um ein Problem der Britischen Zone im ganzen, und Hoheitsträger in dieser Zone war die britische Besatzungsmacht. Man konnte natürlich in Resolutionen einen eigenen politischen Willen bekunden, und genau das war auch die Zielrichtung des Dringlichkeitsantrages. Schleswig-Holstein sei – herausgefordert durch das wirtschaftlich starke Land Nordrhein-Westfalen mit rund der Hälfte der Einwohnerzahl der britischen Zone – in eine größere Ländereinheit einzubringen. Welcher Art sollte sie sein? Könne man eine zonenübergreifende Lösung anstreben, dann wäre nach Auffassung des schleswig-holsteinischen ernannten Landtages die Zusammenfassung von Schleswig-Holstein und Mecklenburg als die „nächstliegende" anzusehen; denn beide Länder seien strukturell vergleichbar, sie seien zur Ostsee ausgerichtet und könnten die wirtschaftlichen und kulturellen Beziehungen zu den Anrainerstaaten der Ostsee pflegen.

Das war keine ganz neue Idee. In der Weimarer Zeit war gemäß dem Verfassungsauftrag der damaligen Reichsverfassung (Artikel 18) in einer Reichskommission die Verkleinerung des Freistaates Preußen im Interesse einer ausgewogeneren Reichsstruktur überlegt und dabei ein Land ›Nordmark‹ mit Schleswig-Holstein und Mecklenburg vorgeschlagen worden. Theodor Steltzer hatte als damaliger Rendsburger Landrat an solchen Überlegungen mitgewirkt; er war in der Situation, wie sie im Sommer 1946 gegeben war, auch wieder ein Befürworter dieser Idee, aber Realist genug, sie angesichts der mehr und mehr hervortretenden Ost-West-Spannungen in absehbarer Zeit für nicht umsetzbar zu halten. Er hielt es aber für richtig, unter der Bedingung der Einteilung Deutschlands in Besatzungszonen keine Regelung zu treffen, die „einer späteren organischen Gliederung von Deutschland" vorgreifen, also die Verbindung von Schleswig-Holstein und Mecklenburg präjudizieren würde. Daß in der damaligen Sowjetischen Besatzungszone Mecklenburg mit Vorpommern zusammen ein Doppelland geworden war, sah Theodor Steltzer nicht. Eine Randbemerkung: die Bezirkseinteilung in der zentralistisch strukturierten DDR hat 1952 die dortigen Länder beseitigt.

Zurück zum Dringlichkeitsantrag des Schleswig-Holsteinischen Landtags! Die größere Ländereinheit war – so sah es auch Theodor Steltzer – innerhalb der britischen Zone zu finden. Zusammen mit seinem Stellvertreter als Landespräsident (Oberpräsident) Wilhelm Kuklinski und den Landtagsabgeordneten der beiden großen Parteien von CDU und SPD, denen sie angehörten, plädierten sie für die territoriale Zusammenfassung des gesamten Gebietes der britischen Zone außerhalb des Landes Nordrhein-Westfalen in einem einzigen großen Flächenstaat. Hier sollten Schleswig-Holstein, Hamburg und Niedersachsen eigene Gebietskörperschaften mit jeweils einem eigenen Landtag und einem eigenen Präsidenten sein. Das Land im ganzen sollte für die Rahmengesetzgebung zuständig sein, die Teilgebiete für die ausfüllende Gesetzgebung. Dieses zweite Land in der britischen Zone, für das in der Diskussion sehr bald der Name >Niederdeutschland< verwendet wurde, kann man eigentlich in der Funktion des Reiches sehen. Wenn es einmal wieder ein Reich oder einen Bund gäbe, würde diese Mehrstufigkeit der staatlichen Organisation wohl ein Problem sein, über das man – so scheint es – derzeitig nicht weiter nachgedacht hat. Für Theodor Steltzer scheinen die in einer parlamentarischen Form ausgeübten Selbstverwaltungsrechte für Schleswig-Holstein das Wesentliche gewesen zu sein. Und wenn das Reich oder an seiner Stelle ein Bund käme, wollte er sowieso weg von diesem Lande >Niederdeutschland< und hin zu dem Land >Nordmark< – oder wie es dann heißen mochte – in der Zusammenfassung von Schleswig-Holstein und Mecklenburg (ob mit Vorpommern, wurde nicht erwähnt).

Der interfraktionelle Antrag erhielt eine breite Zustimmung im Landtag, zwar gegen die Stimmen der sechs KPD-Vertreter und der zwei dänisch-gesinnten Abgeordneten. Doch bewegt wurde mit diesem Dringlichkeitsantrag nichts. Das Gesetz des Handelns lag ohnehin bei den Briten, und sie handelten in einer so nicht unbedingt erwarteten Weise.

Mit Wirkung vom 23. August 1946 wurde von der britischen *Control Commission for Germany* in Berlin Folgendes verfügt: Aufgrund der Verordnung Nr. 46 erhielten die Provinzen des „früheren" Landes Preußen „vorläufig die staatsrechtliche Stellung von Ländern". Die Oberpräsidenten der Provinzen erhielten die Amtsbezeichnung Ministerpräsident. Im Anhang wurde der Wechsel von den Provinzen zu den Ländern aufgelistet, also: Land Schleswig-Holstein (bisher: Provinz Schleswig-Holstein), Land Hannover (bisher: Provinz Hannover) und Land Nordrhein-Westfalen (bisher: Westfalen und die Regierungsbezirke Düsseldorf, Köln und Aachen in der Rheinprovinz; die beiden südlichen Regierungsbezirke Koblenz (mit dem Sitz des Oberpräsidenten der Rheinprovinz) und Trier gehörten ja zur Französischen Zone. Diese Maßnahme wurde am 27. August 1946 den *Regional Commissioners* mitgeteilt, und zwar von dem Stellv. Militärgouverneur der britischen Zone Generalleutnant Sir Brian Robertson in Berlin. Am 31. August kam das Schreiben in die Hand von Brigadier Gail Patrick Henderson, und dieser unterrichtete sofort Theodor Steltzer, den neuen Ministerpräsidenten.

Die Meldung ging durch die Presse und war schon bekannt, als Ministerpräsident Theodor Steltzer dem Schleswig-Holsteinischen Landtag am 10. September 1946 auf seiner 9. Sitzung (es sollte die letzte dieses Landtags sein) von der verfassungsrechtlichen Änderung offiziell Mitteilung machte. Dies geschah recht beiläufig an letzter Stelle von drei Mitteilungen, die Steltzer zu machen hatte; man war ja schon unterrichtet, und hinzu kam das, was der Ministerpräsident – so ja Steltzers neuer Titel – der Meldung kommentierend hinzufügte: *„Für uns besteht zunächst, was den Aufbau unseres Landes anbelangt, keine Notwendigkeit, grundlegende Veränderungen vorzusehen, da nach unserer vorläufigen Verfassung die für ein solches Land erforderlichen Einrichtungen: Landtag, Landesregierung und Landesverwaltung bereits geschaffen sind und bereits seit langer Zeit arbeiten."* Danach ging es gleich zur weiteren Tagesordnung über: kein Beifall, keine weitere Stellungnahme. Oder doch?

Ja, die beiden dänischen Abgeordneten Willi Johannsen und Victor Graf Reventlow-Criminil traten mit einem Dringlichkeitsantrag der Entwicklung zum Land Schleswig-Holstein entgegen. Unmittelbar nach Steltzers Mitteilung wurde der Landtag aufgefordert zu beschließen: Die Militärregierung solle gebeten werden, „das südschleswigsche Gebiet – eventuell aufgrund einer Volksbefragung der einheimischen (bodenständigen) Bevölkerung – von Holstein abzutrennen und als selbständigen Verwaltungsbezirk der Militärregierung direkt zu unterstellen". Zunächst hatte der Landtag über die Dringlichkeit zu befinden. Ministerpräsident Theodor Steltzer verneinte diese, widersprach auch dem Inhalt des Antrags, wollte aber gleichwohl eine Überweisung an den zuständigen Ausschuß zulassen, damit dort die Sache „dem Ernst des Gegenstandes" entsprechend behandelt werden könne. Nicht so Andreas Gayk als Sprecher der SPD-Fraktion. Empört darüber, daß man der Militärregierung einen Teil des Landes Schleswig-Holstein als einen selbständigen Verwaltungsbezirk anbieten wollte, erklärte er wörtlich: *„Wir haben der dringlichen Behandlung des Antrages zugestimmt, um dem Grafen Reventlow, den wir nicht zur echten dänischen Minderheit zählen können, Gelegenheit zu geben, sich der Verachtung der schleswig-holsteinischen Bevölkerung preiszugeben."*

Das war nicht Steltzers Stil, der sich überlegt und zurückhaltend zu äußern pflegte, für viele in einem zu akademischen Stil und eben nicht in einer politisch-kämpferischen Form. Steltzer hielt nichts davon, Menschen anderer Gesinnung aggressiv entgegenzutreten und sie gar der Verachtung preiszugeben. Steltzer schwieg nach Andreas Gayks Einlassung. Auch die Militärregierung äußerte sich öffentlich nicht, registrierte aber sehr wohl, was ihr als undemokratischer Stil mißfiel, um es dann bei passender Gelegenheit in persönlichen Gesprächen zur Sprache zu bringen.

Dabei stand Andreas Gayks demokratische Gesinnung als führender SPD-Politiker außer jedem Zweifel. Andreas Gayk beherrschte an diesem 10. September 1946 die parlamentarische Szene, allerdings nicht ohne sich von Landesminister Thomas Andresen (Flensburg), Pastor Dr. Rudolf Muuss (Stedesand) und auch noch einmal von Theodor Steltzer „vorführen" zu lassen, wie man in der Sache übereinstimmen kann, aber dabei doch eine tolerante Form wahrt. So wurde dann Andreas Gayks Antrag, man lehne den Antrag der Abgeordneten Graf von Reventlow-Criminil und Johannsen „als völlig undiskutierbar ab und beschließe den Übergang zur Tagesordnung" letztendlich von allen Abgeordneten – außer den beiden Antragstellern – angenommen.

Zurück zu Verordnung Nr. 46! Es ist zu fragen: Sind nun die Briten aufgrund dieser Verordnung „die Gründer des Landes Schleswig-Holstein"? Ist das offizielle Datum dieser Verordnung, der 23. August 1946, das „richtige" Gründungsdatum des Landes Schleswig-Holstein?

Man mag diese Meinung vertreten, wie es ja auch bei Jubiläumsfeiern zum 25jährigen oder 50jährigen Bestehen des Landes Schleswig-Holstein geschehen ist. Nur muß man dabei mit in Rechnung stellen, daß die Briten ihre Maßnahme im Hinblick auf das Gesetzgebungsrecht des Alliierten Kontrollrats in dieser Sache als vorläufig verstanden. Sie glaubten aber, auf das entsprechende Gesetz des Kontrollrats nicht länger warten zu können; sie hatten ein Interesse, jetzt im Spätsommer 1946 so zu handeln, wie sie es getan hatten. Weiter ist in Rechnung zu stellen, daß das, was die Briten verfügt hatten, Theodor Steltzer bereits in der Vorläufigen Verfassung vom 12. Juni 1946 als gegeben ansah. Wenn man die beiden Gründungsdaten, die sich anbieten, den 12. Juni und den 23. August 1946, miteinander vergleicht, erscheint doch der eindrucksvolle Willensakt des Schleswig-Holsteinischen Landtags vom 12. Juni 1946, der zwar nicht die britische Bestätigung erhielt und doch de facto wirksam wurde, bedeutungsvoller als die britische Verordnung vom 23. August 1946, soweit sie Schleswig-Holstein betrifft; sie hatte ja eine die ganze britische Zone betreffende Regelung getroffen, soweit es sich dabei um preußisches Gebiet handelte.

Wo lag nun bezüglich der Verordnung Nr. 46 das britische Interesse? Den Briten ging es darum, mit dem Länderstatus für die preußischen Provinzen allen Territorien in der britischen Zone den gleichen Rechtsstatus zu geben, und dies als Voraussetzung für die territoriale Neugestaltung der britischen Zone. Man kann doch nicht die Provinz als Teil eines Landes in eine neue Länderordnung einbringen! Diese neue Ordnung zu

Der Dienstsitz des Regional Commissioners bzw. Land Commissioners im Gebäude des seinerzeitigen Luftgau-kommandos am Niemannsweg in Kiel 1946 - 1955. Hierhin zogen auch die Dienststellen des 312 (P) Mil. Gov. Det., die sich im Mai 1945 im Gebäude der Landwirtschaftskammer in der Kieler Holstenstraße eingerichtet hatten.

Der Dienstsitz des Regional Commissioners anläßlich einer Parade im Jahre 1948 mit dem deutlich erkennbaren Namen, den die Briten dem Gebäude des vormaligen Luftgaukommandos gegeben hatten: „Somerset House - HQ CCG Land Schleswig-Holstein". Somerset ist der Name einer südwestenglischen Grafschaft.

Regional Commissioner Air Vice Marshal (Retd) Hugh V. Champion de Crespigny in seinem Dienstzimmer im „Somerset House". Im Hintergrund an der Wand die eingerahmte Karte der Britischen Zone.

Zusammenkunft der vier Regional Commissioners der Britischen Zone in der Residenz des Regional Commissioners für Schleswig-Holstein in Altenhof, August 1947; hier vor der Terrasse des Herrenhauses stehend (von links): die Regional Commissioners Asbury (Nordrhein-Westfalen), Berry (Hamburg), Macready (Niedersachsen) und Champion de Crespigny (Schleswig-Holstein). Asbury wurde im Januar 1948 Regional Commissioner für Schleswig-Holstein.

finden, war die Aufgabe, mit der derzeitig der Zonenbeirat der britischen Zone, das *Zonal Advisory Council*, mit seinen 37 ernannten deutschen Mitgliedern befaßt war. Die Briten maßen der territorialen Neugliederung ihrer Zone eine hohe Bedeutung zu; sie wollten dort Länder haben, die als *Federal Units* in die von ihnen angestrebte *Federation of Germany* eingebracht werden konnten.

Man hatte damals die Konferenz des Rates der Außenminister der UdSSR, der USA, Großbritanniens und Frankreichs vor sich, so wie sie dann für März 1947 nach Moskau einberufen wurde und sich dort mit der deutschen Frage zu befassen hatte. Die Briten wollten eine Besatzungszone präsentieren können, die mit ihren Ländern „fit" war für die Schaffung einer bundesstaatlichen Ordnung in Deutschland. War dabei Schleswig-Holstein wirklich als ein eigenes Land vorgesehen? Das war nach der „zweifachen" Gründung des Landes Schleswig-Holstein im Juni und August 1946 durchaus noch eine offene Frage. Man denke auch nur an die Resolution des Schleswig-Holsteinischen Landtags vom 20. August 1946!

Schleswig-Holstein und die nordwestdeutsche Länderordnung

Für Schleswig-Holstein war die enge Verbindung zum übrigen Deutschland lebenswichtig. Es war das Land mit der höchsten wirtschaftlichen und sozialen Belastung durch die Aufnahme von rund einer Million Flüchtlingen, was einer Bevölkerungssteigerung um 70 % gleichkam. Nun ließ aber die Einteilung Deutschlands in Besatzungszonen eine Kontaktaufnahme nur innerhalb der britischen Zone zu.

Schon Anfang September 1945 kam es mit Duldung der Besatzungsmacht zu einem inoffiziellen Treffen im Hause von Carl Severing von Männern, die man einer neuen Führungselite zurechnen darf (Adenauer, Amelunxen, Kopf, Lehr, Petersen, u.a., keiner aus Schleswig-Holstein), und hieraus hat sich dann unter dem Vorsitz von Bürgermeister Rudolf Petersen (Hamburg) eine erste Konferenz der Länder- und Provinzchefs der britischen Zone am 21. September 1945 in Bad Nenndorf ergeben. Hier war auch Oberpräsident Dr. Otto Hoevermann zugegen wie auch auf der Folgekonferenz, die am 29. Oktober 1945 in Hamburg stattfand. Carl Severing, von 1928 - 1930 Reichsinnenminister und von 1930 - 1932 (1933) preußischer Innenminister, hatte den Vorsitz inne, und dies auch, damit man sich bei allem, was es an wirtschaftlichen, finanziellen und sozialen Aufgaben der wechselseitigen Hilfe zu besprechen gab, am Reich oder zumindest am Reichsgedanken orientierte. In Hamburg waren auch die Länderchefs der Länder in der Britischen Zone zugegen, nämlich von Braunschweig (Schlebusch), Oldenburg (Tantzen) und Lippe (Drake).

Die Konferenz der Länder- und Provinzchefs sollte zu einer permanenten Einrichtung führen, Reichsminister a.D. Carl Severing sollte den ständigen Vorsitz innehaben, und über ein Sekretariat sollte eine Kontaktstelle zum Hauptquartier der britischen Militärregierung geschaffen werden. Die Briten hatten sich bisher mit einer Beobachterrolle begnügt, worüber Michael Thomas, ein deutscher jüdischer Emigrant, der als englischer Offizier bei der Militärregierung Dienst tat, interessant zu berichten vermochte. Erst die Konferenz am 19. und 20. November 1945 in Detmold, wo doch nicht Reichsminister a.D. Severing den Vorsitz führte, sondern der dortige Landespräsident Drake, brachte die offizielle Begegnung zwischen Briten und Deutschen. Generalmajor Templer eröffnete die Konferenz, nahm sie damit in seine Verantwortung, doch dies mit einer interessanten grundsätzlichen Zielsetzung in bezug auf die britische Deutschland-Politik. Mit General Templers Worten: *„One of our major objects in this country is to develop democracy, having due regard to the German character, history and present political developments."*

Letztere wurden natürlich auch von den Briten maßgeblich mitgesteuert. Dazu gehörte auch die Frage, wie am besten zwischen Briten und Deutschen ein über die einzelnen Länder und Provinzen hinausgreifender offizieller Kontakt hergestellt werden könne, der eben nicht begrenzt blieb auf die Provinz- und Länderchefs. Das hängt auch damit zusammen, daß man hinsichtlich der territorialen Gestaltung der britischen Zone sehr früh einen dringenden Handlungsbedarf erkannt hat. Aber auch die Entwicklung der politischen Parteien, der Gewerkschaften und anderer Verbände wie auch die Errichtung der Zonenzentralämter machte es wünschenswert, die Spitzenleute dieser verschiedenen Einrichtungen im politischen Bereich wie im administrativen Bereich in einer Körperschaft zu vereinen.

Im Ergebnis dieser Überlegungen kam es zur *Zone Policy Instruction* Nr. 12 vom 15. Februar 1946, die zur Einberufung des *Zonal Advisory Council*, also des Zonenbeirats der Britischen Zone, am 6. März 1946 in Hamburg führte. Hierin waren eben nicht nur die Provinz- und Länderchefs, sondern auch die Chefs der Zonenzentralämter und je ein Vertreter und Stellvertreter der politischen Parteien von SPD, CDU, FDP und KPD vertreten; später kam auch je ein Vertreter der Niedersächsischen Landespartei und des Zentrums hinzu. Gewerkschaften und Verbraucherverbände waren auch vertreten. Alle zusammen repräsentierten die Gesellschaft, so sahen es die Briten. Von den insgesamt 37 Mitgliedern im Zonenbeirat war eine konstruktive Beratung für die britische Militärregierung bei ihren Erlassen und Verordnungen zu erwarten. Wohlgemerkt: Beratung – darauf beschränkte sich das Aufgabenfeld des Zonenbeirats. Das war nicht gering zu schätzen. Der Zonenbeirat entwickelte sich sehr bald zu einem politischen Forum, so daß Deutsche nun ihrerseits die Briten mit ihrer Erwartungshaltung konfrontierten. Und hinzu kamen die vielen inoffiziellen Kontakte, etwa bei Empfängen, auch bei der Teestunde. Was aber offiziell auf die Tagesordnung gesetzt wurde, bedurfte der britischen Zustimmung, und die wurde vom deutschen Generalsekretariat über den britischen Verbindungsstab *(British Liaison Staff)* bei der britischen Militärregierung eingeholt. Deutscher Generalsekretär war ein tüchtiger Mann der Braunschweigschen Ministerialbürokratie, Dr. Gerhard Weisser.

Wir blicken auf den Zonenbeirat im ersten Jahr seines Bestehens und kehren dabei zu der Frage, zurück, wie das Problem der territorialen Neugestaltung der britischen Zone angepackt und dabei der Zonenbeirat in den Beratungsprozeß einbezogen wurde. Auf der 5. Sitzung, die am 10. und 11. Juli 1946 in Hamburg stattfand, hatte der Zonenbeirat gemäß britischer Weisung einen Sonderausschuß zwecks >Neuaufbau der Länder in der britischen Zone< zu wählen. Der Sonderausschuß sollte für das Plenum des Zonenbeirats Beschlußvorlagen erarbeiten, die dann als Mehrheits- und Minderheitsvoten der Kontrollkommission in Berlin vorzulegen waren. Mit einer einstimmigen Empfehlung aller Mitglieder des Zonenbeirats wurde realistischerweise nicht gerechnet.

Der Zonenbeirat hatte bei seinen Vorschlägen auch über die verfassungsmäßigen Befugnisse der Länder nachzudenken. Doch die Militärregierung teilte gleich die Sachgebiete mit, die der Länderhoheit im Finanzbereich, im Transportwesen, bezüglich der Post und Telegraphie wie auch bezüglich der Ernährung und Landwirtschaft und bezüglich der Rahmenbedingungen von Handel und Industrie wie auch in der Justiz entzogen werden sollten. So konnte es sich nur darum handeln, den Ländern eine „mittlere" staatliche Hoheit zuzuweisen, die sich einer gesamtstaatlichen Hoheitsgewalt einzufügen hätte. Die Briten sahen eben – wie oben gesagt – die Länder als *fede-ral units* eines kommenden Bundesstaates an, und anders als die amerikanische und die französische Besatzungsmacht wollte man britischerseits den Ländern Reichsaufgaben gar nicht erst zuweisen, auch nicht für eine Übergangszeit.

Der Zonenbeirat mit seinem Sonderausschuß hatte vor allem die neuen Territorien zu definieren, die Zahl der Länder vorzuschlagen, Grenzen zu bestimmen. Hierfür machte die britische Kontrollkommission zwei konkrete Vorgaben. Eine kennen wir: das Land Nordrhein-West-falen war nicht anzutasten; die zweite ist neu: es dürfe in der britischen Zone nicht mehr als fünf Länder geben. Es spricht vieles dafür, daß diese Vorgaben auf den stellv. Militärgouverneur der britischen Zone, Generalleutnant Sir Brian Robertson, zurückgehen. Er nahm an dem inneren Aufbau der britischen Zone einen starken persönlichen Anteil, der vielleicht sogar über seine Amtspflichten hinausreichte.

Über den Zonenbeirat sind wir dank der wissenschaftlichen Arbeiten von Gabriele Stüber ausgezeichnet unterrichtet. Hervorzuheben ist insbesondere die sorgfältige Edition der Sitzungsprotokolle der 1.-11. Sitzung. Gemäß der Verordnung Nr. 80 der britischen Kontrollkommission vom 10. Juni 1947 waren nunmehr die Landtage für die Wahl der 37 Mitglieder des Zonenbeirats zuständig. In der veränderten Zusammensetzung hielt er weitere elf Sitzungen zwischen Juni 1947 und Juli 1948 ab, als die Arbeit des Zonenbeirats im Vorfeld der Gründung der Bundesrepublik Deutschland zu Ende ging. Diese 12.-22. Sitzung sind in den Akten zur Vorgeschichte der Bundesrepublik Deutschland gut dokumentiert wie übrigens auch die ersten elf Sitzungen.

Zunächst einmal ging es um die Zusammensetzung des Sonderausschusses. Konrad Adenauer war der Vertreter der CDU, der häufig das Wort ergriff und sich damals bereits als eine starke politische Führungskraft profilierte. Nur konnte damals niemand ahnen, welche herausragende Position dieser damals schon 70jährige Mann einmal in Deutschland einnehmen sollte. Adenauer plädierte für eine Zusammensetzung des Ausschus-ses, bei der das politische Gewicht sichergestellt sei. Die Oberpräsidenten und Länderchefs seien zu interessegebunden und sollten an den Beratungen allenfalls als Sachverständige ohne Stimmrecht teilnehmen. Gemäß Adenauers Vorschlag sollte der Sonderausschuß als stimmberechtigte Mitglieder acht Vertreter der politischen Parteien und Vertreter der ernannten Gebietskörperschaften von Provinz und Land umfassen. Dies aber gab die Chance – nicht nur in Schleswig-Holstein –, die Provinz- und Länderchefs durch Wahl der Landtage und gegebenenfalls der Bürgerschaften in den Sonderausschuß zu entsenden. So wählte der schleswig-holsteinische Landtag am 30. Juli 1946 einstimmig Theodor Steltzer und seinen Vertreter Wilhelm Kuklinski in den Sonderausschuß.

Der Sonderausschuß begann seine Arbeit am 7. August 1946. Kurt Schumacher, Zonenvorsitzender der SPD – neben Konrad Adenauer die andere dynamische Persönlichkeit im Zonenbeirat – versuchte sofort die Weiche in Richtung eines einzigen weiteren Landes in der britischen Zone zu stellen. Dabei wurde nicht der Unmut verschwiegen, den man darüber empfand, daß die Briten mit der von ihnen vorgenommenen Gründung des Landes Nordrhein-Westfalen eine Entscheidung an sich gezogen hatten, die zumindest der deutschen Mitentscheidung bedurft hätte. Anders als Konrad Adenauer kannte Kurt Schumacher die Motive nicht, die zur britischen Entscheidung geführt hatten, oder er ignorierte sie. Was Schumacher zu sagen hatte, sollte – wie wir bereits wissen – seinen Niederschlag in der Entschließung des schleswig-holsteinischen Landtags vom 20. August 1946 finden. Kurt Schumacher sagte: *„Für uns in der britischen Zone ergibt sich meiner Meinung nach die Konsequenz, daß das gesamte Gebiet der Britischen Zone, soweit es nicht zum Gebiet Rheinland-Westfalen – das mit 12 Millionen mehr als die Hälfte der Einwohner dieser Zone umfaßt – gehört, zu einem einzigen Lande zusammengefaßt werden muß. Wenn wir das begriffen haben und die Notwendigkeiten erkannt haben, handelt es sich bloß noch um die Frage der Untergliederung der Großländer in Deutschland.“*

Schumachers Blick war auf Deutschland als Ganzes gerichtet. Aber konnte er seine Ansichten anderen vermitteln? Der oldenburgische Ministerpräsident Theodor Tantzen (FDP) widersetzte sich entschieden dem Argument, daß man wegen Nordrhein-Westfalen von einer „vernünftigen Lösung", nämlich mittlere Länder zu schaffen, die organisch seien, absehen solle. Hamburgs Stellv. Bürgermeister Schönfelder (SPD) betonte für die beiden Hansestädte Hamburg und Bremen, daß sie als Welthafen-Städte besondere Aufgaben für das Reich zu erfüllen hätten und deshalb selbständig sein und bleiben müßten.

Das Ergebnis aller Überlegungen lief auf mehrere Gutachten, Zusatzgutachten und ergänzende Erklärungen hinaus, mit denen sich das Plenum des Zonenbeirats auf seiner 7. Sitzung vom 18. - 20. September 1946 zu befassen hatte. Damals wie heute gilt: Änderungen von Grenzen und Hoheitsbereichen bewegen die Menschen und besonders diejenigen, die in solcher Sache Verantwortung tragen, ganz außerordentlich, um welche Art der Grenzen und Formen staatlicher Hoheit es sich dabei auch handeln mag. Und so ging es auch im Zonenbeirat hitzig zu. Wie sahen nun die vorgelegten Gutachten aus?

(1) >Gutachten Schumacher<: es wurde von sieben Mitgliedern des Zonenbeirats, darunter Dr. Agartz, Hans Böckler, unterstützt; das Gutachten sah, wie wir wissen, die Aufteilung der Britischen Zone in zwei Länder vor.

(2) >Gutachten Lehr<: es hatte nur zwei Befürworter, eben Oberpräsident a.D. Dr. Robert Lehr selber und den Präsidenten des Oberlandesgerichts in Düsseldorf Dr. Lingemann; das Gutachten enthielt ein Plädoyer für fünf Länder: ein um Lippe-Detmold und um den südlichen Teil des Regierungsbezirks Osnabrück vergrößertes Land Nordrhein-Westfalen; ein um Braunschweig, Oldenburg und Schaumburg-Lippe vergrößertes Land Hannover, das Land Schleswig-Holstein, die beiden Stadtstaaten Bremen und Hamburg, letzterer mit der Stadt Cuxhaven und den umliegenden Gemeinden, die schon bis 1937 zu Hamburg gehört hatten.

(3) >Gutachten Tantzen<: zu seinen Unterzeichnern zählten neben dem oldenburgischen Ministerpräsidenten auch der braunschweigische Ministerpräsident Alfred Kubel und der Landespräsident von Lippe-Detmold Heinrich Drake. Das Gutachten sah sieben Länder vor: Nordrhein-Westfalen, das um einige Regierungsbezirke verkleinerte Land Hannover, das Land Weser-Ems (mit Oldenburg und den hannoverschen Regierungsbezirken Aurich und Osnabrück), das Land Braunschweig, und zwar vergrößert um den hannoverschen Regierungsbezirk Hildesheim und den hannoverschen Landkreis Gifhorn, das Land Schleswig-Holstein und ferner die Stadtstaaten Hamburg und Bremen.

(4) >Gutachten Kopf<: zu seinen Befürwortern zählten Angehörige verschiedener Parteien nämlich neben Hinrich Wilhelm Kopf selber auch sein Parteifreund Adólf Grimme (SPD), ferner Dr. Otto (CDU), Franz Blücher und Wilhelm Heile (beide FDP) und Heinrich Hellwege (NLP). Mit insgesamt zehn Unterschriften hatte das Gutachten die größte Zahl der Befürworter. Das Gutachten sah die folgenden Länder vor: Nordrhein-Westfalen, Niedersachsen (mit Hannover Braunschweig, Oldenburg, Schaumburg-Lippe, und vielleicht Lippe-Detmold). Interessanterweise äußerte man bei Lippe-Detmold, das Dr. Lehr in das Land Nordrhein-Westfalen einbezogen wissen wollte, den Gedanken, das Votum der Bevölkerung einzuholen, während es im übrigen ein plebiszitäres Verfahren nicht geben sollte.

Es gab zwei Zusatzgutachten. Zum ersten: die Vertreter der Hansestadt Hamburg, Adolph Schönfelder (SPD), und der Hansestadt Bremen, Martin-Heinrich Wilkens (CDU), begründeten in ihrem Gutachten, warum die Eigenstaatlichkeit Hamburgs und Bremens unbedingt zu erhalten sei. Zum zweiten: Rudolf Amelunxen, vormals Oberpräsident von Westfalen und seit dem 29. August 1946 Ministerpräsident von Nordrhein-Westfalen, erhob Anspruch für sein Land auf Lippe-Detmold und auf das Minden-Ravensberger Land, und dies aufgrund historischer und wirtschaftlicher Gegebenheiten.

Und wo bleibt die Stimme Schleswig-Holsteins in all diesen Überlegungen, bei denen ja – bis auf eine Ausnahme (Gutachten Schumacher) – Schleswig-Holstein als ein eigenes Land genannt wird, und dies in den vorgegeben Grenzen der bisherigen Provinz Schleswig-Holstein? Dabei bezieht sich das Wort „bisherig" auf die 1937 gemäß dem >Gesetz über Groß-Hamburg und andere Gebietsbereinigungen< neu festgelegten Grenzen im südholsteinischen Raum. Ministerpräsident Theodor Steltzer gab am 19. September 1946 eine Erklärung ab, bevor über die Gutachten abgestimmt wurde. Dabei kehren Gedanken wieder, die die Debatte im Schleswig-Holsteinischen Landtag am 20. August 1946 bestimmt hatten. Steltzers Erklärung, die nur zur Kenntnis genommen und über die nicht abgestimmt wurde, hatte folgenden Wortlaut:

>*Für Schleswig-Holstein liegen besondere Verhältnisse vor, die es davon abhalten, sich vorbehaltlos für einen der vorliegenden Entwürfe* [gemeint: Gutachten] *auszusprechen. Unsere Stellungnahme ist folgende:*
1. *Bei der Schaffung der Länder muß von dem Grundsatz ausgegangen werden, daß nicht eine zu große Zahl von Ländern entstehen darf. Zu kleine Länder würden in sich nicht die genügende Kraft haben, den großen Anforderungen der Zeit gerecht zu werden. Andererseits sollten nur wirtschaftlich und politisch zusammengehörige Gebiete zu einem Land zusammengefaßt werden. Aus solchen Erwägungen heraus erscheint für Schleswig-Holstein als die in erster Linie erstrebenswerte Lösung eine Zusammenfassung von Schleswig-Holstein und Mecklenburg zu einem Lande. Hervorzuheben ist dabei, daß aus allgemein politischen Gründen diese Schaffung eines einheitlichen Ostseelandes als besonders glücklich anzusehen wäre.*
2. *Sollte sich die Zusammenfassung in einem zweiten großen Land als unumgänglich nötig erweisen, so könnte dies für Schleswig-Holstein lediglich als vorläufige Übergangsmaßnahme angesehen werden. Es müßte daher für Schleswig-Holstein eine Verwaltungsform gefunden werden, die es ihm ermöglichen würde, sobald die Verhältnisse es gestatten, zu der unter 1. vertretenen Lösung überzugehen. Das erscheint um so eher möglich, als das in einem zweiten großen Lande gegebene Gebilde aus verwaltungsmäßigen Gründen einer Unterteilung in größere Einheiten bedarf.*<

Auch andere gaben Erklärungen ab, die in unserem Zusammenhang nicht von Interesse sind. Der Zonenbeirat hatte am Ende seiner Beratungen an diesem 19. September 1946 endlich abzustimmen und danach die Gutachten mit dem jeweiligen Abstimmungsergebnis der britischen Kontrollkommission vorzulegen; diese würde dann zur gegebenen Zeit die Entscheidung treffen. Bei der Abstimmung fällt auf, daß das >Gutachten Tantzen< keine einzige Ja-Stimme erhielt, bedingt durch die Tatsache, daß die Befürworter der in diesem Gutachten vorgeschlagenen Länderordnung selber im Plenum nicht abstimmungsberechtigt waren und mit ihrem 7-Länder-Plan von den Vorgaben der Militärregierung deutlich abwichen und somit kaum eine Chance hatten, akzeptiert zu werden. Das Abstimmungsergebnis sah für das >Gutachten Schumacher< so aus: 9 Ja-Stimmen, 19 Nein-Stimmen; für das >Gutachten Lehr<: 6 Ja-Stimmen, 17 Nein-Stimmen; für das >Gutachten Kopf<: 16 Ja-Stimmen, 6 Nein-Stimmen. Somit zeigte sich, daß der hannoversche Ministerpräsident Hinrich Wilhelm Kopf mit seinem Plan für den Länderzuschnitt in der britischen Zone den stärksten Rückhalt im Plenum des Zonenbeirats gefunden hatte.

Das Ergebnis der Beratungen zur Länder-Neuordnung überbrachte eine Delegation des Zonenbeirats unter Leitung seines Generalsekretärs Dr. Weisser am 3. Oktober 1946 in Berlin dem stellvertretenden Militärgouverneur Generalleutnant Sir Brian Robertson. Die Mitglieder der siebenköpfigen Delegation – außer dem Generalsekretär gehörten ihr die Herren Kopf, Kubel, Lehr, Schönfelder, Schumacher und Tantzen an – hatten Gelegenheit, die vorliegenden Gutachten zu erläutern. Die Aussprache war kurz; General Robertson versprach, auf der bevorstehenden Plenarsitzung des Zonenbeirats die Entscheidung der britischen Kontrollkommission zum Neuaufbau der Länder bekanntzugeben.

Der Zonenbeirat hielt noch im selben Monat, am 23. und 24. Oktober 1946, seine 8. Sitzung am gewohnten Tagungsort in Hamburg ab. Ministerpräsident Theodor Steltzer war der neugewählte Vorsitzende des Zonenbeirats. Ihm oblag es, General Robertson zu begrüßen, und er tat es, indem er die erwartete Entscheidung zur Länderordnung dadurch relativierte, daß er – und das war ja richtig – von dem Provisorischen sprach, das allem anhaftete, was in Deutschland zonenintern geregelt würde, und außerdem, so Steltzer, machten andere Dinge die „eigentlichen Sorgen" aus, nämlich die katastrophale wirtschaftliche Lage und folglich die Unterversorgung der Bevölkerung. Und dennoch wurden – auch mit dem Neubau der Länder – wichtige Schritte getan, um aus der Not des Landes herauszukommen; so sah es jedenfalls der Stellvertretende britische Militärgouverneur, Generalleutnant Sir Brian Robertson, der in seinen langen Ausführungen doch auch hoffnungsvolle Zeichen setzte, so mit dem Verweis auf die kommende Bizone, in der die US-Zone und die britische Zone eine gemeinsame Wirtschafts-, Finanz- und Verkehrspolitik machen würden. General Robertson versicherte „mit Kopf und Herz", wie er sagte, daß die „Zusammenarbeit bei Überwindung der fürchterlichen Schwierigkeiten" auch von britischer Seite gewährleistet werde.

Und nun zu der „wichtigen Erklärung", die General Robertson abzugeben hatte. Sie umfaßte mehr als nur die Stellungnahme zur Länderordnung; aber diese ist in unserem Zusammenhang das Wichtigste. General Robertson dankte für die gründliche Erarbeitung der Gutachten. Ihm war wichtig, was die Gutachten an Gemeinsamem enthielten,

nämlich die Synthese von Dezentralisation und staatlicher Einheit, wie sie nur die bundesstaatliche Ordnung gewährleiste. Noch einmal wird die Funktion der Länder deutlich:
„Bausteine" einer deutschen Föderation zu sein. Bei der Entscheidung, welcher Länderordnung der Vorzug zu geben sei, spielte dann doch der Gesichtspunkt der Dauer-
haftigkeit eine Rolle, und dies entgegen Steltzers Hinweis auf das Provisorische allen
Tuns, solange es keine wirklich deutsche Einheit gebe. Für Robertson war maßgebend:
*„Wir müssen diejenige Lösung wählen, die die größte Aussicht auf Dauer hat und
späterhin die geringsten Abänderungen erfahren wird."*

 Robertson kam sodann zum Kern seiner Erklärung: *„Nach eingehenden Überlegungen sind wir zu dem Entschluß gekommen, daß die von Ministerpräsident Kopf
vorgebrachte Lösung die beste Basis zur Befriedung aller Wünsche der Verwaltung
abzugeben scheint."* Was sprach gegen den Plan Schumacher? Antwort Robertsons:
*„Ein Land, das die gesamte Britische Zone mit Ausnahme des Landes Nordrhein-
Westfalen umfaßt, würde sich über ein so großes Gebiet erstrecken, daß eine wir-
kungsvolle Verwaltung sehr erschwert werden würde."* Was sprach gegen den Plan
Tantzen? Antwort Robertsons: *„Die Errichtung von zu vielen kleinen Ländern würde
leicht den mit einer wirkungsvollen Dezentralisation der Regierungsgewalten ver-
folgten Zweck zunichte machen."* In dem Plan des Hannoverschen Ministerpräsidenten Kopf sah man den „sinnvollen Mittelweg", der überdies im Zonenbeirat die meisten
Befürworter gefunden hatte: Es bräuchten auch keine neuen Grenzen zwischen den
bisherigen Provinzen und Ländern gezogen zu werden, so wie dies der Plan Tantzen
mit der Ausgliederung von Gebietsteilen zugunsten eines Landes Weser-Ems und eines
Landes Braunschweig mit sich gebracht hätte.

 Die einzige Ausnahme in dieser Hinsicht war das Land Bremen, das um Wesermünde /
Bremerhaven, also zum Teil auch um hannoversches Land, vergrößert würde und als
Ganzes ab 1. Januar 1947 der Amerikanischen Zone angehören würde, nachdem der
Hafen bereits der amerikanischen Besatzungsmacht zur Verfügung gestanden hatte. Die
Entscheidung über Lippe-Detmold wurde ausgeklammert. Die Grenzen Hamburgs wur-
den gegenüber dem Stand von 1937 nicht geändert. Also: keine Rückkehr der Stadt
Cuxhaven zu Hamburg, und auch zwischen der Hansestadt Hamburg und dem Land
Schleswig-Holstein sollte es Grenzänderungen nicht geben; dabei hatte es in der einsti-
gen hamburgischen Exklave Geesthacht durchaus Wünsche, zu Hamburg zurückzu-
kehren, gegeben.

 Im Grunde genommen war General Robertson nicht davon überzeugt, daß die beiden Hansestädte einen eigenstaatlichen Rang haben sollten. Stadtstaaten widersprachen dem, was er sich unter Ländern vorzustellen vermochte. Bezeichnend ist Robertsons deutlicher Vorbehalt, über den die nachfolgenden Jahrzehnte hinweggegangen
sind: *„Die Hansestädte Hamburg und Bremen behalten vorläufig ihre Selbständigkeit. Ich möchte mich heute nicht darauf festlegen, daß dieser Zustand von Dauer
sein wird."* Noch im Januar 1948 war im *Foreign Office* davon die Rede, daß es Sinn

SCHLESWIG

KIEL

SCHLESWIG

HOLSTEIN

STADE

HAMBURG

AURICH

LÜNEBURG

OLDENBURG

BREMEN

BRUNSWICK

N I E D E R S A C H S E N

HANNOVER

OSNA-
BRÜCK   MINDEN

BRUNSWICK

HILDESHEIM

H O L L A N D

MÜNSTER

NORD-RHEIN/WESTFALEN

ARNSBERG

DÜSSELDORF

S O V I E T   Z O N E

COLOGNE

AACHEN

BELGIUM

F R E N C H   Z O N E

U.S. ZONE

INTERNATIONAL BDY		
ZONE	"	
LANDER	"	
REG. BEZ.	"	

Länderordnung in der Britischen Zone gemäß der Neuordnung von August 1946 bis Januar 1947 mache, den kleinsten der drei Flächenstaaten – und das war Schleswig-Holstein im Vergleich mit Nordrhein-Westfalen und Niedersachsen ganz ohne Frage – durch die Eingliederung Hamburgs zu stärken. Doch blieb es dabei – auch angesichts des in dieser Hinsicht übereinstimmenden Votums des Zonenbeirats (mit Ausnahme Kurt Schumachers und seiner wenigen Anhänger) –, daß Hamburg wie auch Bremen „gemäß ihrer Tradition und der Rolle, die sie im Wirtschaftsleben Deutschlands zu spielen haben", eine Sonderstellung, so Robertson, zuzuerkennen sei.

Das, was politisch entschieden war, mußte rechtlich umgesetzt werden. Dies geschah auf der Grundlage dreier britischer Verordnungen. Gemäß der Verordnung Nr. 55 verloren mit Wirkung vom 1. November 1946 die Länder Braunschweig, Hannover, Oldenburg und Schaumburg-Lippe ihre Selbständigkeit als Länder und wurden in dem neuen Land Niedersachen zusammengefaßt. Der Ministerpräsident und die Minister der Regierung wie auch die Mitglieder der gesetzgebenden Körperschaft waren noch, wie es in der englischen Fassung der Verordnung heißt, *for the time being* und *as an interim measure* von der britischen Militärregierung zu ernennen. Man sieht: noch gab es keine demokratischen Formen.

Gemäß der Verordnung Nr. 76 wurde mit Wirkung vom 31. Dezember 1946 das Land Bremen – bestehend aus den beiden *independent municipalities*, nämlich der Hansestadt Bremen und dem Stadtkreis Wesermünde mit dem angrenzenden Bremerhaven – geschaffen. Wesermünde gehörte zu Hannover bzw. seit dem 1. November 1946 zum Land Niedersachsen und schied aus diesem Lande – wie in Artikel 1 der Verordnung gesagt ist – aus. Das Land Bremen wurde als Ganzes der – in englischer Fassung – *jurisdiction and responsibility of US Military Government* unterstellt und galt vom 1. Januar 1947 an als Teil der amerikanischen Besatzungszone.

Gemäß der Verordnung Nr. 77 verlor das Land Lippe mit Wirkung vom 21. Januar 1947 seine Selbständigkeit und wurde Teil des Landes Nordrhein-Westfalen. War hier nicht die Bevölkerung zu befragen, ob sie für den Anschluß Lippes an Niedersachsen oder Nordrhein-Westfalen sei? Das, was bei den Überlegungen im Zonenbeirat als besondere Vergünstigung für Lippe-Detmold in Erwägung gezogen war, wurde – so scheint es – in der Präambel der Verordnung Nr. 77 von den Briten zu einem Grundsatz erhoben, der sich auf die ganze britische Zone übertragen ließe und auch müßte, sollte gleiches Recht für alle gelten. Jedenfalls heißt es in der englischen Fassung der Präambel wie folgt:„*Whereas it is expedient to further reorganization of the Länder within the British Zone of Occupation and without prejudice to any reorganization which may hereafter be ordered in consequence of a referendum to be held within five years of this Ordinance coming into force, it is hereby ordered as follows ...*". Und dann folgen die materiellen Bestimmungen.

Es gab aber in Lippe keine Bestrebungen, etwa zu Niedersachsen zu kommen. Wenn schon die Eigenstaatlichkeit nicht zu bewahren war, bot Nordrhein-Westfalen aufgrund

Zusammenkunft der Länderchefs der britischen Zone in Hamburg im Oktober 1946, zur Zeit des Vorsitzes, den Ministerpräsident Theodor Steltzer im vierten Quartal des Jahres 1946 im Zonenbeirat der britischen Zone inne-hatte. Die erkennbaren Personen – vordere Tischreihe: Theodor Steltzer (Hand am Mund), rechts neben ihm sitzend Dr. Robert Lehr, Ministerpräsident Hinrich Kopf; hintere Tischreihe: Bürgermeister Rudolf Petersen (Hand am Mund), Ministerpräsident Rudolf Amelunxen.

„Familienfoto" aller Länderchefs der britischen Zone vor dem Wirksamwerden der Länder-Neuordnung, wie sie ab November 1946 praktisch umgesetzt wurde. Aufnahme in Hamburg nach der 8. Sitzung des Zonenbeirats (23. bis 24. Oktober 1946). Die Personen, sitzend, von links nach rechts vom Betrachter aus gesehen: Ministerpräsident Richard Tantzen, Ministerpräsident des Landes Oldenburg; Dr. Rudolf Amelunxen, Ministerpräsident des Landes Nordrhein-Westfalen; Theodor Steltzer, Ministerpräsident des Landes Schleswig-Holstein; Rudolf Petersen, Bürger-meister von Hamburg; Dr. Robert Lehr, Oberpräsident a. D. der vormaligen Nordrhein-Provinz, die seit dem 23. August 1946 zum Land Nordrhein-Westfalen gehörte. Die Personen stehend, v.l.n.r.: Wilhelm Kaisen, Präsident des Senats der Hansestadt Bremen; Heinrich Drake, Landespräsident des Landes Lippe (Detmold); Schlebusch, Mini-sterpräsident des Landes Braunschweig; Hinrich Kopf, Ministerpräsident des Landes Hannover. Robert Lehr – nach der Gründung Nordrhein-Westfalens „ohne Portefeuille" – wurde immer noch zur „Familie" der Länderchefs gerechnet.

Die Eröffnung des Zweiten ernannten Landtages am 2. Dezember 1946 im Festsaal der Pädagogischen Hochschule in Kiel-Hassee (mit britischem Hoheitszeichen)

Die Landesregierung des Ministerpräsidenten Theodor Steltzer in der Zusammensetzung vom 2. Dezember 1946. Die Namen, untere Reihe v.l.n.r.: Kuklinski, Lüdemann, Steltzer, Bundtzen, Dr. Kuhnt. Obere Reihe v.l.n.r.: Arp, Dr. Ryba, Pohle, Andresen, Diekmann; ferner auf dem Bild oben ganz rechts: Karl Ratz (Landtagspräsident).

wirtschaftlicher Verflechtungen für Lippe die besseren Entwicklungsmöglichkeiten. Außerdem wurden in Nordrhein-Westfalen die alten Provinzialverbände in etwa als Landschaftsverbände fortgeführt, und Lippe fand Anschluß an den Landschaftsverband Westfalen, nunmehr Westfalen-Lippe genannt. Was noch wichtiger war: Anstelle von Minden wurde Detmold Regierungssitz des dortigen Regierungsbezirks. Landespräsident Heinrich Drake hatte mit Erfolg für „sein" Land herausgeholt, was irgend möglich war. Das Land Lippe hat ihm viel zu verdanken.

Diese rechtlichen Maßnahmen in den genannten Verordnungen hatten Schleswig-Holstein nicht berührt. Das Land hatte in diesen Entscheidungswochen des Spätsommers und Herbst 1946 auf dem „Prüfstand" gestanden. Es war als Land bestätigt, aber weniger, ja eigentlich gar nicht durch das eigene Eintreten für den Erhalt seiner Eigenstaatlichkeit. Vielmehr war maßgebend, daß weder die Hansestadt Hamburg noch das Land Hannover, dessen Ministerpräsident mit Erfolg das Land Niedersachsen erstrebte, eine staatliche Verbindung mit Schleswig-Holstein eingehen wollten. Man sah – von Süden her gesehen – Schleswig-Holstein in seiner geographischen Abgeschiedenheit nördlich der Elbe. Dem Land Schleswig-Holstein fehlte, so scheint es im Blick auf die Menschen, die hier lebten – und es waren zu 38 % Flüchtlinge und Vertriebene – die Kraft, Mut zu sich selber zu haben; es fehlte auch bei vielen das Wissen um die geschichtliche Tradition, die an 1460 und an 1848 festzumachen wäre, und deren Werte in der Zeit größter Not einfach nicht freizusetzen waren. Das sollte sich ändern!

Noch einmal zurück zum Jahresende 1946! Parallel zur Schaffung der neuen Länderordnung beriet der Zonenbeirat gemäß britischer Vorgabe über die Kompetenzen der Länder bei ihrer Gesetzgebung und Verwaltung. Ein Sonderausschuß wurde tätig, der am 31. Oktober 1946 in Düsseldorf unter dem Vorsitz von Theodor Steltzer tagte. Er beriet die anstehenden Fragenkomplexe auch auf der Grundlage von Leitsätzen, die Steltzer ausgearbeitet hatte, wie auch anhand von Grundsatzpapieren des Düsseldorfer Oberlandesgerichtspräsidenten Heinrich Lingemann. Der Zonenbeirat nahm auf seiner 9. Sitzung (27.-29. November 1946) von dem Bericht, den Ministerpräsident Steltzer erstattete, zustimmend Kenntnis, zumal durch die britischen Vorgaben der Kompetenzbereich der Länder weitgehend abgesteckt war, und zwar so, wie dies sodann die britische Verordnung Nr. 57 im einzelnen bestimmte. Letzteres geschah im negativen Sinne, indem in einem vierfachen Anhang A - D alle Gesetzgebungsbereiche aufgeführt wurden, die der Zuständigkeit der Länder bleibend oder auch nur vorläufig entzogen waren. Dies ist auch positiv zu sehen, wenn – wie im Anhang A – die Bereiche genannt sind, die ganz unumstritten dem Staatsganzen zukommen, wie Außenpolitik, Staatsbürgerrecht, Währungsfragen, usw. Die Verordnung Nr. 57 trat formal zum 1. Dezember 1946 in Kraft, wurde aber erst im Laufe dieses Monats veröffentlicht und bestimmte praktisch erst vom Jahresbeginn 1947 an die Wirksamkeit der Länder.

Wie immer die neue Länderordnung im nordwestdeutschen Raum damals beurteilt wurde – in einem waren sich alle einig, die Briten einbegriffen: Diese Länder bestanden nicht für sich allein; sie waren auf Kooperation untereinander angewiesen, was nicht ohne Länder-Egoismen abging. Wer gab schon gerne angesichts der unterversorgten eigenen Bevölkerung Kartoffeln für ein anderes Land ab! Aber man brauchte doch die Kohle der Ruhr. Die Kooperation klappte also doch, wenn auch mit „Geknirsche". Und einig war man sich auch darin, daß die Länder nur als Bausteine eines föderativen deutschen Staatswesens zu verstehen waren. Dieses Staatswesen gab es nicht, dafür erst einmal ab 1. Januar 1947 die sog. Bi-Zone der Briten und Amerikaner im wirtschaftlichen Bereich. Die deutsche Frage war noch völlig offen. War sie angesichts der erkennbaren Differenzen der Besatzungsmächte zu lösen? Mit Bangen und Hoffen sah man der Konferenz des Rates der Außenminister der UdSSR, der USA, Großbritanniens und Frankreichs entgegen, die für Mitte März 1947 in Moskau angesagt war. Daß auf deutscher Seite der Wille zum Reich (wie man damals meist sagte) ungebrochen war, kann man generell sagen. Nur wurden die Deutschen nicht gefragt und waren mehr oder weniger Objekt der großen Politik, es sei denn, sie nutzten die Handlungsmöglichkeiten, die ihnen – so in der britischen Zone – dank der neuen Länder gegeben waren.

Demokratische Verankerung für die neue Landesordnung
Der Weg zur ersten Landtagswahl
und zur sozialdemokratische geführten Landesregierung
unter Ministerpräsident Hermann Lüdemann

Wenden wir uns nun wieder Schleswig-Holstein zu! Es ist zu fragen, wie die neue Landesordnung – und darin ist die neue Gemeindeordnung einbegriffen – demokratische Formen erhielt.

Aber geht es bei dieser Frage wirklich allein um Formen, Strukturen? Keineswegs! Denn Demokratie ist als >Volksherrschaft< nicht zu lösen von dem Menschenbild. Die Demokratie geht – anders etwa als die Oligarchie in Form der Adelsherrschaft – von dem Grundsatz aus, daß jeder Mensch von Natur aus gleich geschaffen ist, daß jeder einzelne frei ist, seine Kräfte zu entfalten, doch nicht auf Kosten des anderen; man würde dem anderen dann ja die auch ihm zustehende Freiheit, auch seine Kräfte zu entfalten, nehmen. Zur Demokratie gehören neben der Freiheit wesensmäßig der Gleichheitsgrundsatz und die Verantwortung aller für das ganze Gemeinwesen dazu.

Der Mensch lebt in der Gemeinschaft mit anderen Menschen. Nur so lassen sich die Kräfte nutzbringend für alle einsetzen. In der Heiligen Schrift, die jeden Menschen als Geschöpf Gottes begreift, steht der schöne Satz, wir sollen einander dienen, ein jeder bzw. eine jede mit der Gabe, die er oder sie vom Schöpfer empfangen hat. Einerlei, ob man das Bild des Menschen naturrechtlich oder christlich deutet, man kommt immer dahin, dem Menschen unveräußerliche Rechte zuzusprechen, die Grundlage der menschlichen Gemeinschaft sind; so sagt es das heutige Grundgesetz der Bundesrepublik Deutschland, so sagt es auch schon die amerikanische Unabhängigkeitserklärung von 1776, die allen Menschen das Recht auf Leben, Freiheit und Streben nach Glück zuspricht.

Wer von der Gleichheit der Menschen ausgeht, wird auch jedem den gleichen Anteil an der Herrschaft zubilligen. Herrschaft ist nicht zu verwechseln mit Regieren und mit der Ausarbeitung von Gesetzen und Verordnungen, nach denen regiert wird. Nun geht aber das, was Menschen wollen, keineswegs in dieselbe Richtung. Sie haben unterschiedliche Erwartungen, und was sie erwarten mögen, sehen sie – wiederum unterschiedlich – durch die Regierenden und die Gesetzesgeber als mehr oder weniger oder auch als nicht oder unzureichend erfüllt an. Was für Folgerungen sind daraus zu ziehen? Die Mehrheit bestimmt den politischen Weg, vielleicht auf der Grundlage eines Kompromisses, und dies für eine befristete Zeitspanne. Die Mehrheiten müssen wechseln können.

Damit kommen wir zu den demokratischen Spielregeln, und doch geht es um mehr als das; denn die Spielregeln gehören einer zutiefst im Humanen verwurzelten Werteordnung an. Es geht um Formen der politischen Willensbildung, an der Parteien mitwirken mögen, die sich dem demokratischen Grundverständnis verpflichtet fühlen, das heißt den Grundwerten der Menschenwürde. Es geht um eine freie politische Meinungsbildung; es geht um Herrschaftsausübung auf Zeit.

Von der Anwendung solcher demokratischen Spielregeln war man in der Anfangsphase der britischen Besatzungsherrschaft weit entfernt. Doch die Briten, auch die Militärs, kannten durchweg diese Spielregeln, kamen sie doch aus einem Lande mit einer in langer Zeit gewachsenen demokratischen Tradition. Die britische Militärregierung – so haben wir erfahren – ernannte ja die Mandatsträger und -trägerinnen der sog. *Nominated Representative Councils*; sie setzte die Spitzenleute der Verwaltung ein. Theodor Steltzer war Oberpräsident und dann Ministerpräsident kraft britischer Ernennung.

Die Militärregierung regierte nach Besatzungsrecht direkt oder in Form der sog. *indirect rule* und schuf sich selber dafür in Form von Gesetz, Verordnung oder auch Befehl die Grundlage ihrer Herrschaftsausübung. Dennoch waren die drei westlichen Besatzungsmächte – nicht nur die britische –, die in ihren eigenen Staaten die Demokratie als Herrschaftsform hatten und zu ihr standen, Wegbereiter der Demokratie in Deutschland. Sie regierten autoritär, aber mit einer demokratischen Zielsetzung, und die wurde in Schleswig-Holstein und nicht nur hier von allen Mandatsträgern in der Verwaltung, in der Regierung und im Landtag, in den Bürgerschaften, in den Kreistagen geteilt. Die Parlamentarier hatten zwar kein Mandat der Bevölkerung, erfüllten aber ihre Aufgaben durchweg in der Vorstellung, „Beauftragte des Volkes" zu sein. Ein Gleiches gilt für diejenigen, die eine regierende Funktion erfüllten.

Die Demokratie war von unten aufzubauen mit Hilfe demokratischer Parteien, mit Hilfe einer Meinungsvielfalt, für die die Presse und der Rundfunk zu sorgen hatten. Ein demokratisches Bewußtsein wuchs von unten. Die meisten waren von den demokratischen und freiheitlichen Werten erfüllt, wenn sie – und das ist auch ehemaligen Nationalsozialisten zuzubilligen – die zurückliegende Erfahrung der NS-Zeit in sich verarbeitet hatten und ihnen die Anschauung der sowjetischen Herrschaft in ihrer Besatzungszone in Deutschland vor Augen stand.

Wiederholte Äußerungen der britischen Besatzungsmacht über ihre politischen Zielsetzungen ließen erwarten, daß früher oder später das Prinzip der freien Wahlen eingeführt werden sollte als das entscheidende Mittel, um die Herrschaftsausübung an den Willen des Volkes zu binden. Die bereits geschaffenen parlamentarischen Strukturen sollten so schrittweise ihre demokratische Verankerung bekommen. Gleichwohl begann der demokratische Prozeß durchaus schon mit den ernannten Vertretungskörperschaften. Auch der parlamentarische Stil mit Fraktionen, gewählten Vorständen, gewählten Ausschüssen, Debatten in freier Rede, Beschlußfassungen trug dazu bei, ein demokratisches Verantwortungsbewußtsein zu wecken.

Diese ernannte Form der Parlamente war nur für eine Übergangszeit gedacht, in der sich die Parteien zu festigen vermochten und in der sie Kandidatenlisten für die Gemeindevertretungen, die Kreistage und eben auch für den zu wählenden Landtag vorbereiten konnten. Für die wahlberechtigte Bevölkerung wiederum war es von Wert, daß sie die Gremien, die sie zur gegebenen Zeit zu wählen hatte, in ihrer jeweiligen Funktion kannte. Das war von den Briten durchaus auch als Teil einer indirekten demokratischen „Erziehung" so gewollt. Sie gingen davon aus, daß die *political re-education* bei denen, die früh in die NSDAP und in eine ihrer wichtigsten Unterorganisationen eingetreten waren und hier – wann immer – Führungspositionen eingenommen hatten, noch gar nicht weit genug „gediehen" sei, so daß sie zunächst von der wahlberechtigten Bevölkerung ausgeschlossen blieben. Das war eine Politik, die der CDU-Vorsitzende im Lande Carl Schröter heftig kritisierte und es auch dank des freien Rederechts tun konnte, sofern keine unlauteren und ehrverletzenden Motive unterstellt wurden. Die britische Militärregierung legte im April und Mai 1946 die Rechtsgrundlagen für die ersten Gemeinde- und Kreistagswahlen in der ganzen britischen Zone fest; sie sind im Amtsblatt der Militärregierung nachzulesen. Was wurde im einzelnen bestimmt?

Zum ersten (gemäß der Verordnung Nr. 26 vom 13. April 1946): Die Wahlkreise und ihre Unterteilung in Wahlbezirke und die Zahl der zu wählenden Vertreter – abhängig von der Größe der Gemeinden und Kreise – wurden festgelegt. Mit einbezogen in die Vorbereitung der Wahlen wurden auch die beiden Städte mit eigenem Landesstatus, Hamburg und Bremen.

Zum zweiten (gemäß der Verordnung Nr. 28 vom 20. April 1946): Es wurde vorgeschrieben, wie die Wählerlisten anzulegen waren, ferner, daß sie öffentlich auszulegen waren. Hier ging es um die Entscheidung, wer überhaupt wählen durfte; nur der kam in die Wählerliste. Das Wahlrecht stand allen Personen zu, die an einem Stichtag – festgesetzt wurde der 12. Mai 1946 – am Ort der Wahl ansässig waren, am genannten Tage das 21. Lebensjahr vollendet hatten und keine oder nur eine geringe politische Belastung aus der NS-Zeit mitbrachten. Ausgeschlossen von der Aufnahme in die Wählerlisten waren alle diejenigen, die vor dem 1. März 1933 der NSDAP und / oder der SA beigetreten waren und zu irgendeiner Zeit der SS, der Gestapo oder dem Korps der politischen Leiter der NSDAP angehört hatten.

Zum dritten (gemäß der Verordnung Nr. 31 vom 30. Mai 1946): Die Voraussetzung für das passive Wahlrecht, also für die Kandidatenaufstellung, wurde festgelegt. Die Wählbarkeit war gebunden an das Mindestalter von 25 Jahren, an eine mindestens achtzehnmonatige Ansässigkeit am Ort der Wahl, an den zivilen Status (niemand durfte, wollte er kandidieren, aktiver Offizier gewesen sein) und an die Nicht-Mitgliedschaft in der NSDAP.

Zum vierten (auch gemäß der Verordnung Nr. 31): Die Wahltermine wurden bestimmt, und zwar – abweichend vom heute üblichen Verfahren – getrennt für die Gemeindewahlen, die am 15. September 1946 stattfinden sollten, und für die Kreistage und Bürgerschaften der kreisfreien Städte und der beiden Stadtstaaten, die am 13. Oktober 1946 stattfinden sollten.

Zum fünften (gemäß der Verordnung Nr. 32 und Nr. 40 vom 30. Mai 1946): Das Wahlverfahren wurde geregelt. Jeder hatte soviele Stimmen, wie Kandidaten / Kandidatinnen direkt im Wahlbezirk zu wählen waren. Die abgegebenen Stimmen wurden auch herangezogen für die aus einer Reserveliste zu wählenden Vertreter und Vertreterinnen. Damit sollte ein Verhältnisausgleich ermöglicht werden. Das wirkte sich dann so aus, daß im Schnitt etwa ein knappes Drittel der in den Gemeinderat, den Kreistag und in die Bürgerschaft gewählten Kandidaten / Kandidatinnen das Mandat dank des Verhältnisausgleichs aus der Reserveliste erhielt.

Zum sechsten (gemäß der Verordnung Nr. 45 vom 21. August 1946): Ein Sonderregister oder eine ergänzende Wählerliste war für „politische Heimkehrer" anzulegen, die am Stichtag noch nicht zurückgekehrt waren und jetzt noch aufgenommen werden durften. Man wollte damit Verfolgte des NS-Regimes begünstigen. An heimgekehrte Kriegsgefangene und Vertriebene des Ostens war bei dieser Nachmeldung für das Wählerverzeichnis nicht gedacht, kam aber auch ihnen zugute.

Während also der Umwandlungsprozeß von der Provinz zum Land stattfand und über die Länderordnung in der Britischen Zone beraten wurde, fanden – hiervon völlig unberührt – die ersten demokratischen Wahlen in der Britischen Zone statt. Nun sollte sich erstmals zeigen, welche Akzeptanz die neuen politischen Parteien beim Wähler finden würden. Sie präsentierten sich mit Programmen und Kandidaten / Kandidatinnen auf Wahlversammlungen. In einer Zeit ohne Fernsehen, ungenügender Ausstattung der Haushalte mit Rundfunkgeräten und in limitierter Auflage nur zweimal wöchentlich erscheinender Tageszeitungen spielten die Wahlversammlungen eine viel größere

Rolle als in späterer Zeit. Man war auch neugierig, das neue politische Leben kennenzulernen, auch wenn man nicht in der Wählerliste stand.

Bei den Gemeindewahlen hatten die politischen Parteien große Konkurrenz von den unabhängigen Kandidaten und Kandidatinnen, die keiner Partei angehörten oder sich einer Gruppierung zurechneten, die keinen politischen Status hatte. Dazu zählten im Landesteil Schleswig auch die Mitglieder des dänischen Südschleswigschen Vereins, der einen kulturellen Auftrag hatte und nicht die Rechte einer politischen Partei zugesprochen bekam, was bei dieser Organisation auf lebhaften Protest stieß. Die Unabhängigen erreichten bei der Gemeindewahl am 15. September 1946 im ganzen Lande einen durchschnittlichen Stimmenanteil von 21 %. Es gab Gemeinden – wegen der dänisch-gesinnten Menschen meist im Landesteil Schleswig, aber nicht nur dort –, in denen der Stimmenanteil für die Unabhängigen deutlich höher lag. Der prozentuale Anteil der Mandate für die unabhängigen Kandidaten bzw. Kandidatinnen war sogar noch höher und lag im Landesdurchschnitt bei 39,1 %. Die SPD und die CDU lagen jeweils mehr als zehn Prozent darunter.

Anders sah es am 13. Oktober 1946 bei den Wahlen für die Bürgerschaften der vier Stadtkreise und für die Kreistage der 17 Landkreise aus. Zunächst ein Wort zur Wahlbeteiligung; sie betrug bei 1,4 Millionen Wahlberechtigten 70,6 %. Die Stimmenabgabe führte zu einem klaren politischen Meinungsbild, und dies auch deshalb, weil der SSV, die kulturelle Vereinigung der dänisch-gesinnten Bevölkerung Südschleswigs, für die Wahl am 13. Oktober 1946 das politische Recht einer eigenen Kandidaten-Aufstellung wahrnehmen durfte. Es kandidierten auch unabhängige Bewerber / innen um politische Mandate, aber mit unter einem Prozent der abgegebenen Stimmen gewannen sie keinen einzigen Sitz und spielten politisch keine Rolle.

Dies führte zu einer klaren Wähler-Entscheidung zwischen den zugelassenen Parteien. Die beiden großen Parteien SPD und CDU waren etwa gleich stark. Bei dem prozentualen Stimmenanteil hatte die SPD mit 41,0 % einen klaren Vorsprung; die CDU kam auf 37,3 % der Stimmen. Bei der Sitzverteilung sah es umgekehrt aus. Die CDU hatte – bezogen auf alle 21 schleswig-holsteinischen Kreise – 426 Mandate gewonnen, die SPD nur 357. Die FDP blieb mit 7,4 % der Stimmen und insgesamt 32 Mandaten im deutlichen Abstand zur SPD und CDU, ebenso die KPD mit 5,1 % der Stimmen und 17 Mandaten. Das „Schlußlicht" bildete die DKP (Deutsche Konservative Partei), die 1,3 % der Stimmen und 2 Mandate gewann, eines in Lübeck, das andere im Kreis Südtondern.

Die Kreistagswahlen machten erstmals das ganze Ausmaß der prodänischen Bewegung im Landesteil Schleswig offenkundig: In der Stadt Flensburg erhielt der SSV 44,0 % der Stimmen, in den Landkreisen im Durchschnitt 26,5 %. Die Zahlen sind, wie Troels Fink gesagt hat, Ausdruck der Not und Hoffnungslosigkeit vieler Menschen und zugleich der Sehnsucht nach der „Ruhe des Nordens", nach wirklicher Demokratie und auch materieller Sicherheit. Die Motivforschung führt zu offenen Fragen, vor allem, wenn man den über 50 prozentigen Stimmenanteil der NSDAP bei der preußischen Landtagswahl im April 1932 im nördlichen Schleswig-Holstein zum Vergleich heranzieht.

Die Kreistagswahlen hatten auch Bedeutung für die Vertretungskörperschaft des Landes, also für den Schleswig-Holsteinischen Landtag. Nachdem nunmehr ein politisches Meinungsbild der schleswig-holsteinischen Bevölkerung vorlag, wurde Ministerpräsident Theodor Steltzer am 7. November 1946 vom *Regional Commissioner* ermächtigt, den Landtag mit Wirkung vom 11. November 1946 aufzulösen. Ein neuer Landtag war zu bilden, der zweite ernannte Landtag, bei dem die Kreistagswahlen vom 13. Oktober 1946 in zweifacher Hinsicht eine Rolle spielten. Zum ersten: Die Bürgerschaften der kreisfreien Städte und die Kreistage wählten je einen Vertreter aus ihrer Mitte, und zwar in der Regel ein Mitglied der jeweiligen Mehrheitsfraktion. Zu den Vertretern im Landtag aus den 21 Kreisen kamen weitere 39 Abgeordnete, die die Militärregierung in der Regel nach Konsultation ihrer deutschen Gesprächspartner ernannte, hinzu. Die Ernennung wurde so vorgenommen, daß sich in der politischen Zusammensetzung des Landtags das Stimmenergebnis vom 13. Oktober 1946 widerspiegelte. Die Mandatsträger im Landtag verteilten sich dann auf die einzelnen Parteien wie folgt: SPD = 25, CDU = 23, FDP = 4, SSV = 4. KPD = 3, DKP = 1.

In dieser Zusammensetzung wurde der Landtag am 2. Dezember 1946 vormittags, 11 Uhr, im Festsaal der Kieler Pädagogischen Hochschule feierlich eröffnet, und zwar so, wie es mit dem Büro des Regional Commissioner genau abgestimmt worden war. Demgemäß fuhr der *Regional Commissioner* – eskortiert von sechs deutschen Motorradfahrern und auf dem letzten Abschnitt des Weges von sechs deutschen Polizisten zu Pferde – zum Tagungsort des Landtags in der Diesterwegstraße. Der Ministerpräsident erhielt eine etwas kleinere Eskorte zugestanden. Nachdem alle die genau festgelegten Plätze eingenommen hatten, sprach der Ministerpräsident Theodor Steltzer kurze Worte der Begrüßung, um sodann den Gouverneur darum zu bitten, den Landtag für eröffnet zu erklären. Dies geschah sodann, und zwar verbunden mit dem Hinweis: Auch dieser neu ernannte Landtag habe nur einen Auftrag für eine Übergangszeit, nämlich zur Vorbereitung der ersten Landtagswahl im Frühjahr 1947. Es ging darum, so der britische Gouverneur, „die demokratische Grundlage für das gute Regieren in Schleswig-Holstein zu legen".

Unmittelbar darauf folgte die erste Arbeitssitzung, bei der die Briten nur noch einen Beobachter mit kleiner Begleitung im Festsaal beließen. Karl Ratz (SPD) wurde neuer Landtagspräsident. Theodor Steltzer stellte sein bereits am 22. November 1946 neu gebildetes und am 2. Dezember 1946 erweitertes Kabinett vor, in welchem Hermann Lüdemann (SPD) Innenminister und stellv. Ministerpräsident wurde. Das Kabinett war paritätisch mit je fünf Mitgliedern der CDU und der SPD besetzt. Neue Persönlichkeiten im Kabinett waren Erich Arp (SPD) als Minister für Aufbau und Arbeit und Dr. Gottfried Kuhnt (CDU) als Minister der Justiz, dessen Amtsgeschäfte als Oberlandesgerichtspräsident ruhten. Wichtig war vor allem die geänderte Rechtsstellung der Landesminister. Es gab keine Hauptausschüsse mehr, die Abteilungen der Landesverwaltung zu kontrollieren hätten. Die Minister hatten eine hauptamtliche Stellung. Ihnen unterstanden die Landesdirektoren als Bindeglied zwischen der politischen Führung zum einen und der Verwaltung, die unpolitisch zu arbeiten hatte, zum anderen.

Im übrigen waren Theodor Steltzers Ausführungen in seiner Regierungserklärung beherrscht von der Not im Lande, die in Schleswig-Holstein wegen der unverhältnismäßig starken Flüchtlingsbelegung stärker war als in den anderen Ländern der britischen Zone. Die Lösung der deutschen Frage war nicht in Sicht, im Norden Schleswig-Holsteins zeigte sich eine aus deutscher Sicht gefährliche grenzpolitische Entwicklung ab, und die Besatzungsmächte öffneten keine Perspektive für eine durchgreifende Besserung der besorgniserregenden Lage in Deutschland. In einem Interview mit Gerd Bucerius, das >Die Zeit< am 5. Dezember 1946 veröffentlichte, also drei Tage nach der konstituierenden Sitzung des zweiten ernannten Landtags, begegnet man einem ungewohnt ungeduldigen, die Briten scharf, aber nicht unfair attackierenden Ministerpräsidenten Theodor Steltzer.

Eine kritische Haltung nahmen die Briten in dieser Zeit gegenüber dem Landesvorsitzenden der CDU Carl Schröter ein. Er hatte im Landtag am 2. Dezember 1946 die „amtliche dänische Politik" – bezogen auf Südschleswig und die hohe Zahl der dort lebenden Flüchtlinge, die nach dänischer Auffassung das Land überfremdeten – als „imperialistisch und aggressiv" bezeichnet, „bar jeder Menschlichkeit gegenüber den Heimatlosen". Colonel K. Randell vom britischen *Schleswig-Holstein Intelligence Office* legte dem Zivilgouverneur H. V. Champion de Crespigny eine dänische Fassung der Landtagsrede vor und kommentierte sie als Ausdruck eines *extreme nationalism*. De Crespigny wollte aus der Sache keine Affäre machen, zumal dies auch dem Ansehen der CDU geschadet hätte, machte es aber Carl Schröter zur Pflicht, jede öffentliche Äußerung zur Grenzfrage für ein halbes Jahr der Militärregierung vorher zur Genehmigung vorzulegen.

Zweierlei ist zu bedenken, um das britische Verhalten zu verstehen, das gemäß dem Besatzungsrecht relativ großzügig war. Zum ersten: Auch die britische Politik bezog eine recht kritische Position gegenüber der dänischen Südschleswig-Politik; sie sah darin eine ständige Einmischung in die inneren Angelegenheiten der britischen Zone. Zum zweiten: Parlamentsredner genießen Immunität. Am 11. März 1947 erhielt die britische Militärregierung von der *Governmental Sub-Commission* in Berlin eine Art *guidance*, nämlich im Parlament die Redefreiheit nicht durch schriftliche Verfügungen einzuengen. Es heißt in dem Schreiben: *"The Landtag has complete freedom of speech. Debate is not necessarily limited to those matters which are within its legislative competence".* Also war es auch möglich, im Landtag außenpolitische Fragen anzusprechen, und die Grenzlandproblematik gehörte zweifelsohne dazu. In dem zweiten ernannten Landtag sah man bereits einen indirekt gewählten Landtag und zog daraus die Folgerung, wie auch in dem erwähnten Schreiben zu lesen ist: *"It would be difficult and probably ineffectual and impolite for the Occupying Power to restrict the freedom of speech of an elected Landtag".* Solche zweifelsohne für eine Besatzungsmacht großzügige Haltung ist nicht zu erklären ohne die lange parlamentarische Tradition Großbritanniens und ohne den Willen, diese Tradition für die Deutschen als Vorbild dienen zu lassen, so wie Robert Birley es 1947 ausdrückte: *"We can offer the strength of our own traditions to Germany".*

Gleichwohl war natürlich auch mit Hetzreden (*inflammatory speeches*) gegen die Militärregierung in Deutschland zu rechnen. Was wäre dann zu tun? Die Sache wäre dann mit dem Ministerpräsidenten zu besprechen. Es gab aber keine Hetzreden, und es wäre abwegig,- so der Standpunkt der *Governmental Sub-Commission*, schon vorsorglich dagegen Maßnahmen zu ergreifen. Im übrigen sei der Landtag gut beraten, sich im Rahmen seiner Gesetzgebungskompetenz der sachlichen Arbeit zuzuwenden.

Hierzu gehörte – im Hinblick auf die für das Frühjahr zu erwartenden Landtagswahlen – die Beratung und Beschlußfassung zum Landeswahlgesetz. Hiermit hat man sich in der Ausschußarbeit und auf den folgenden Sitzungen des Landtags intensiv beschäftigt. Dabei konnten die beiden großen Parteien, die ja gemeinsam die Regierung trugen, sich mit ihren Vorstellungen weitgehend durchsetzen. Man einigte sich auf folgende Bestimmungen:

☞ dreijährige Legislaturperiode;
☞ Wahlalter ab 21; Ausschluß von NS-belasteten Personen wie bei den Gemeinde- und Kreistagswahlen;
☞ einfaches Mehrheitswahlrecht für 60 % der Abgeordneten, die in 42 Wahlkreisen direkt zu wählen waren;
☞ 28 Mandate (= 40 %) für den Verhältnisausgleich mit folgender Einschränkung: nur die Partei, die mindestens ein direktes Mandat gewonnen hat, hat Anspruch auf den Verhältnisausgleich. Bei der Berechnung werden aber nur die Stimmen herangezogen, die für die unterlegenen Kandidaten / Kandidatinnen abgegeben wurden, und bei den erfolgreichen Kandidaten / innen sind es nur die Stimmen, die für den Sieg im Wahlkreis nicht benötigt wurden; und für den Sieg genügt es ja, eine Stimme mehr zu haben als der unterlegene Kandidat bzw. die unterlegene Kandidatin. Das ist eine interessante Methode um sicherzustellen, daß Stimmen nicht zweimal bei der Mandatszuweisung gezählt werden.

Daß die kleineren Parteien sich durch dieses Wahlrecht benachteiligt fühlten, liegt auf der Hand. Die Militärregierung, die das Wahlgesetz zu bestätigen hatte, ließ über den Widerspruch der kleineren Parteien im Landtag noch einmal beraten und führte eine nochmalige Beschlußfassung durch, die aber nur bestätigte, was die beiden großen Parteien mit ihrer hohen Mehrheit bereits beschlossen hatten. Also blieb es bei der Regelung, mit der sich dann auch die Militärregierung zufriedengab.

Allerdings bedurfte ein Punkt, über den das deutsche Wahlgesetz nach britischer Auffassung keine befriedigende Regelung vorsah, einer Klarstellung, die der *Regional Commissioner* Champion de Crespigny dann in seine Verantwortung nahm. Es hatte eine seiner Auffassung nach eine klare Trennung von Verwaltungsamt und politischem Mandat zu geben. Folglich hatte jeder Beamter, der das passive Wahlrecht in Anspruch nahm und gewählt wurde, sein Amt im öffentlichen Dienst der Landesverwaltung und der Kommunalverwaltung, die unter der Aufsicht des Landes stand, niederzulegen, bevor er oder sie das Landtagsmandat annahm. Näheres ist nachzulesen in der >Verordnung Nr. 1 des Gouverneurs von Schleswig-Holstein<, die zusammen mit dem Wahlgesetz im Amtsblatt des Landes Schleswig-Holstein, Ausgabe vom Januar 1947, erschien.

Die Parteien rüsteten für den Landtagswahlkampf, und zwar in der Erwartung, daß am 30. März 1947 gewählt werden würde. Doch in Anbetracht des übermäßig langen und kalten Winters wurde die Wahl um drei Wochen hinausgeschoben, und da es eine zoneneinheitliche Wahl am selben Tage geben sollte, kam diese Verzögerung auch den beiden Ländern entgegen, die neu konstituiert worden waren und noch mit dem inneren Verwaltungsaufbau beschäftigt waren. Das waren Nordrhein-Westfalen und Niedersachsen. Es sollte auch nur die Wahlentscheidung für die Landtage geben, und es sollten nicht andere Fragen in die Wählerentscheidung einbezogen werden wie etwa die Bodenreform, die die schleswig-holsteinische SPD gerne am Tage der Landtagswahl in einer Volksabstimmung zur Entscheidung gebracht hätte. Solcher Überlegung widersprach die britische Militärregierung im Hinblick auf ihre Kompetenz (Landreform als ein *reserved subject*), aber auch aus verfassungsrechtlichen Erwägungen und Gründen der Zweckmäßigkeit: Sei nicht erst die Verfassung des Landes Schleswig-Holstein zu schaffen, die entsprechende Verfahren vorschreiben müßte? Machte es überhaupt Sinn, inhaltlich schwierige Gesetzgebungsverfahren in einem plebiszitären Verfahren entscheiden zu wollen? Man würde aufgrund der in der Weimarer Republik gemachten Erfahrungen – und sie sollten nicht vergessen werden – mit Volksbegehren und Volksentscheiden vorsichtig umgehen; sie führen leicht zu emotionalen und nicht zu rationalen Entscheidungen, und dies geschieht vor allem dann, wenn die Sachgegenstände politisch brisant und komplexer Natur sind.

Als Wahltag wurde der 20. April 1947 festgesetzt, ungeachtet des übervorsichtigen Hinweises aus dem *Headquarters der Intelligence Division* in Herford: *"We trust it has not escaped notice that April 20*[th] *is Hitler´s birthday."* Das lag alles weit weg und interessierte kaum noch jemanden.

Der zweite ernannte Landtag hielt seine letzte Sitzung am 10. April 1947 außerhalb Kiels ab, nämlich in der Flensburger „Neuen Harmonie". Es war eine ganz normale Arbeitssitzung, so wie auch diejenige, die der Landtag am 28. Februar 1948 im Lübecker Rathaus abgehalten hatte. Der Landtag, der ohnehin noch kein richtiges „Zuhause" hatte, wollte zu den Menschen im Land kommen und zeigen, wie ernst es ihm mit ihren Sorgen und Nöten war. Daß auf der Flensburger Sitzung überdies Sondermaßnahmen für den verkehrsfernen und strukturschwachen Norden beraten wurden, erschien dem SSV mit den Worten des Landtagsabgeordneten und Schleswiger Bürgermeisters Hermann Clausen als eine deutsche Wahlhilfe. Karl Ratz konterte als Landtagspräsident mit den Worten, „man handle im Interesse der gesamten Bevölkerung", wo immer der Landtag seine Sitzungen abhalte.

Der zweite ernannte Landtag wurde vom *Regional Commissioner* mit Wirkung vom 19. April 1947 aufgelöst. Über den neuen Schleswig-Holsteinischen Landtag entschieden am folgenden Tag erstmals die schleswig-holsteinischen Wähler und Wählerinnen. Doch nur 69,8 % machten von ihrem Wahlrecht Gebrauch. Das Ergebnis der Wählerentscheidung sah so aus:

SPD:	43,8 %	der Stimmen,	43 Mandate;
CDU:	34,0 %	der Stimmen,	21 Mandate;
FDP:	5,0 %	der Stimmen,	kein Mandat;
KPD:	4,7 %	der Stimmen,	kein Mandat
DKP:	3,1 %	der Stimmen,	kein Mandat
SSV:	9,3 %	der Stimmen,	6 Mandate.

Restliche Stimmen (= 0,1 % der Stimmen) fielen auf das Zentrum als Splittergruppe und auf parteilose Kandidaten, die keine Chance hatten, ein Mandat im Verhältnisausgleich zu gewinnen. Diese Chance hatten ja ohnehin nur die Parteien, die in der Lage waren, mindestens ein Direktmandat zu erwerben. Herausragende Kennzeichen der Wahl waren zum ersten der hohe Wahlsieg der SPD und zum zweiten die fast 100 000 Stimmen, die die Kandidaten / Kandidatinnen des SSV im Landesteil Schleswig auf sich vereinigen konnten. Die Sezessionsgefahr im Norden des Landes war größer geworden. Wohin sollte das führen? Wir lassen die Frage zunächst offen und wenden uns den unmittelbaren Auswirkungen der Wahl zu.

Der britische Gouverneur handelte wie ein englischer König. Ohne die konstituierende Sitzung des Parlaments abzuwarten, entschied er auf der Grundlage des Wahlergebnisses, daß die gemeinsame Regierung von CDU und SPD zu beenden und die Führung im Lande allein der SPD anzuvertrauen sei. Hermann Lüdemann erhielt am 29. April 1947 den Auftrag zur Regierungsbildung. Nachdem Theodor Steltzer noch am selben Tage zurückgetreten war, konnte dem Gouverneur die Kabinettsliste (die Hermann Lüdemann in Gesprächen innerhalb seiner Partei schon vorbereitet hatte) präsentiert und von ihm bestätigt werden. Das geschah mit folgendem Schreiben:

From Air Vice-Marshal H.V. Champion de Crespigny C.R., M.C., D.F.C.
HQ Mil. Gov., Land Schleswig-Holstein
Control Commission for Germany (British Element)
312 H.Q. C.C.G., B.A.O R..
29ᵗʰ April , 1947

My dear Minister President Lüdemann,

In reply to your letter dated 29ᵗʰ April 1947, I hereby approve the following names
submitted by you for the posts of Ministers in your Government:

Hermann Lüdemann	*Minister President and Minister of Interior*
Bruno Diekmann	*Deputy Minister President and*
	Minister of Economics & Transport
Dr. Richard Schenck	*Minister of Finance*
Erich Arp	*Minister of Food, Agriculture and Forests*
Wilhelm Kuklinski	*Minister of Education*
Kurt Pohle	*Minister of Public Reconstruction and Labour*

At the same time I wish to express to you my best wishes for your collective success in
your term of office.

> *Yours sincerely*
> *Gouverneur von Schleswig-Holstein*
> *(signed) Hugh de Crespigny*

Hermann Lüdemann wollte mit seinem relativ klein gehaltenen Kabinett ein Zeichen der Sparsamkeit setzen, sollte aber doch noch vor Jahresende die von ihm selbst geleiteten Ressorts des Inneren und auch der Justiz in andere Hände legen. Wilhelm Käber und Dr. Rudolf Katz wurden im November und im Dezember 1947 in das Kabinett berufen; ferner wurde zur selben Zeit Walter Damm Minister für Umsiedlung und Aufbau, während Kurt Pohles Ministerium für Arbeit um Wohlfahrt und Gesundheit erweitert wurde. So war man doch wieder bei der alten Kabinettsgröße angelangt. Wie die vielen Aufgaben in Zusammenarbeit von Regierung und Landtag angepackt wurden, zeigt die intensive gesetzgeberische Tätigkeit zur Bodenreform, zur Schulreform, zur „Behebung" (ein zu großes Wort) der Flüchtlingsnot und zur Entnazifizierung, um nur die wichtigsten Bereiche anzusprechen.

Doch zunächst einmal erleben wir am 8. Mai 1947, am zweiten Jahrestag des Kriegsendes, eine feierliche Landtagseröffnung, und zwar genau in der Form, in der die konstituierende Sitzung des zweiten ernannten Landtags am 2. Dezember 1946 stattgefunden hatte. In seiner Ansprache stellte der Gouverneur die Aufgaben der *Short term policy* und der *Long term policy* gegenüber und machte Mut, auch angesichts der sich in den Vordergrund drängenden Aufgaben zur Bekämpfung der Not nicht das zur Seite

*Karl Ratz, Präsident des zweiten
ernannten und der beiden ersten
gewählten Landtage.*

*Konrad Adenauer, Vorsitzender der CDU in der Britischen Zone, im Früh-
jahr 1947 zu Besuch bei der CDU-Führung in Schleswig-Holstein. Die Personen v.l.n.r.: Theodor Steltzer, Willi Koch, Dr. Emcke, Carl Schröter, Konrad
Adenauer (unbekannte Person im Hintergrund).*

*Arbeitssitzung des Landtags in der ersten Wahlperiode, ohne die britische Fahne, mit einem größeren Schleswig-
Holstein-Wappen. Die Schleswig-Holstein-Fahne wurde erst im Juli 1948 von der britischen Militärregierung zugelassen.*

Carl Schröter, Vorsitzender der CDU-Fraktion im ersten gewählten Landtag Mai 1947 bis Mai 1950 und Führer der Opposition.

Hermann Lüdemann, Ministerpräsident April 1947 bis April 1949.

Andreas Gayk, Vorsitzender der SPD-Fraktion im ersten gewählten und zu Beginn des zweiten gewählten Landtages.

Der Regierungschef Hermann Lüdemann im Gespräch mit seinen Ministern Bruno Diekmann (Mitte) und Wilhelm Käber (rechts).

zu stoßen (wörtlich: *to thrust aside*), was die auf bleibende Fernziele gerichtete Politik zu tun gebiete, nämlich dem Lande Schleswig-Holstein eine Verfassung zu geben. Der Gouverneur führte aus:

"It is therefore that I regard the framing of the Land Constitution as your most importing and one of your most pressing tasks."

Der Weg zur Verfassung für das Land Schleswig-Holstein war noch lang. Die Landessatzung – so hieß die Verfassung später – stand nicht am Anfang, sondern am Ende der Legislaturperiode des ersten gewählten Landtags. Das hat seine Gründe. Wichtig war indes das Bewußtsein, von dem alle erfüllt waren: Das Land hatte seine demokratisch legitimierten Organe von Landtag, Landesregierung und Landesverwaltung; man lebte in einem Land des freien Wortes und der freien politischen Willensbildung. Es hatte seine demokratische Verankerung in dem Maße gefunden, wie Menschen diese demokratischen Formen und Inhalte wirklich lebten. Dies allerdings ist kein geschichtlich abgeschlossenes Thema, sondern eines der täglich neuen Bewährung.

Die zweifache Infragestellung des Landes Schleswig-Holstein
Land >Südschleswig<? – Land >Unterelbe<?

Das Land Schleswig-Holstein war also „da" – zwar nicht so „einfach", wie Peter Petersen es im Januar 1970 sagte: „Es war nun durch ein Dekret der Engländer einfach da." Dafür hatte es dann doch einen viel zu starken Gestaltungswillen auf deutscher Seite gegeben, als daß eine solche Aussage richtig sein konnte. Auf der ersten Pressekonferenz, die Theodor Steltzer als Ministerpräsident im September 1946 abhielt, sagte er sogar mit einem gewissen Stolz, „daß Schleswig-Holstein mit seinem Landtag und seiner Vorläufigen Verfassung für die britische Zone in mancher Hinsicht als Modell-Land gelten" könne.

Die öffentliche Bezugnahme auf die von britischer Seite nicht approbierte Verfassung, als sei sie geltendes Verfassungsrecht, ist aufschlußreich. Dies beweist indirekt einmal mehr, daß die britische Besatzungsmacht mit ihrem pragmatischen Sinn die Anwendung der Verfassung zuließ, obwohl sie ihr aus bestimmten und uns bekannten Gründen die Anerkennung versagte. Folglich hatte auch Hermann Lüdemann als Innenminister im zweiten Kabinett Steltzer auf der 5. Sitzung des zweiten ernannten Landtags – er tagte damals im Rathaus zu Lübeck – folgende Erklärung zur Verfassungsfrage abgeben können:

"In den letzten Wochen sind wiederholt Anfragen über die Gültigkeit der Vorläufigen Verfassung für Schleswig-Holstein gestellt worden. Zur Klärung der aufgetretenen Zweifel erlauben Sie mir hierzu folgende Ausführungen:

Die Vorläufige Verfassung ist auf der 5. Sitzung des Landtages am 12. Juni 1946 beschlossen worden. Sie sollte für ein halbes Jahr nach der Genehmigung Geltung haben. Die Genehmigung der Kontrollkommission ist jedoch noch nicht erteilt worden, so daß die Verfassung formell keine Rechtskraft erlangt hat.

Trotz dieses formalen Mangels glaube ich, den gegenwärtigen Stand aber doch richtig wiederzugeben, wenn ich feststelle, daß die in der Verfassung niedergelegten Grundsätze von den obersten Organen des Landes als bindende Verfahrensregeln für die politische Willensbildung betrachtet worden sind und weiterhin betrachtet werden.

Dies gilt auch für die Abänderungen, die die Verfassung bisher erfahren hat und von denen ich als die wichtigsten die hauptamtliche Stellung der Minister sowie die veränderte Rechtsstellung der Ausschüsse nenne. Rechtsgrundlage für diese Änderungen war eine Anordnung der Kontrollkommission, enthalten in dem Schreiben des Herrn Gouverneurs vom 7. November 1946 über die Auflösung und Neubildung des Landtages.

Nachdem seit dem 1. Januar 1947 auf Grund der Verordnung Nr. 57 die gesetzliche Zuständigkeit für diese Fragen auf das Land übergegangen ist, wird sich der am 20. April zu wählende Landtag als erstes der Aufgabe widmen müssen, nunmehr eine endgültige Verfassung für Schleswig-Holstein zu beraten und zu beschließen".

Aus der ersten Aufgabe, die der erste gewählte Landtag zu erfüllen hatte, wurde (fast) die letzte Aufgabe, und das hat sicherlich mit der Verfassungs-Praxis zu tun, wie sie Hermann Lüdemann beschrieben hat. Das heißt: eine gültige Verfassung wurde kaum entbehrt.

Aber es gab auch einen anderen Grund, die Verfassungsarbeit zurückzustellen: die Infragestellung des Landes Schleswig-Holstein von innen her. Ministerpräsident Hermann Lüdemann verfocht die Idee eines größeren Nordstaates – >Land Unterelbe< sollte er heißen; so allein gab er der Lebensfähigkeit Schleswig-Holsteins eine Chance.

Dieser Infragestellung des Landes Schleswig-Holstein – sie gehört zur Hauptsache in das Jahr 1948 – geht zeitlich der Versuch der pro-dänischen Bewegung voraus, Südschleswig für sich allein als Land konstituieren zu lassen, und zwar durch die Besatzungsmacht. Es ist an die Landtagssitzung vom 10. September 1946 anzuknüpfen, als Victor Graf Reventlow-Criminil als Vertreter der dänisch-gesinnten Bevölkerung Südschleswigs im Landtag den Antrag stellte, der Landesteil Schleswig möge von Holstein abgetrennt und ein dem Alliierten Kontrollrat direkt unterstellter, selbständiger Verwaltungsbezirk werden. Der Antrag wurde zwar mit überwältigender Mehrheit regelrecht abgeschmettert – man erinnere sich an Andreas Gayks Einlassung –; doch der SSV sorgte mit Rückhalt an der Regierung des dänischen Staatsministers Knud Kristensen und auch an der Regierung seines Nachfolgers Hans Hedtoft dafür, daß die Sache auf der Tagesordnung blieb. Beide Pläne, Land Südschleswig und Land Unterelbe, bestanden dann über Monate zeitlich parallel; beide standen dem Land Schleswig-Holstein mit seiner jahrhundertealten auf Einheit ausgerichteten Tradition entgegen.

Im Jahre 1947 wurde die deutsche Frage im Rat der Außenminister der UdSSR, der USA, Großbritanniens und Frankreichs erst in Moskau (10. März - 24. April) und dann in London (25. November - 15. Dezember) behandelt. Dazwischen gab es auf Einladung des bayerischen Ministerpräsidenten Dr. Hans Ehard die Ministerpräsidentenkonferenz in München, die aber kein Mandat hatte, über die deutsche Frage zu verhandeln und am Ost-West-Gegensatz scheiterte. Der britische Außenminister war der „Anwalt" einer bundesstaatlichen Verfassungsform, die eine in den vier Besatzungszonen frei gewählte Nationalversammlung auszuarbeiten hätte. Der sowjetische Außenminister Molotow und der französische Außenminister standen solchem Plan ablehnend gegenüber, und zwar aus unterschiedlichen Beweggründen. Die Sowjets wollten mehr Zentralismus, die Franzosen mehr Dezentralisierung im Sinne eines losen deutschen Staatenbundes. Der Vorzug des Bevin-Planes lag eben darin, daß er den Mittelweg zwischen diesen beiden Extrempositionen Molotows und Bidaults beschrieb, indem er – wie Bevin selber sagte – die Elemente des Zentralismus und des Föderalismus in sich vereinigte; sein Vorzug lag vor allem darin, daß er am stärksten der deutschen geschichtlichen Tradition und auch den Verfassungsvorstellungen führender Politiker im Westen entsprach.

Nach dem Scheitern der Konferenzen des Jahres 1947 gab Ernest Bevin in einem internen Deutschland-Memorandum vom 5. Januar 1948 und in seiner aufsehenerregenden Unterhausrede am 22. Januar desselben Jahres den Anstoß dazu, das allein im westlichen Besatzungsgebiet anzustreben, was auf Vier-Zonen-Basis, also auch mit der Sowjetischen Besatzungszone, nicht zu verwirklichen war: nämlich den deutschen Bundesstaat. Dieser Weg mußte aber von Frankreich und den anderen westlichen Anrainerstaaten Deutschlands akzeptiert werden, und hier waren vor allem die an Frankreich orientierten Benelux-Staaten wichtig.

Aus Bevins Äußerungen ließen sich weitere Denkrichtungen ableiten, die in Richtung einer europäischen Union wiesen, in die auch ein in wirtschaftlicher Hinsicht sich wieder kräftigendes westliches Deutschland einzubinden sei. Ausgehend von der Tatsache, daß die Sowjetunion ihren Machtbereich in Ost-Mitteleuropa bis zur Elbe vorgeschoben hatte und freiwillig sich von dort nicht wegdrängen ließ, schien es Bevin geboten, das westliche Europa zu einen und wirtschaftlich wie politisch so attraktiv wie möglich zu machen. Die mit dieser Zielsetzung verbundenen Probleme wurden im Februar / März in London unter dem Vorsitz von Unterstaatsekretär Sir William Strang auf Botschafter-Ebene diskutiert. Mit dem in Brüssel von den Außenministern Großbritanniens, Frankreichs und der Benelux-Staaten unterzeichneten Beistandspakt wurde im März 1948 ein Sicherheitsrahmen geschaffen, der die Voraussetzung dafür war, daß in einer weiteren Konferenzphase auf Botschafterebene auch mit dem Vertreter der USA am 7. Juni 1948 die Londoner Empfehlungen verabschiedeten werden konnten. Sie wurden Grundlage für die Bildung eines westdeutschen Staates.

Ohne auf Einzelheiten einzugehen, die in die Vorgeschichte der Gründung der Bundesrepublik Deutschland führen, ist für uns wichtig zu sehen, daß die Bewegung, die in die deutsche Frage gekommen war, auch Fragen nach den künftigen Grenzen eines westdeutschen Staates aufwarfen, und zwar im Westen. Die westlichen Anrainerstaaten mußten sich aber unter dem Druck der Westmächte – gemessen an früheren Erwartungen – bescheiden. Die französische Regierung „begnügte" sich damit, daß das Saarland „nur" währungspolitisch und wirtschaftlich mit Frankreich verbunden wurde. Belgien und die Niederlande mußten sich mit kleineren Grenzberichtigungen zufrieden geben, um „örtliche Anomalien zu beseitigen" und „gerechtfertigt" waren, „um Verhältnisse" zu klären, „die den Verkehr entlang der Westgrenze Deutschlands betreffen". Immerhin waren davon ca. 100 qkm Land mit ca. 10 000 Einwohnern betroffen.

Dänemark erwartete in diesem Zusammenhang, daß sein schon am 31. Januar 1947 auf der Außenministerstellvertreter-Konferenz in London (zur Vorbereitung der Moskauer Außenminister-Konferenz) vorgetragenes Anliegen, die verwaltungsmäßige Trennung von Schleswig und Holstein und die territoriale Sonderbehandlung des Landesteils Schleswigs, erfüllt würde. Daß in diesem Raume einmal eine erneute Anwendung des Selbstbestimmungsrechtes auf Verlangen der dort lebenden Menschen zu einer Angliederung an Dänemark führen könne, war eine Hoffnung, die schon in der Note der dänischen Regierung an die britische Regierung vom 19. Oktober 1946 ganz deutlich zu erkennen war.

Der umfangreiche Aktenbestand des *Foreign Office* zum Thema *Separation of Schleswig from Holstein* zeigt, wie sehr dieses Problem die britische Politik beschäftigt hat. Vor allem in dem Werk von J. P. Noack über die Südschleswig-Frage und die dänische Minderheit hat dieser Aktenbestand – neben anderen Quellen – eine überzeugende Auswertung erfahren. Was ist nun hier in gebotener Kürze festzuhalten? In London wurde der dänische Gesandte Graf Reventlow wiederholt im Auftrag seiner Regierung, aber auch ohne Auftrag in der Frage eines eigenen Landes Südschleswig mit ungehinderter sprachlicher und kultureller Entfaltung des Dänentums vorstellig. Auch der britische Botschafter in Kopenhagen, Sir Alec Randall, übermittelte mit sehr viel Sympathie die dänischen Wünsche nach London und beschwerte sich dabei auch über die britische *Control Commission* in Berlin, die seines Erachtens nicht das nötige Verständnis für Dänemark aufbrächte. Es ist dabei interessant zu sehen, wie sich die *Control Commission* in der Tat in diesen Fragen mehr mit dem deutschen Standpunkt als mit den dänischen Interessen identifizierte.

Sir Alec Randall verwies darauf, daß die offizielle dänische Südschleswig-Politik die Unterstützung aller dänischen Parteien im Folketing habe und daß die seit November

1947 im Amt befindliche Minderheitsregierung des Staatsministers Hans Hedtoft in ihrer gemäßigten Haltung, so Randall, das Wohlwollen der britischen Regierung verdiene. Randall ging indes bei der Beurteilung der dänischen Politik von dem aus, was er von allen Seiten zu hören bekam: Es sei an der Zeit, endlich mit der *subordination of Schleswig to Holstein* – eben als Folge der *administrative union* – Schluß zu machen. Ob Sir Alec Randall wirklich Schleswig-Holstein kannte, ist zu bezweifeln, wenn er sich die Denkvorstellung einer >Subordination< Schleswigs unter Holstein zu eigen machte.

An der Spitze der britischen Militärregierung in Schleswig-Holstein stand seit Jahresbeginn 1948 ein neuer Mann. Der Air Vice Marshal Hugh Champion de Crespigny war im Dezember 1947 überraschenderweise nach England zurückbeordert worden; man warf ihm Verfehlungen in seiner persönlichen Lebensführung vor, ob zu Recht, muß dahin gestellt bleiben. Nach Schleswig-Holstein kam ein britischer Gewerkschaftsführer, der das Amt des *Regional Commissioners* bis dahin in Nordrhein-Westfalen ausgeübt hatte; das war William Asbury, ein Mann, der sehr viel Ruhe und Gelassenheit ausstrahlte und seine Aufgaben mit großem Geschick, mit einem gesunden Menschenverstand und mit einem Sinn für Humor erledigte.

William Asbury berichtete am 23. Januar 1948 nach Berlin an Christopher Steel, Leiter der *Political Division* in der CCG(BE), über die Trennung Schleswigs von Holstein, und dies im Wissen darum, welchen Grundsätzen die britische Verfassungspolitik in der Zone folgte. Asbury führte aus, daß die Pläne für die künftige föderative Ordnung Deutschlands auf dem Gleichgewicht der Länder untereinander ruhten; dieses Gleichgewicht dürfe nicht in Frage gestellt werden, was aber zu befürchten sei, wenn den dänischen Wünschen in Schleswig-Holstein nachgegeben werde. Christopher Steel sah sich in seiner eigenen Politik bestätigt und zögerte nicht, sofort nach Empfang des Briefes dem Leiter des *German Political Department* im *Foreign Office,* Mr. P. H. Dean, in drastischen Worten seinen Standpunkt klarzumachen:
„To have a midget Land Schleswig of less than a million inhabitants would really be a constitutional nonsense and would throw the whole structure of the British Zone out of balance."

Mr. P. R. Fraser, der demselben Department angehörte, bestärkte auch seinen Chef in der Auffassung, die Christopher Steel ganz unumwunden ausgesprochen hatte. Fraser las aus den Berichten des britischen Botschafters in Kopenhagen, Sir Alec Randall, sehr deutlich die Zielsetzung der dänischen Politik heraus: Mit der Verwaltungstrennung wolle Dänemark die Eingliederung Südschleswigs in Dänemark vorbereiten. Das aber widerspreche, so Fraser, der britischen Politik, die die Einheit Deutschlands bewahren wolle. Mit seinen Worten:
„We are strongly opposed to the dismemberment of Germany. The Germans are to believe this: it is important to us that they should see us as the champions of German unity."

Das waren wohlklingende Worte für die Deutschen, wenn sie sie gehört haben. Das

Zitat stammt aber aus dem innerbritischen Schriftverkehr, und das macht die Aussage um so bemerkenswerter. Sie fügt sich auch ein in die von Ernest Bevin betriebene Weststaatslösung. Diese würde s. E. nicht zum totalen Bruch mit der Sowjetunion führen. Die Sowjets hätten, so Bevin, ein viel zu großes Interesse, am Grundsatz der Viermächte-Verantwortung festzuhalten, so daß die Ost-West-Kontakte fortbestehen und auch die westliche Präsenz in Berlin nicht in Frage stehen würden. Nur so könnten die Sowjets – zwar nur minimal – den von ihnen gewünschten Einfluß in Deutschland – über ihre Besatzungszone hinaus – behalten. Bevin war davon überzeugt, daß der Wille zur Einheit bei den Deutschen so stark sei, daß an eine dauerhafte Teilung Deutschlands nicht zu denken sei. In dem oben erwähnten Memorandum vom 5. Januar 1948 sagt er hierzu im Rückblick auf die fehlgeschlagenen Außenministerkonferenzen des Jahres 1947:

„We must realise that the failure to reach agreement at the Council of Foreign Ministers means that, whether we like it or not, the division between East and West in Germany, which itself is part and parcel of the same division throughout the world, will continue and is likelky to be sharper. I do not, however, consider that such division can or should be permanent. The German desire for unity will, I am sure, prove too strong for this. It is probably the strongest force in Germany to-day. [...] The problem for us to bring this unity about as soon as possible but in such a way as to ensure that the forces of attraction operate from the West upon the East and not vice versa as the Soviet Union intend with their aim of dominating the whole of Europe. [...] We must, however, see that the Germans throughout Germany as a whole, achieve their unity with the support of the Western Powers."

Berücksichtigt man diese Zusammenhänge, so wird klar, wie wenig aussichtsreich das von dänischer Seite nördlich wie südlich der deutsch-dänischen Grenze verfolgte Ziel einer Trennung Schleswigs und Holsteins und eines direkt dem Alliierten Kontrollrat (also nicht allein der britischen Kontrollkommission) untergeordneten Landes Südschleswig war.

Die Regierung Hedtoft in Kopenhagen war als Minderheitsregierung in einer innenpolitisch schwierigen Lage. Sie mußte einerseits die Südschleswig-Politik der Vorgänger-Regierung mit Knud Kristensen als Staatsminister fortsetzen, so wie sie in der Oktober-Note 1946 ihren Ausdruck gefunden hatte und wie sie durch den dänischen Wahlerfolg bei den Landtagswahlen am 20. April 1947 noch an Bedeutung gewonnen hatte. Deshalb konnte man gar nicht anders, als dem dänischen Gesandten in London Graf Reventlow den Auftrag zu geben, dem *Foreign Office* ein Memorandum namhafter dänisch-gesinnter Südschleswiger zukommen zu lassen. In diesem Memorandum war noch einmal die Forderung enthalten und begründet, daß Südschleswig als eigenes Land mit eigenem Landtag und eigener Landesregierung direkt der britischen CCG (BE) als Teil des Alliierten Kontrollrates unterstellt werden möge; nur so seien die dänische Sprache und Kultur in Südschleswig dauerhaft zu sichern.

Dieses Memorandum lag Anfang März 1948 in London vor und hätte die dort tagende Botschafterkonferenz beschäftigen können. Doch Unterstaatssekretär Sir William Strang, der die Konferenz leitete, hielt dies nicht für opportun und hatte dafür die Zustimmung der Vertreter der beiden anderen Besatzungsmächte. Man wollte keinen Präzedenzfall schaffen, so daß auch andere sich hätten zu Worte melden können, man wollte so wenig Aufmerksamkeit wie möglich auf die Londoner Konferenz lenken.

Das Problem der Länderordnung kam aber doch auf die Tagesordnung, weil zu abschließenden Empfehlungen der Londoner Konferenz am 7. Juni 1948 im Zusammenhang mit der in Aussicht genommenen westdeutschen Staatsgründung auch die Empfehlung zur Überprüfung der Ländergrenzen gehörte. Denn die Staatsgründung sollte auf föderativer Grundlage erfolgen, und dafür brauchte man die Länder als *Federal Units*, die mit dem Willen der Bevölkerung in Einklang standen, und zwar ungeachtet der Grenzen zwischen den westlichen Besatzungszonen. Diese Grenzen hatten im Südwesten Deutschlands u.a. badisches Land und württembergisches Land durchschnitten. Hier schien Handlungsbedarf gegeben. Aber auch im Norden Deutschlands?

Die Londoner Empfehlungen wurden als sog. Frankfurter Dokumente am 1. Juli 1948 den westdeutschen Länderchefs übergeben und bildeten in den folgenden Wochen die Grundlage für Verhandlungen der drei westlichen Militärgouverneure – General Lucius Clay, General Sir Brian Robertson und General Pierre Koenig – mit den westdeutschen Länderchefs und auch für die Verhandlungen der Länderchefs untereinander. Die Verhandlungen zogen sich hin. Man hatte sich auf alliierter Seite wohl doch nicht genügend auf die psychologische Seite des Problems eingestellt. Fragen stellten sich: Ging man nicht einen Weg der deutschen Teilung? Gefährdete man nicht die westliche Stellung in Berlin, die derzeitig aufgrund der Sperrung aller Zufahrtswege ab 24. Juni 1948 äußerst bedroht war? Die Luftbrücke und das monatelange Durchstehvermögen der Berliner haben damals Berlin gerettet. Dabei sei eingeflochten, was bisher kaum bekannt ist: Es war General Robertson, der als erster darauf drängte, zumindest den Versuch zu machen, die Stadt auf dem Luftwege zu versorgen. Daß aber auch die Sowjets die Sache nicht auf die äußerste Spitze treiben wollten, zeigte sich bei der Luftbrücke. Denn die Sowjets wirkten nach wie vor in den drei Luftkorridoren an der Flugkontrolle mit.

Was die deutsche Teilung anging, so machte man sich keine Illusion: Die Sowjetische Besatzungsmacht hatte längst mit der Sowjetisierung, das heißt mit der schrittweisen Angleichung des Gesellschafts- und Herrschaftssystems in ihrer Besatzungszone an das System der Sowjetunion begonnen, so wie ja auch in den übrigen ost-mitteleuropäischen Ländern der sowjetische Machtapparat die kommunistische Herrschaftsform durchgesetzt hatte.

Der Westen ging seinen eigenen Weg und zog damit die Konsequenz aus der sowjetischen Machtausdehnung. Ihr einen Riegel vorzuschieben, war das Ziel der amerikanischen Politik, das Präsident Harry Truman schon am 12. März 1947 – zwei Tage nach Beginn der Konferenz des Rates der Außenminister in Moskau – in einer bemerkenswerten Botschaft angekündigt hatte. Diese neue Politik, die als Truman-Doktrin des *Containment* umschrieben wird und an der George F. Kennan als außenpolitischer Berater einen wesentlichen Anteil hatte, gab den Völkern Europas neue Hoffnung, und sie war um so größer, weil etwas Wesentliches hinzukam: die sog. Marshall-Plan-Hilfe, so wie sie der amerikanische Außenminister George Marshall am 5. Juni 1947 in seiner berühmt gewordenen Rede an der Harvard Universität in Cambridge (Massachusetts) allen Ländern Europas anbot. Im Osten konnte die Hilfe zwar aufgrund des sowjetischen Druckes – wie zu erwarten gewesen war – nicht angenommen werden; im Westen aber führte der sog. Marshall-Plan zu der am 16. April 1948 in Paris von 17 Ländern unterzeichneten *Organization for European Economic Cooperation* (OEEC genannt), die für die Verteilung und Verwendung der amerikanischen Finanzhilfe Sorge zu tragen hatte. Zu diesen Ländern gehörte auch Westdeutschland, für das die Militärgouverneure der drei westlichen Besatzungszonen handelten. Dringend war hier die Währungsreform, um die inneren finanziellen Voraussetzungen für den Wiederaufbau zu schaffen; sie wurde am 20. Juni 1948 durchgeführt und hatte die böse politische „Nebenwirkung": sie löste die erwähnte Blockade Berlins aus.

Natürlich gehörte zum Wiederaufbau in Westdeutschland auch eine die Länder übergreifende staatliche Organisation, wie sie schon in der geschilderten Weise auf den Weg gebracht worden war. Man brauchte eine Verfassung, die sich in die demokratische und freiheitliche Werteordnung einfügte und zugleich einen Staatsaufbau schuf, der die im nachhinein ganz deutlich gewordenen Schwächen der verfassungsmäßigen Ordnung der Weimarer Republik – ihr Untergang lag damals erst fünfzehn Jahre zurück – vermied. Gleichwohl mußte an dem Grundsatz der deutschen Einheit auf der Grundlage des Selbstbestimmungsrechtes des ganzen deutschen Volkes festgehalten werden. Eine Regelung allein für Westdeutschland konnte nur eine vorläufige Regelung sein. Das war den westlichen Militärgouverneuren in den Verhandlungen, die die westdeutschen Länderchefs mit ihnen führten, klarzumachen, und dies ist auch geschehen. Am Nachmittag des 26. Juli 1948 fand in Frankfurt/Main die Schlußkonferenz der Militärgouverneure und der Länderchefs der westdeutschen Besatzungszonen unter dem Vorsitz des französischen Generals und Militärgouverneurs Pierre Koenig statt. Noch einmal ein intensives Ringen um für alle Seiten akzeptable Lösungen, und dann fiel abends gegen 18 Uhr aus dem Munde von General Koenig das erlösende Wort: *En avant!* Der Weg zur Gründung der Bundesrepublik Deutschland war frei! Bezog dieser anstehende Gründungsprozeß neue Ländergrenzen, ja gar eine neue Länderstruktur mit ein? Ministerpräsident Hermann Lüdemann setzte darauf seine ganze Hoffnung und hielt einen Plan bereit, der das Land >Unterelbe< in einer neuen Länderordnung für ganz Westdeutschland vorsah. Darauf ist gleich zurückzukommen.

Zunächst wenden wir uns wieder der dänischen Politik zu, die ja auch ihre Wünsche und Ziele hatte, und dazu gehörte das Anliegen, Schleswig von Holstein zu trennen. Im

Sommer 1948 hatte der britische Gouverneur in Schleswig-Holstein, William Asbury, auf der Grundlage der eingereichten Satzung über die Zulassung des Südschleswigschen Wählerverbandes (SSW) als Partei zu befinden. Eine solche Partei getrennt neben dem Südschleswigschen Verein (SSV), der die kulturelle Vereinigung der dänisch-gesinnten Bevölkerung darstellte, entsprach durchaus der britischen Erwartung. Die Briten hatten es abgelehnt, dem SSV ein politisches Mandat zuzusprechen, und wenn man denn doch an Wahlen wie etwa am 20. April 1947 hatte teilnehmen können, dann aufgrund einer Ausnahmeregelung. Die Zugehörigkeit zum SSV war das äußere Zeichen dafür, daß man der dänischen Volksgruppe angehörte; etwa anderes war es, einer politischen Partei, die ihre parteipolitischen Ziele hatte, anzugehören. Die dem Gouverneur vorliegende Satzung des SSW enthielt gleich im ersten Artikel die Forderung, Südschleswig solle – von Holstein getrennt – ein eigenes Land werden.

Die Satzung wurde mit Wirkung vom 1. August 1948 genehmigt. Das bedeutete natürlich nicht eine Zustimmung zu den Zielsetzungen dieser Partei, auch nicht zur sog. Verwaltungstrennung gemäß Artikel 1 der Satzung. Auch die Regierung des Staatsministers Hedtoft in Kopenhagen sah die Dinge realistisch. Bei aller Sympathie und Zustimmung für das, was der SSW als Zielsetzung in sein Programm geschrieben hatte, wußte man doch, daß das, was zu Grenzänderungen führen sollte – auch innerhalb des Landes Schleswig-Holstein – kaum oder gar keine Chancen hatte, Wirklichkeit zu werden. Die Regierung Hedtoft hatte durchaus die Tragweite der anstehenden westdeutschen Staatsgründung erkannt, und dies auch im Hinblick auf eine sich allmählich entwickelnde europäische Union, die Westdeutschland einbeziehen würde. Das Problem, das die Regierung Hedtoft zu lösen hatte, war innerdänischer Natur. Die Minderheitsregierung sah sich einer Parteienfront gegenüber, in der Konservative und Venstre-Politiker an illusionär gewordenen Zielen festhielten und das Nicht-Erreichen der Ziele der Regierung Hedtoft anlasteten.

In dieser Situation tat der parteilose Außenminister Gustav Rasmussen, der schon in der vorausgegangenen Regierung des Staatsministers Knud Kristensen Außenminister gewesen war, einen ungewöhnlichen Schritt. Er bat den britischen Botschafter in Kopenhagen Sir Alec Randall am 22. Juni 1948 darum, mit einer Parlamentarier-Delegation nach London reisen zu dürfen, um dort die dänische Sache dem *Foreign Office* zu unterbreiten. Das kam einer Selbsteinladung gleich, die Randall als ein „ungewöhnliches Verfahren" ansah und so auch gegenüber seiner Regierung in London darstellte. Dort war man sich über den Sinn der erbetenen Gespräche nicht im klaren. Die beidseitigen Positionen waren bekannt; nach britischer Auffassung gab es nichts zu verhandeln.

Doch dann ergab sich aus weiteren Gesprächen, die Sir Alec Randall in Kopenhagen führte, sehr bald die Erkenntnis, daß der erbetene Besuch in London eine weitgehend innenpolitische Bedeutung für Dänemark hatte. Ein nicht namentlich genannter Vertreter der sozialdemokratischen Regierungspartei machte Randall klar, was dieser dann sofort – das war der 8. Juli 1948 – seinem Außenminister Ernest Bevin mitteilte: 1946 habe die dänische Regierung mit ihrer Oktober-Note Flagge gezeigt; nur mit britischer Hilfe könne die Flagge wieder eingeholt werden. Die Briten sollten also die Absage an die dänischen Wünsche – vor allem im Hinblick auf die Verwaltungstrennung und Flüchtlings-Umsiedlung – in ihre Verantwortung nehmen, um so der dänischen Regierung den Vorwurf des Versagens seitens der Oppositionsparteien zu ersparen. Und dies hätte für den Staatsminister Hans Hedtoft und seine Minderheitsregierung gefährlich werden können.

Dem dänischen Anliegen konnte die britische Regierung nicht bedenkenlos Rechnung tragen. Denn sie geriet ja in Gefahr, in die inner-dänischen Angelegenheiten hineingezogen zu werden. Dies gab auch Randall in seinem Brief vom 8. Juli 1948 an Außenminister Ernest Bevin zu bedenken, um dann doch zur Annahme des dänischen Wunsches zu raten: Es läge doch im britischen Interesse, der in ihrer Politik relativ gemäßigt auftretenden Regierung Hedtoft den erbetenen Beistand zu geben. Im gleichen Sinne argumentierte der Leiter der politischen Deutschlandabteilung der *German Section* im *Foreign Office*, Mr. P. Dean. Schon am 29. Juni 1946 hatte er Sir Alec Randall seinen Standpunkt mit folgenden Worten wissen lassen:

„Although the proposal to send a Four Party Delegation is unusual I am anxious to help the Danish Government and you may therefore tell Mr. Rasmussen that if he is pressed on the subject in Parliament, there is no objection in principle to the visit."

Das *Foreign Office* spielte auf Zeit und signalisierte grünes Licht für den Besuch, wenn der Außenminister im dänischen Parlament bedrängt werde. Die prinzipielle Zustimmung zu dem Besuch ließ praktische Einzelheiten offen, die weiterer Klärung bedurften. Das betraf den Zeitpunkt des Besuches. Er sollte möglichst hinausgezögert werden. Dabei arbeitete die Zeit keineswegs für die Dänen. Am 26. Juli 1948 wurde die Einladung, eine Parlamentarier-Gruppe sei in London für einen Gedankenaustausch willkommen, offiziell ausgesprochen; der Termin wurde aber noch offen gelassen. Erst Ende September 1948 wurde die Konferenz für die Tage vom 18.-23. Oktober 1948 mit dem Londoner *Foreign Office* als Tagungsort festgelegt.

Zu diesem Zeitpunkt war die Arbeit des Parlamentarischen Rates, der in Bonn das Grundgesetz für die kommende Bundesrepublik Deutschland beriet, schon ein ganzes Stück vorangebracht. Konrad Adenauer war als Präsident des Parlamentarischen Rates aus dem politischen Windschatten herausgetreten, Carlo Schmidt war Vorsitzender des Hauptausschusses des Parlamentarischen Rates und sah sich in dieser Stellung als Politiker und Staats- und Verfassungsrechtler in einer besonderen Verantwortung, der er souverän gerecht wurde. Das war aber von Deutschland aus gesehen nicht der einzige politische Hintergrund zu der Londoner Parlamentarierkonferenz. Hinzu kam die Entschließung, die die Länderchefs der westdeutschen Länder am 1. Oktober 1948 hinsichtlich des Dokumentes II der Frankfurter Dokumente faßten; darin ging es um die Überprüfung der Ländergrenzen, für die bis zum 15. Oktober 1948 die Vorschläge der

Länderchefs erbeten wurden. Es ist zu vermuten, daß die Londoner Konferenz bewußt auf einen Zeitpunkt nach diesem Datum anberaumt wurde.

Was allgemein zum Frankfurter Dokument II seitens der Ministerpräsidenten zu sagen war, ist weiter unten auszuführen. Hier nehmen wir nur die Entschließung zur dänischen Forderung nach einem Land >Südschleswig< vorweg. Sie hat folgenden Wortlaut:

„Die Schaffung eines besonderen Landes Süd-Schleswig soll unterbleiben. Die Bildung eines so kleinen und nicht lebensfähigen Landes würde einer gesunden föderalen Gliederung Deutschlands nach ihrer Auffassung nur abträglich sein und zudem in Widerspruch zu den Richtlinien des Dokumentes II stehen".

Die Konferenz begann – endlich, müßte man aus dänischer Sicht hinzufügen – am Montag, dem 18. Oktober 1848, im *Foreign Office* in London. Die dänische Delegation umfaßte außer Außenminister Gustav Rasmussen als Leiter der Delegation die Abgeordneten des Folketings Thorkil Kristensen (Venstre). Jørgen Jørgensen (Radikal), Ole Bjørn Kraft (Konservativ) und Alsing Andersen (Socialdemokratiet). Die britische Delegation leitete der Unterstaatsekretär im *Foreign Office* Lord Henderson; ihr gehörten u.a. an: Unterstaatsekretär Sir Ivone Kirkpatrick und Mr. Gilchrist als stellv. Leiter der politischen Deutschland-Abteilung in der *German Section* des *Foreign Office*. Außenminister Gustav Rasmussen sprach in seinem einleitenden Grundsatzreferat sofort von der Bedeutung, die die Trennung von Schleswig und Holstein im Interesse der ganzen schleswigschen Bevölkerung, also nicht nur der dänisch-gesinnten Menschen, hätte. Drei Tage später war dies das zentrale Thema der Konferenz, und dann wurde doch in den Worten von Ole Bjørn Kraft die Notwendigkeit, ein eigenes Land Südschleswig zu schaffen, damit begründet, daß nur so die dänische Sprache und Kultur in diesem Raum wirklich zu schützen seien. Daß natürlich die dort lebenden Flüchtlinge schnellstmöglich umzusiedeln seien, verstand sich dann fast von selbst, ging doch – so die weitere Argumentation – von den Flüchtlingen eine Gefahr der „Überfremdung" der schleswigschen Bevölkerung, ja sogar des „Bevölkerungsdruckes" auf die bestehende deutsch-dänische Grenze aus, so daß man sogar um die Sicherheit des dänischen Staates besorgt sein müsse.

Lord Henderson war verblüfft, daß man in einer Zeit der sowjetischen Bedrohung mit einem solchen „Argument" aufwartete; er reagierte entsprechend und riet der dänischen Delegation, das tatsächliche Sicherheitsproblem auch in der Zusammenarbeit mit dem sich bildenden westdeutschen Staat zu lösen. Die Konferenz endete mit der weitgehenden Absage an alle dänischen Wünsche, so wie Außenminister Gustav Rasmussen dies im Grunde genommen erwartet hatte. Der dänischen Delegation wurde aber auch zugesichert, daß das Dänentum in Südschleswig auch nach britischer Auffassung eines noch besseren Schutzes bedürfe, als er etwa in der Organisation und in den vielen Einrichtungen der dänischen Volksgruppe gegeben sei. Es gab ja in der Tat ein erheblich ausgebautes Schulwesen, es gab eine Vielzahl an Kindergärten, sportliche Einrichtungen und ein kirchliches Gemeindeleben, letzteres nicht ohne Reibungen mit der schleswig-holsteinischen Landeskirche. Das Hauptproblem für die dänisch-gesinnte Bevölkerung war ihre Anerkennung von den vielen, die von der Beherrschung der dänischen Sprache die Berechtigung, Däne zu sein, abhängig machten. Auch in dieser Hinsicht hatte die dänische Delegation Wünsche und fand dafür durchaus Verständnis.

Aber wie sollte das nun im Grenzland anders werden, ohne Grenzverschiebung, ohne die Trennung von Schleswig und Holstein? Es bestand Handlungsbedarf, um einen Weg der Befriedung zu finden. Wer sollte den Weg finden? Lord Henderson, der sich für diese Konferenz bemerkenswert viel Zeit gelassen hatte, zeigte am letzten Konferenztag den Weg auf, der auf Außenminister Gustav Rasmussen und die dänischen Parlamentarier ernüchternd wirkte und ein Stück Verantwortung in ihre Hand legte, von der sie auch nicht wußten, ob sie die damit verbundene Erwartung erfüllen könnten. Die dänische Regierung und die Vertreter des dänischen *Folketing* sollten auf die Führung des Südschleswigschen Vereins (nicht des SSW!) dahingehend einwirken, daß sie an die schleswig-holsteinische Landesregierung herantrete, damit in beidseitigen Verhandlungen Modalitäten für einen umfassenden Schutz der dänischen Sprache und Kultur gefunden werden könnten, und dies auf der Grundlage des freien Bekenntnisses zur dänischen Nationalität. Zugleich verpflichtete sich Lord Henderson, über die britische Kontrollkommission in Berlin auf die schleswig-holsteinische Landesregierung einzuwirken, damit sie die Bereitschaft bekunden würde, dem Ersuchen des SSV um Aufnahme von Verhandlungen stattzugeben. Auch deutete Lord Henderson die Bereitschaft an, solche Verhandlungen unter britischem Vorsitz stattfinden zu lassen.

Verhandlungsgegenstand sollte nicht die Grenzfrage sein, auch nicht die Flüchtlingslast, die der im Kriege unzerstört gebliebene Landesteil Schleswig mit zu tragen hatte. Es sollte darum gehen, eine dauerhafte Lösung für die Sicherung der dänischen Sprache und Kultur und für das friedliche Zusammenleben der dänisch-gesinnten Menschen mit der übrigen Bevölkerung zu finden. Das setzte eine verständigungsbereite Haltung auf beiden Seiten voraus. Soweit es dabei um die Repräsentanten der dänisch-gesinnten Bevölkerung ging, hegte man britischerseits eine klare Erwartung, die im vertraulichen Abschlußprotokoll wie folgt festgehalten ist:

„Lord Henderson expressed the earnest hope that the Danish Government would exercise a moderating influence on the Danish minded population's representatives."

Die dänische Delegation flog nach der Konferenz in gedrückter Stimmung nach Kopenhagen zurück. Vom Flugzeug aus sah man die Lichter der Stadt Flensburg, wo – wie im ganzen Lande Schleswig-Holstein – am 24. Oktober 1948 Gemeinde- und Kreistagswahlen stattfanden. Ahnte man unter den schleswigschen Menschen, was man aus London „im Gepäck" heimbrachte? Natürlich nicht, und das beschwerte Gustav Rasmussen und die vier Parlamentarier noch mehr. Der große Erfolg des SSV bei der Landtagswahl im April des Vorjahres sollte sich zwar nicht wiederholen. Nun im Oktober

1948 kandidierten erstmals der SSW und in Flensburg auch die stadteigene >Sozialde-mokratische Partei Flensburg< (SPF), die sich nach ihrem Ausschluß aus der SPD in der bekannten Aktion Kurt Schumachers in Husum im Juli 1946 gebildet hatte. Neben der SPF gab es auch den neugebildeten Ortsverein Flensburg der SPD. Die politische Land-schaft hatte sich also verändert, und Landtagswahlen und Kommunalwahlen sind auch nur bedingt vergleichbar. Immerhin waren es in Flensburg 31,0 % der Wähler und Wählerinnen, die sich für den SSW und 18,0 %, die sich für die SPF entschieden hatten. Damit kam man zusammen auf 21 von 40 Mandaten in der Ratsversammlung; das Flens-burger Rathaus war noch in dänischer Hand. Im ganzen Landesteil Schleswig kam der SSW auf 80 454 Stimmen, und wenn man die 11 177 Stimmen für die SPF hinzuzählt, ist der Abstand zu den 99 500 dänischen Stimmen bei der Landtagswahl im April 1947 gar nicht so groß.

Es lohnte sich also aus dänischer Sicht nach wie vor, sich für die dänische Sache in Südschleswig einzusetzen; aber die Weichen waren auf der Londoner Konferenz doch so gestellt, daß es nach der Abtretung Nordschleswigs 1920 an Dänemark eine weitere *Genforening* auch nur mit Teilen Mittel- und Südschleswigs nicht geben würde. Daß sich das in der Folgezeit – in Verbindung mit dem politischen und wirtschaftlichen Wiederaufstieg Westdeutschlands – dämpfend auf die dänische Sache südlich der deutsch-dänischen Grenze auswirken mußte, lag auf der Hand, und das war der aus London nach Kopenhagen zurückkehrenden Delegation wohl damals schon klar.

Man ließ sich Zeit damit, die Vertreter der dänischen Volksgruppe in Kopenhagen zu empfangen. In London wurde man schon ungeduldig, Sir Alec Randall hatte nichts zu berichten. Erst in der Woche vor Weihnachten wurde in Kopenhagen konferiert. Irri-tiert und enttäuscht kehrte man zurück, nachdem man zu dem, was man schon wußte, Hintergrundsinformationen erhalten hatte und den Auftrag mit nach Hause nahm, an die schleswig-holsteinische Landesregierung zwecks Aufnahme von Verhandlungen her-anzutreten.

Nur ganz kurz: Die Verhandlungen wurden aufgenommen; auch die Landesregierung mußte verhandlungsbereit sein. Der Regional Commissioner William Asbury führte den Vorsitz, ließ sich auch vertreten; aber die Briten waren präsent und ließen auch Oberst Lunding als Beobachter der dänischen Regierung an den Verhandlungen teilhaben. Sie kamen relativ zügig voran und waren abgeschlossen, bald nachdem die Bundesrepu-blik Deutschland mit der Verkündigung und Inkraftsetzung des Grundgesetzes am 23. Mai 1949 ins Leben getreten war. Wenn es dann doch noch zeitliche Verzögerungen gab, dann wegen des beginnenden Wahlkampfes für die ersten Bundestagswahlen, die am 14. August 1949 stattfanden, und wegen der Regierungskrise in Kiel, die zum Wech-sel von Ministerpräsident Hermann Lüdemann zu dem erstmals von einem Landtag gewählten Ministerpräsidenten, nämlich Bruno Diekmann (SPD), am 29. August 1949 führte. Diekmann mußte sich bald nach seiner Wahl in Frankfurt von General Sir Brian Robertson fragen lassen, warum es immer noch keine Verkündigung der ausgehandelten Vereinbarung zwischen der Landesregierung und den Repräsentanten der dänischen Volksgruppe gäbe.

Dies hing dann auch mit der Form zusammen, die die Vereinbarung erhalten sollte; sie sollte eine Erklärung der schleswig-holsteinischen Landesregierung sein, der der Landtag seine ausdrückliche Zustimmung zu geben hätte. Letzteres machte aber nur Sinn, wenn eine breite Mehrheit über die Regierungsfraktion hinaus erreicht würde, und um diese breite Mehrheit zu erreichen, wurde der Erklärung eine Präambel vorgeschaltet, in der der „bestimmten Erwartung" Ausdruck verliehen wird, „daß die dänische Regierung der deutschen Minderheit in Dänemark dieselben Rechte und Freiheiten einräumen und garantieren wird", wie diese dann in der eigentlichen Erklärung niedergelegt sind. Und dazu gehört vor allem das Bekenntnis-Prinzip: *„Das Bekenntnis zum dänischen Volkstum und zur dänischen Kultur ist frei. Es darf von Amts wegen nicht bestritten oder nachgeprüft werden."*

Wir haben es also mit der >Kieler Erklärung< vom 26. September 1949 zu tun, ein Datum, das genau fünf Tage nach dem Abschluß der Konstituierung der Bundesorgane in Bonn liegt mit Theodor Heuß als Bundespräsidenten und Konrad Adenauer als Bundeskanzler. Am 21. September 1949 war auch das Besatzungsstatut in Kraft getreten, das die Besatzungsrechte klar definierte und so auch begrenzte. Die Hoheitsrechte lagen aber bei den westlichen Besatzungsmächten, den drei Hohen Kommissaren, denen die *Regional Commissioners* nunmehr als *Land Commissioners* zugeordnet waren; so lautete nun auch William Asburys neuer Amtstitel.

Wir haben es mit der >Kieler Erklärung< zu tun, die ohne britisches Drängen und ohne britische Hilfeleistung, wie sie auf der Londoner Konferenz im Oktober 1948 in Erscheinung getreten war, nicht zu erklären ist. Das schmälert nicht das Verdienst auf deutscher wie auch auf dänischer Seite. Und wenn am Ende zwei CDU-Abgeordnete im Landtag, nämlich Peter Jensen und Friedrich-Wilhelm Lübke, mit ihrer Stimmenthaltung sich von der Kieler Erklärung distanziert haben, ist das Ausdruck eines demokratischen und somit überzeugenden Entscheidungsprozesses. Es war von der Erwartung die Rede, die deutsche Minderheit möge dieselben Rechte und Freiheiten bekommen. Das Kopenhagener Notat des dänischen Staatsministers Hans Hedtoft vom Oktober 1949 wies ganz deutlich in diese Richtung. Nur muß man Jahre vorausschauen auf den März 1955, um festzustellen: Die rechtliche Gleichbehandlung beider Minderheiten in ihren jeweiligen Ländern ist erst mit den Bonn-Kopenhagener Erklärungen erreicht worden; ihre geschichtliche und nicht wegzudenkende Vorstufe ist aber die >Kieler Erklärung< vom 26. September 1949.

Doch nun wieder zurück in das Jahr 1948! In diesem Jahr sollte es ja nicht nur nach dänischem Wunsche, der sich als illusionär erwiesen hat, ein >Land Südschleswig< geben; es gab auch den Wunsch, der in eine ganz andere Richtung wies und auf seine Weise das bestehende Land Schleswig-Holstein in Frage stellte, das >Land Unterelbe< zu schaffen. Beide Pläne paßten übrigens in dänischer Sicht gut zusammen, und so bekam Hermann Lüdemann als der gedankliche „Vater" des >Landes Unterelbe< den Beifall von der Seite, von der er ihn nicht erwartet, geschweige denn gewünscht hatte. Aber es ist doch logisch: Ein >Land Südschleswig< zu schaffen, führt doch auch zur Frage: Was wird dann aus Holstein? Hier gab es ganz gewiß keine Anhänger eines holsteinischen Kleinstaates. Nein, ein >Land Südschleswig< war doch viel einfacher aus einem Nordstaat herauszulösen, und je größer dieser war, desto besser. Mochte dann in moderner staatlicher Form das alte sächsische Stammesgebiet mit der Eider als Nordgrenze wieder erscheinen!

Der Plan eines Landes >Unterelbe< gab der dänischen Seite auch Argumente gegen die Wiederzulassung der blau-weiß-roten Fahne als eines schleswig-holsteinischen Staatssymbols in die Hand. Im Juli 1948 wurde diese Zulassung von der Militärregierung ausgesprochen, und sofort meldete der dänische Gesandte Graf Reventlow in einem Memorandum für die britische Regierung Protest an. Für dänische Empfindungen sei, so Reventlow, diese Flagge der Revolte von 1848 nicht zumutbar; aber für das angestrebte größere norddeutsche Ländergebilde sei die Flagge ja auch nicht opportun – warum sie also erst zulassen? Graf Reventlow zog also in seinem Memorandum die Schlußfolgerung:

„This seems for the Danish Government to constitute a conclusive reason for not authorising the Slesvig-Holstein flag at the present moment. [...] If such an alteration were effected the Slesvig-Holstein colours would hardly be the right flag for the new ‚Land'".

Die britische Regierung ging auf diese Argumente nicht ein. In der Fahne von 1848 *an old flag of revolt* zu sehen, hieße Politik der Gegenwart aus einer Vergangenheit heraus zu betreiben, die man doch längst hinter sich gelassen habe. Dann könnten die Franzosen ja auch verlangen, daß man den >Trafalgar Square< und die >Waterloo Station< in London umbenenne. Auch hielten die Briten nichts von Hermann Lüdemanns >Unterelbe<-Plan. Sie wußten zu diesem Zeitpunkt im August 1948 auch, daß der Plan – in Verbindung mit einem neuen westdeutschen Länderzuschnitt – höchstwahrscheinlich nie realisiert werden würde, weil die anderen Länder in dieser Sache nicht mitspielten. Und das sei gut so, wußte der Leiter der *Political Division* in der CCG(BE) in Berlin Christopher Steel vertraulich zu berichten:

„So sweeping a change would directly counter to our policy of discouraging major operations at this stage and has no chance of acceptance by the Germans."

Der Bericht wurde in der Deutschland-Abteilung des britischen Außenministeriums zustimmend aufgenommen.

Nun hatte Hermann Lüdemann aus seiner Sicht als Ministerpräsident des Landes Schleswig-Holstein mit den höchsten Soziallasten durchaus Gründe, über eine neue Länderordnung nachzudenken. Er hatte auch Gründe, für die von ihm als notwendig erkannte Länder-Neuordnung zu diesem Zeitpunkt einzutreten. Er hatte sich am 21. Juli 1948 im

Gespräch mit alliierten Verbindungsoffizieren sagen lassen, daß es für ein föderatives System nicht gut sei, „Grenzen nach Erlaß einer Verfassung zu ändern"; „fest organisierte Länder sind die Voraussetzungen für ein föderatives System". So führte Edward Litchfield, Direktor der *Civil Administration Division* der amerikanischen Militärregierung im Gespräch mit Hermann Lüdemann aus. Die Einigung zwischen den Militärgouverneuren und den Länderchefs über die westdeutsche Staatsgründung am 26. Juli 1948 war Ausgangspunkt zweitägiger intensiver Beratungen der Planungsgruppe des Ausschusses zur Überprüfung der Ländergrenzen im Jagdschloß Niederwald bei Rüdesheim am 3. und 4. August 1946. Hermann Lüdemann hatte aus Schleswig-Holstein auch die Landesdirektoren Dr. Franz Suchan und Joseph Paul Franken sowie den Landrat und Vorsitzenden des schleswig-holsteinischen Landkreistages Prof. Dr. Wilhelm Gülich zur Teilnahme an den Gesprächen kommen lassen. Johannes Volker Wagner hat in einem Band zur Vorgeschichte des Parlamentarischen Rates die Protokolle der Beratungen hervorragend ediert. Aus dem Landesplanungsamt Kiel wurden Modellentwürfe mitgebracht, die sich zum Teil an Überlegungen zur Länderneuordnung in der Weimarer Zeit anlehnten und nun den vermeintlichen Erfordernissen der neuen Zeit angepaßt waren. Statt vieler Worte schaue man sich den Plan Lüdemann an (die „Siebener"-Lösung, also sieben statt elf Länder in Westdeutschland).

Dieser Plan hätte – wäre er verwirklicht worden – die gesamte westdeutsche Länderordnung grundlegend verändert. Für die Teilnehmer an dieser und dann auch der folgenden Sitzung des Ausschusses zur Überprüfung der Ländergrenzen am 27. August 1948 hielt Hermann Lüdemann die von ihm verfaßte Denkschrift >Die Not eines Landes< – gemeint ist natürlich Schleswig-Holstein – bereit. In dieser Denkschrift traf Hermann Lüdemnann die überraschende Feststellung:

„Die gegenwärtigen deutschen Länder sind hauptsächlich durch willkürliche Verfügung der Besatzungsmächte entstanden. Durch diese Arbeit soll nachgewiesen werden, daß an Stelle der im blinden Würfelspiel des Zufalls entstandenen Ländergrenzen wirtschaftlich wie finanziell ausgewogene Gebiete gesetzt werden."

Wie verträgt sich solche Aussage mit der Arbeit des Zonenbeirats und mit der von ihm empfohlenen und von der britischen Besatzungsmacht entsprechend angeordneten Länderordnung in der britischen Zone? Ja, die Briten wurden besonders als diejenigen angesprochen, die willkürlich gehandelt hätten! Als Lord Henderson am 15. September 1948 zur Vorbereitung der Londoner Konferenz mit Außenminister Gustav Rasmussen und den dänischen Parlamentariern auch nach Kiel kam, nahm Lüdemann die Gelegenheit wahr, dem hohen britischen Gast folgendes vorzuhalten:

„Die willkürliche Errichtung der Länder sei durch die britische Militärregierung angeordnet worden, die daher auch für eine bessere Lösung sorgen müsse."

Diese Worte sind belegt im Protokoll der Kabinettssitzung vom 17. September 1948. Zu diesem Zeitpunkt war der Lüdemann-Plan am Nein der Mehrheit seiner Länderchefs-Kollegen bereits gescheitert, und deshalb vielleicht der Appell an Lord Henderson, „für eine bessere Lösung zu sorgen". Die Autorität der Militärregierung war nach Lüdemanns Auffassung gefordert, weil die Deutschen eine Lösung nicht zustande brächten; man scheitere am Egoismus der „großen, wohlhabenden Länder". Das Wort „wohlhabend", das wirklich nicht in die Zeit paßte, zeigt die emotional geprägte Stimmung derer, die den bestehenden Zustand ändern wollten, aber es nicht konnten. Wenn aber die Alliierten die Länderfrage im Hinblick auf die Gründung des westdeutschen Bundesstaates zu einer Entscheidung des >Hic et nunc< machten, dann sollten sie auch entsprechend ihre Autorität einsetzen! So Lüdemann.

Nun zeigt gerade der Blick in die Kabinettsprotokolle, daß Hermann Lüdemann auf Widerspruch auch in den eigenen Reihen stieß. Es waren ausgerechnet der Finanzminister und der Wirtschaftsminister, die Lüdemann widersprachen. Richard Schenck erkannte sehr wohl, daß ein Land >Unterelbe< der dänischen Südschleswig-Politik zum Vorteil gereichte, und genau das wollte er, der deutschgesinnte gebürtige Flensburger Lehrersohn, nicht. Bruno Diekmann, der gebürtige Kieler Arbeitersohn, wollte auf keinen Fall, daß die schleswig-holsteinische Wirtschaft in den Sog Hamburgs geriet, so mit zum Aufbau des dortigen Hafens beitrüge, aber auf Kosten der anderenfalls Schleswig-Holstein zugute kommenden Wirtschaftskraft.

Hermann Lüdemann scheiterte mit seinen Plänen vor allem an dem unbedingten Willen der Hansestadt Hamburg und des ja erst neugegründeten Landes Niedersachsen, an ihrer Eigenstaatlichkeit festzuhalten. Wäre man Lüdemanns Weg zur Länder-Neuordnung gegangen, hätten die davon betroffenen Menschen in einer Volksabstimmung zustimmen müssen. So war das Procedere in dem Frankfurter Dokument Nr. II im Falle der Änderungen von Länderhoheiten festgelegt. Hamburgs Erster Bürgermeister Max Brauer, einst in der Weimarer Zeit von 1924-1933 Oberbürgermeister in der damals noch holsteinischen Stadt Altona, glaubte sagen zu können, wie die Hamburger einen „Ehevertrag" zwischen Hamburg und Schleswig-Holstein beurteilen würden, nämlich „daß Hamburg bis zum letzten Bürger zu einer neuen Ehe Nein sagen wird". Max Brauer fügte hinzu – und zwar am 31. August 1948 auf der Schlußkonferenz der westdeutschen Länderchefs vor dem Zusammentritt des Parlamentarischen Rates am folgenden Tag: *„Deshalb ist jede weitere Erörterung dieser Frage für uns gegenstandslos. Wir werden uns daran auch gar nicht mehr beteiligen."*

Auf derselben Konferenz stellte Wilhelm Kaisen, Präsident des Senats der Hansestadt Bremen, Lüdemanns Argument von der Lebensunfähigkeit Schleswig-Holsteins in der kommenden Bundesordnung in Frage. Denn gerade im Hinblick auf die Lebensfähigkeit der Länder täte man ja den schweren Schritt, eine westdeutsche Staatsgründung vorzunehmen. Aufgaben, die die Länder aus eigener Kraft nicht lösen könnten, müßten nach dem Subsidiaritätsprinzip der höheren Ebene, eben dem Bund, zugewiesen werden können. Wilhelm Kaisen führte in seiner drastischen Sprache aus:
„Das ist eine völlig verkehrte Stellungnahme, wenn man von der augenblicklichen Nachkriegssituation besonders nach der Währungsreform ausgehend, die Haus-

halte der betreffenden Länder nach dem Rechenstift ansetzt und sich überlegt, wie kann man jetzt durch Zusammenlegung der Länder ein in sich tragendes Gebilde schaffen, das finanziell stark genug ist, um die besondere Belastung, die dieser oder jener Teil zu tragen hat, mittragen zu helfen. Das, meine Herren, ist eine Aufgabe, die dem Finanzausgleich und dem Lastenausgleich zugewiesen wird. [...] Ja, wenn wir so reich wären, um Gebilde schaffen zu können, die nur durch Zusammenlegung von Ländern und Aufteilung von Ländern finanziell stark und autark wären, dann wären wir ja herrlich weit. Soweit sind wir leider nicht, sondern wir werden alle zusammen Mühe und Not haben, die größten sozialen Nöte tragen zu helfen, die unsere Bevölkerung auf sich nehmen muß. Das kann nicht auf diesem Wege durch Ländergrenzen usw. durchgeführt werden."

Ministerpräsident Hinrich Kopf verwies darauf, daß – anders als im württembergisch-badischen Raum, wo Zonengrenzen die historisch geformten Länder durchschnitten hätten –, „der niedersächsische Raum konstituiert" worden sei, eben durch die Schaffung des Landes Niedersachsen. Und wenn nun aus diesem Lande die Landkreise entlang der Elbe von Land Hadeln bis Dannenberg herausgelöst werden sollten, mit einer mehr oder weniger künstlichen Grenze nach Süden hin, dann kämen in das neue Land >Unterelbe< die ärmsten Gebiete Niedersachsens; spöttelnd soll Hinrich Kopf hinzugefügt haben, zwei Arme, die sich zusammentun, werden dadurch auch nicht reicher, aber sie können sich ja gegenseitig trösten...

Wie dem auch sei: Man wollte – auch im Hinblick auf die am folgenden Tage beginnende Arbeit des Parlamentarischen Rates – zu einem Abschluß kommen. Max Brauer stellte den Antrag, die Arbeit des Ausschusses zur Überprüfung der Ländergrenzen für beendet zu erklären und aufzulösen. Diesem Antrag wurde in einer knappen Mehrheitsentscheidung von 6:5, nämlich gegen das Votum von Hessen, Niedersachsen, Schleswig-Holstein, (Süd-)Baden und Württemberg-Baden, stattgegeben. Auch die mit Nein gestimmt hatten, waren keineswegs alle Befürworter des Lüdemanns-Plans, wie das Votum von Hinrich Kopf (Niedersachsen) zeigt; aber man verwies darauf, daß es im deutschen Südwestraum einen Handlungsbedarf gab, der dann vom Parlamentarischen Rat anerkannt und im Artikel 118 des Grundgesetzes eine gesonderte Regelung erfahren hat. Sie hat 1952 zur Gründung des Landes Baden-Württemberg geführt.

Ministerpräsident Hermann Lüdemann verließ an diesem 31. August 1948 die Konferenz im Jagdschloß Niederwald in aufgebrachter Stimmung. Doch am 1. September war er in seiner gewohnt freundlich-jovialen Stimmung bei der Eröffnung des Parlamentarischen Rates im Museum König in Bonn wieder dabei, fest entschlossen, für seine Sache weiterzukämpfen.

So geschah es, und Lüdemann hatte in Kiel seine Mitstreiter, vor allem seinen Innenminister Wilhelm Käber und Kiels Oberbürgermeister Gayk, Vorsitzender der SPD-Fraktion im Landtag. Andreas Gayk stand dem angeblich „oktroyierten Föderalismus" und mit der – wie er es sah – „veralteten Kleinstaaterei" ablehnend gegenüber und plädierte für „großräumige Verwaltungseinheiten". So die Länder zu definieren, verträgt sich nicht mit einem bundesstaatlichen Denken. Hiervon ging Hermann Lüdemann sehr wohl aus. Aber er wollte die „großräumige" Länderordnung. In Absprache mit seinem Kabinett schrieb er am 18. September an den hessischen Ministerpräsidenten Christian Stock, den Vorsitzenden der Konferenz der Ministerpräsidenten, und äußerte die dringende Bitte, es möge auf einer sofort einzuberufenden Konferenz der Ministerpräsidenten der Ausschuß zur Überprüfung für die Ländergrenzen wieder eingesetzt werden. Die von den westlichen Militärgouverneuren gewährte Frist, die Vorschläge zur Änderung der Ländergrenzen bis zum 15. Oktober 1948 zu unterbreiten, müsse unbedingt genutzt werden.

Dieser Brief enthielt zwei Kernaussagen, die bestätigen, was wir schon wissen:
(1) *„Ein echter bundesstaatlicher Aufbau setzt das Vorhandensein leistungsfähiger, in sich ausgewogener, annähernd gleichgroßer Länder voraus."*
(2) *„Für Schleswig-Holstein ist die Länderreform eine Lebensfrage.[...] In seiner jetzigen geographischen Lage mit seiner Überbevölkerung und seinen begrenzten wirtschaftlichen und finanziellen Entwicklungsmöglichkeiten ist es zur dauernden Armut und zu wirtschaftlichem Untergang verurteilt."*

Mit diesem Brief wurde nichts bewegt. Die Argumente des Für und Wider waren ausgetauscht. Lüdemann rechnete wohl auch nicht mit einer positiven Antwort und suchte deshalb neue „Verbündete". Er ergriff auf der Kabinettssitzung am 17. September 1948 die Initiative zu einer außerordentlichen Sitzung des Landtages. Lüdemann begründete sie im Kabinett laut Kabinettsprotokoll wie folgt:
„Diese Landtagssitzung habe die Aufgabe, die Abgeordneten und die Bevölkerung nochmals grundsätzlich über die Lage des Landes und über die Folgerungen, die die Landesregierung hieraus zu ziehen habe und welche Unterstützung sie durch das Parlament erbittet, zu informieren."

Die Rollen wurden verteilt: Walter Damm, Landesminister für Umsiedlung und Aufbau, sollte die Notwendigkeit der Umsiedlung von Flüchtlingen und Vertriebenen begründen und „Klage erheben" gegen die Länder, die solches Begehren torpedierten. Dr. Richard Schenck, Landesminister für Finanzen, sollte die „katastrophale Finanzlage" des Landes schildern. Ebenso sollte die Wirtschaftslage geschildert werden, und zwar durch den neuen Landesminister für Wirtschaft und Verkehr Prof. Dr. Ludwig Preller; er hatte dieses Amt erst am 6. August 1948 übernommen, und zwar in der Nachfolge von Bruno Diekmann, der von Erich Arp schon am 2. Februar 1948 das Ressort für Ernährung, Landwirtschaft und Forsten übernommen hatte und nach dem 6. August 1948 behielt. Zum Schluß würde der Ministerpräsident das Wort ergreifen.

Die außerordentliche Landtagssitzung fand am 28. September 1948 statt. Anstelle des erkrankten Landtagspräsidenten Karl Ratz leitete sein Stellvertreter Thomas Andresen die Sitzung. Es fehlten zwei namhafte CDU-Abgeordnete, nämlich Carl Schröter und Prof. Dr. von Mangoldt, die als Mitglieder des Parlamentarischen Rates in Bonn waren, während die beiden SPD-Mitglieder im Parlamentarischen Rat, Andreas Gayk und Justizminister Dr. Katz, zugegen waren. Nachdem die drei Landesminister Damm, Schenck und Preller die vorgesehenen Berichte gegeben hatten, ergriff Ministerpräsident Hermann Lüdemann das Wort; er erbat „das Einvernehmen und die verständnisvolle Unterstützung des Landtages" für die Schlußfolgerung, die aus der Misere des Landes nach einhelliger Auffassung der Landesregierung zu ziehen sei, wobei diese Einhelligkeit – gemessen an den oben dargelegten kritischen Ausführungen der Minister Diekmann und Schenck – hinterfragt werden müßte. Jedenfalls behauptete der Ministerpräsident:

„Alle Mitglieder der Landesregierung sind sich aber in wiederholten ernsthaften Beratungen darüber klar geworden, daß befriedigende Grundlagen für die Entwicklung gesunder Lebensverhältnisse in Schleswig-Holstein niemals in der gegenwärtigen Kleinheit und Isoliertheit des Landes gefunden werden können."

Statt der erwarteten Aussprache wurde die Sitzung nachfolgend „für kurze Zeit" unterbrochen, damit die drei Fraktionen Beratungen abhalten konnten; sie dauerten immerhin zwei Stunden. Danach wurde die Sitzung mit einer gemeinschaftlichen Erklärung der Fraktionen unter Einbezug dreier Entschließungen zum Bevölkerungsausgleich, zur Finanzhilfe und zur Wirtschaftsförderung beendet. In der gemeinschaftlichen Erklärung heißt es:

„Der Schleswig-Holsteinische Landtag billigt die Bestrebungen der Landesregierung, die eine Gleichstellung der schleswig-holsteinischen Bevölkerung mit der Gesamtdeutschlands zum Ziele haben. Er richtet an alle zuständigen Stellen die dringende Aufforderung, bei allen Maßnahmen die besondere Lage Schleswig-Holsteins zu berücksichtigen und durch wirksame Hilfe eine dauernde Besserung der Lebensbedingungen des Landes herbeizuführen."

Es bleiben Fragen offen: Was ist in den zweistündigen Beratungen der Fraktionen besprochen worden? Wie ist es zur Abfassung der gemeinschaftlichen Erklärung gekommen? Und vor allem: Warum gibt es denn keine Entschließung für eine größere Ländereinheit, die Schleswig-Holstein mit Lüdemanns Worten „allein vor dauernder Armut und wirtschaftlichem Untergang" bewahren könne? So hatte Lüdemann doch am 18. September 1948 an den hessischen Ministerpräsidenten Stock geschrieben! Es liegt nahe anzunehmen, daß bis in die Reihen des Kabinetts hinein doch bei vielen Parlamentariern ein Wille zum Festhalten am Lande Schleswig-Holstein da war. Sie mögen nicht die Mehrheit ausgemacht haben, oder doch? Ganz gewiß hat der Ministerpräsident erwartet, daß am Ende der Sondersitzung des Landtags die Forderung nach einer Länder-Neuordnung zu den Entschließungen zählen würde, und zwar an erster Stelle. Daß es dazu nicht gekommen ist, zeigt aber, wie gespalten der Landtag in dieser Frage gewesen ist. Zumindest hat man der Frage nicht die Priorität eingeräumt, wie Hermann Lüdemann dies tat. Die Beratungen zum Grundgesetz in Bonn waren zu diesem Zeitpunkt schon so weit gediehen, daß „mit Bestimmtheit" – so hatte Justizminister Dr. Katz schon auf der Kabinettssitzung am 17. September sagen können – ein Artikel mit dem Gebot zur Neugliederung des Bundesgebietes in die Verfassung hineinkommen würde. War es da nicht vernünftig, die Sache ruhen zu lassen und alles zu tun, was für eine zügige Gründung der Bundesrepublik tunlich war?

So hat es ganz gewiß an diesem 28. September 1948 im Landtag – er tagte ja immer noch im Festsaal der Pädagogischen Hochschule an der Diesterwegstraße – eine Mehrheit derer gegeben, die zum einen Schleswig-Holstein als Land unangetastet lassen wollten und die zum anderen eine Länder-Neuordnung auf der Grundlage des Grundgesetzes für sinnvoller hielten als auf der Grundlage des Frankfurter Dokuments II, zumal doch angesichts der Haltung Hamburgs und Niedersachsens wirklich nichts zu bewegen war.

Auf Drei-Zonen-Ebene kam es am 1. Oktober 1948 noch einmal bei der Besprechung der Länderchefs im Jagdschloß Niederwald zu der bereits oben erwähnten >Entschließung der Ministerpräsidenten zur Länderneugliederung<. Noch einmal war zwar von einer Mehrheit der Ministerpräsidenten die Rede, die, abgesehen vom Südwestraum, nur minimale Änderungen der Ländergrenzen vorzuschlagen hatten, und einer Minderheit, die „die gegenwärtigen Verhältnisse unbefriedigend" nannte und „weitere Änderungen" schon zum derzeitigen Zeitpunkt für wünschenswert hielt. Doch dieser Dissens wurde aufgefangen in dem abschließenden einstimmigen Votum:
„Einigkeit besteht unter den elf Ministerpräsidenten darüber, daß für die Gesamt-reinigung [sic] *der innerdeutschen Grenzverhältnisse die zur Verfügung stehende Frist nicht ausreicht, um allseits befriedigende und damit für die Dauer tragbare Lösungen vorzuschlagen."*

Eine Schleswig-Holstein betreffende Länder-Neuordnung war vorerst vom Tisch. Damit war auch der Weg dafür frei, daß Schleswig-Holstein – so wie auch die anderen zehn Länder im westlichen Besatzungsgebiet – unmittelbar an der Gründung der Bundesrepublik Deutschland teilhaben, ein Bundesland im Deutschen Bund werden und in ihm – wie Ministerpräsident Bruno Diekmann als Nachfolger von Hermann Lüdemann

Hilfslieferungen aus dem Ausland, die u. a. vom Hilfswerk der Ev. Kirche in Deutschland empfangen und
weitergegeben wurden.

Andreas Gayk als Kieler Oberbürgermeistr im Gespräch
mit dem Mayor von Coventry, Mr. Briggs, während der
Woche „Kiel im Aufbau" im September 1947.

Besuch des Militärgouverneurs der Britischen Zone Luftmarschall Sir Sholto Douglas in Kiel zur Zeit der Woche
„Kiel im Aufbau", September 1947. Gruppenbild mit folgenden Personen – rechts neben Sir Sholto Douglas: Mayor
Briggs, Regional Commissioner de Crespigny. Carl Schröter, Brigadier Henderson. (Personen ganz links und ganz
rechts unbekannt.)

Lord Pakenham, seit April 1947 als Nachfolger von John Hynd, britischer Deutschland-Minister in der Stellung eines Chancellor of the Duchy of Lancaster, im September 1947 zu Besuch in Kiel. Hier ein Besuch im Flüchtlingslager, zusammen mit dem Regional Commissioner Champion de Crespigny.

Lord Pakenham sucht das persönliche Gespräch, um der deutsch-britischen Verständigung zu dienen.

Lord Pakenham im Gespräch mit Menschen auf der Straße, hier in der Fährstraße bzw. Legienstraße in Kiel.

Landessatzung für Schleswig-Holstein
in der Zeit der Gründung der Bundesrepublik Deutschland

Der erste gewählte Landtag hatte einen klar umrissenen Verfassungsauftrag. Als am Donnerstag, 8. Mai 1947 – genau zwei Jahre nach Kriegsende – Ministerpräsident Hermann Lüdemann im Festsaal der Pädagogischen Akademie in Kiel die dreijährige Legislaturperiode des am 20. April 1947 gewählten Landtags eröffnete, ergriff nach ihm der britische Gouverneur Air Vice Marshal Champion de Crespigny zu einer längeren Ansprache das Wort. De Crespigny spannte einen weiten Bogen von der Not im Lande, die sich in den langen, außergewöhnlich harten Wintermonaten noch gesteigert hatte, zu den drängenden Aufgaben der politischen und verwaltungsmäßigen Neuordnung. Die Tagespolitik dürfe, so Crespigny, die weiterreichenden Ziele im Aufbau des demokratischen Gemeinwesens nicht verdrängen. Dazu gehörte seiner Ansicht nach vor allem die Ausarbeitung und Verabschiedung einer Verfassung für das Land Schleswig-Holstein.

Der Gouverneur sprach die Landtagsabgeordneten sodann mit folgenden Worten direkt an:

„Gerade in Zeiten der materiellen Not und Härten ist es äußerst wichtig, die Gedanken der Öffentlichkeit auf die Gestaltung zukünftiger Dinge zu lenken und das weite Ziel Ihrer gegenwärtigen Handlungsweise im Auge zu behalten. Allein um der Kinder willen ist dies ein Gebot der Stunde. In dem augenblicklichen Stadium darf eine Politik auf lange Sicht nicht beiseite geschoben oder durch eine kurzsichtige verdeckt werden. Der Politiker, der dies übersieht, kann nur Augenblickserfolge erzielen. Aus diesem Grunde halte ich die Schaffung der Landesverfassung für Ihre vornehmste und für eine Ihrer dringendsten Aufgaben. Es wird Ihre ureigenste sein."

Karl Ratz als neugewählter Landtagspräsident und Hermann Lüdemann, seit gut einer Woche im Amte des Ministerpräsidenten aufgrund der Ernennung durch den Gouverneur, bejahten diesen Auftrag noch ohne erkennbaren Vorbehalt. Hermann Lüdemann war auch Landesinnenminister, und zwar bis er am 6. November 1947 Wilhelm Käber in diese Position rief. Hermann Lüdemann und Wilhelm Käber ließen in ihrem Ministerium zwar Referentenentwürfe ausarbeiten, doch ohne daß sie in der Landesregierung beraten, geschweige denn dem Parlament zugeleitet worden wären. Trotz wiederholter Nachfragen der Militärregierung in Kiel, wie der Stand der Dinge sei, geschah herzlich wenig.

Auch Unterstaatssekretär P. H. Dean, der im *Foreign Office* das *German Political Department* der *German Section* leitete, äußerte hierüber in einem Telegramm vom 31. März 1948 an General Robertson, Militärgouverneur der britischen Zone, seinen Unwillen, zumal auch die neuen Länder Nordrhein-Westfalen und Niedersachsen derzeitig noch ohne Verfassung waren.

Dean schrieb an Robertson:

„You will be aware that I am opposed to delays in the passing of Land Constitutions."

Die Briten sahen in dem Vorhandensein fest etablierter Länder, die eine demokratisch verabschiedete Verfassung hatten, die „Bausteine" für eine bundesstaatliche Ordnung in Deutschland, und wenn sie nicht in allen vier Besatzungszonen zu errichten war, dann mochte und sollte man eine solche Ordnung wenigstens so schnell wie möglich im westlichen Deutschland schaffen. Damit sollte die deutsche Einheit nicht aufgegeben werden, im Gegenteil! Der britische Außenminister Ernest Bevin äußerte sich am 5. Januar 1948 zu dieser Frage in einem vertraulichen Memorandum für seine Regierung wie folgt:

„We must, however, see that the Germans, throughout Germany as a whole, achieve their unity with the support of the Western Powers and not in the face of their opposition. This is important. [...] We should accordingly make it clear that it is our policy to restore the unity of Germany as soon as possible. The Russian claim to be the sole champion of German unity should be exposed and we should do our best to make the Germans understand throughout what may prove a long period, that true unity and the restoration of Germany can only be achieved under the auspices of ourselves and the other Western Powers and not of German nationalism or Soviet Communism. Our policy in this respect has been consistent throughout."

Um der deutschen Einheit die föderative Gestalt zu geben, die die einzelstaatlichen Traditionen der deutschen Geschichte aufzunehmen vermochte und auch die zusätzlichen Formen der Gewaltenteilung zwischen Bund und Ländern, war es einfach zwingend, letztere konstitutionell abzusichern. Aber mußte das wirklich vor der Gründung des Bundes geschehen?

Aus der Sicht der schleswig-holsteinischen Landesregierung war gerade der im Frühjahr 1948 eingeleitete Gründungsprozeß zur Schaffung einer westdeutschen Bundesrepublik der entscheidende Grund dafür, die Verfassungsarbeit in Schleswig-Holstein mehr oder weniger auf Eis zu legen. Hermann Lüdemanns Infragestellung des Landes Schleswig-Holstein hatte sehr viel mit diesem Gründungsprozeß zu tun. Man denke an das Frankfurter Dokument Nr. 2, das dazu aufforderte, die Ländergrenzen zu überprüfen! Hermann Lüdemann war zwar mit dem Plan, Schleswig-Holstein in ein größeres norddeutsches Territorium – er wollte es ja Land >Unterelbe< nennen –, noch vor dem Zusammentritt des Parlamentarischen Rates am 1. September 1948 gescheitert. Doch gab es nach Auffassung der Landesregierung weitere Gründe, die Ausarbeitung eines Verfassungsentwurfs vorläufig auszusetzen.

Hierzu gehörte die Kenntnis der dem Land zustehenden Hoheitsrechte in Abgrenzung gegenüber der kommenden Bundeshoheit und vor allem auch gegenüber den Rechten der Besatzungsmacht. Machte es da nicht Sinn, erst das Ergebnis der Beratungen zum Grundgesetz abzuwarten? War nicht auch die Ankündigung des Besatzungsstatuts im Frankfurter Dokument Nr. 3 ein triftiger Grund zu warten? Erst in Kenntnis der Hoheitsrechte der Besatzungsmacht und der Hoheitsrechte der kommenden Bundesorgane würde man doch sinnvollerweise die verfassungsrechtliche Position des Landes definieren können.

Dies hätte – so die Sicht der Landesregierung – einen weiteren Vorteil: Je detaillierter das Grundgesetz die Rechte und Pflichten der Bundesbürger festlegen und den bundesstaatlichen Aufbau beschreiben und dabei die Hoheit des Bundes und die Hoheit der Länder gegeneinander abgrenzen würde, desto knapper könnte das „Grundgesetz" für das Land Schleswig-Holstein abgefaßt werden. Folglich verzichtete die Regierung des Ministerpräsidenten Hermann Lüdemann darauf, sich derzeitig überhaupt noch mit dem Verfassungsproblem zu befassen. Sie war der Meinung, daß man dem Lande Schleswig-Holstein zur gegebenen Zeit relativ schnell ein knappes >Organisationsstatut< oder auch >Landesstatut< geben könne. Es liegt auf der Hand, daß bei solchen Überlegungen Lüdemanns grundsätzliche Vorbehalte gegenüber einem eigenen Land Schleswig-Holstein immer mitschwangen.

Bei dem Zögern, die Verfassungsarbeit ernstlich aufzunehmen, hat noch mehr eine Rolle gespielt. Sich von der Besatzungsmacht sagen zu lassen, was man wann zu tun hatte, vertrug sich bei einigen nicht mit dem eigenen nationalen Stolz. Carl Schröter, der Oppositionsführer der CDU im ersten gewählten Landtag, eckte wiederholt mit seinen politischen Ausführungen bei der Militärregierung an. Er erhielt zeitweilig Redeverbot beziehungsweise für eine begrenzte Zeit Vorlagepflicht für seine Reden, bevor er sie halten durfte. Dies waren aber Ausnahmeerscheinungen. Richtig war indes, daß die Besatzungsmacht mit der Verordnung Nr. 57 vom 1. Dezember 1946 selber bereits „die Befugnisse der Länder der britischen Zone" bestimmt und nachfolgend Änderungen und Erweiterungen (Verordnungen Nr. 162 und 177) vorgenommen hatte. Nur so war etwa das Land in der Lage gewesen, die Verlegung des Oberlandesgerichts von Kiel nach Schleswig definitiv zum 1. Oktober 1948 auf gesetzlicher Grundlage vorzunehmen.

Alles in allem: Aufgrund der britischen Verordnungen und in Verbindung mit den Verfassungsbestimmungen der Vorläufigen Verfassung vom 12. Juni 1946 wurde eine Landesverfassung nicht entbehrt.

Die Handlungsfähigkeit des Landes stand außer jedem Zweifel, so wie sich dies derzeitig an seiner selbstverständlichen Mitwirkung bei der Gründung der Bundesrepublik Deutschland zeigte. Der Schleswig-Holsteinische Landtag als Gesetzgebungsorgan war an diesem Geschehen zweifach beteiligt, nämlich am 9. August 1948 bei der Verabschiedung des Gesetzes über den Parlamentarischen Rat und am 20. Mai 1949 mit der Beschlußfassung über das Grundgesetz der Bundesrepublik Deutschland.

Hierzu sind einige nähere Angaben zu machen. Dem Gesetz über den Parlamentarischen Rat, der das Grundgesetz für die Bundesrepublik Deutschland zu erarbeiten hatte, lag ein >Modellgesetz< zugrunde, das ein von den westdeutschen Ministerpräsidenten bestellter Ausschuß zu entwerfen hatte, so geschehen am 27. Juli 1948 in Wiesbaden in der Hessischen Staatskanzlei. In diesem Ausschuß waren nur die Länder Hessen, Niedersachsen, Württemberg-Baden, Württemberg-Hohenzollern und auch Schleswig-Holstein vertreten gewesen, und zwar letzteres mit seinem Landesminister der Justiz Dr. Rudolf Katz.

Das >Modellgesetz< war ein für alle westdeutschen Länder einheitlicher Gesetzesentwurf, auf dessen Grundlage die einzelnen gesetzgebenden Körperschaften der Länder das jeweils landeseigene Gesetz zu erlassen hatten. Es gab an diesem 27. Juli 1948 im Schleswig-Holsteinischen Landtag keine inhaltliche Aussprache, keine Debatte und folglich eine schnelle Verabschiedung in zwei unmittelbar aufeinanderfolgenden Lesungen. Mit jeder Änderung gegenüber dem >Modellgesetz< hätte man ja auch nur die vorgegebene gemeinsame Linie verlassen.

Der Schleswig-Holsteinische Landtag hatte gemäß der Einwohnerzahl des Landes (Schlüssel: 750 000 : 1) vier Abgeordnete für den Parlamentarischen Rat zu wählen, und er tat es im unmittelbaren Anschluß an die einstimmige Verabschiedung des Gesetzes über den Parlamentarischen Rat. Einstimmig wurden vom Landtag die Herren Andreas Gayk und Dr. Rudolf Katz (beide SPD) und Prof. Dr. Hermann von Mangoldt und Carl Schröter (beide CDU) gewählt. Gayk und Schröter waren die Vorsitzenden der SPD- bzw. der CDU-Fraktion. Prof. von Mangoldt, der ja den Entwurf für die Vorläufige Verfassung des Landes Schleswig-Holstein ausgearbeitet hatte, war Inhaber des Lehrstuhls für Öffentliches Recht an der Christian-Albrechts-Universität zu Kiel und ihr Rektor im Amtsjahr 1947 - 48 gewesen; er hat sich später als Kommentator des Grundgesetzes einen Namen gemacht. Dr. Rudolf Katz, der nicht dem Landtag angehörte, war auch ein hervorragender Rechtsexperte, der 1952 der erste Vizepräsident des Bundesverfassungsgerichts werden sollte. Alle vier schleswig-holsteinischen Vertreter im Parlamentarischen Rat haben bei der Ausarbeitung des Grundgesetzes eine herausragende Rolle gespielt.

Am 20. Mai 1949 stand das Grundgesetz für die Bundesrepublik Deutschland zur Ratifizierung an. Dies war Sache der Länder; die Beschlußfassung hierüber war der einzige Tagesordnungspunkt der 21. (außerordentlichen) bemerkenswerten Sitzung des Schleswig-Holsteinischen Landtages im Festsaal der Pädagogischen Hochschule in Kiel-Hassee. Alle vier schleswig-holsteinischen Vertreter im Parlamentarischen Rat waren zugegen und ergriffen das Wort, um das Grundgesetz zu erläutern und seine Annahme zu empfehlen. Dieser Empfehlung folgten die beiden großen Parteien im Landtag, nicht so der SSW, weil – wie Samuel Münchow dies begründete – das Grundgesetz weder eine Aussage über nationale Minderheiten enthielt noch über das nationale Selbstbestimmungsrecht. Auch der parteilose Abgeordnete Erich

Arp distanzierte sich von dem Grundgesetz, weil es einerseits – so seine Begründung – zu sehr ins Detail ging, andererseits aber keine sozialen Grundrechte enthielt und überdies aufgrund seines ausgesprochen föderativen Charakters partikularistischen Tendenzen Vorschub leistete. Das war die Stimme eines einzelnen als „Querdenker" bekannten Abgeordneten.

Das eindrucksvolle Ergebnis der Abstimmung (56 Ja- gegen 6 Nein-Stimmen und eine Enthaltung) wurde zu einem Bekenntnis für die Bundesrepublik Deutschland, die für Recht, Freiheit, Demokratie und soziale Verantwortung und für das Ziel stand, die staatliche Einheit für das ganze deutsche Volk zu schaffen. Diesen Verfassungswerten verlieh Landtagspräsident Karl Ratz symbolischen Ausdruck mit dem Hissen der Schwarz-Rot-Goldenen Fahne im Sitzungssaal und vor dem äußeren Aufgang des Hauses, der zum Sitzungssaal führte. Und noch am selben Tage wehte die Bundesfahne auf dem Landeshaus an der Kieler Förde, der damals schon Sitz des Ministerpräsidenten und der Staatskanzlei war, aber erst im Mai 1950 auch Tagungsstätte des Schleswig-Holsteinischen Landtags werden sollte. Bemerkenswert ist dies: Das Hissen der Bundesfahne erfolgte vor der Verkündigung und Inkraftsetzung des Grundgesetzes durch Konrad Adenauer als Präsident des Parlamentarischen Rates; das geschah drei Tage später am 23. Mai 1949 in Bonn.

Daß ein Landesminister, eben der Justizminister Dr. Rudolf Katz, dem Parlamentarischen Rat angehörte, gab den Überlegungen zu der schleswig-holsteinischen Landesverfassung neue Impulse. Schließlich wußte Dr. Katz zu berichten, wie im Grundgesetz das Verhältnis von Bund und Ländern – grundsätzlich und insbesondere in der Gesetzgebung – geregelt war. Die in Artikel 28 des Grundgesetzes festgelegte Bestimmung zur „verfassungsmäßigen Ordnung in den Ländern" ließ ein Ausweichen auf ein Landesstatut oder gar nur ein Organisationsstatut nicht zu. Mit dem Wort >Landessatzung< wurde dann in den weiteren Überlegungen eine Bezeichnung gefunden, die die staatliche Qualität Schleswig-Holsteins als Land zumindest begrifflich nicht mindern sollte, so wie ja auch das Wort >Grundgesetz< gewählt worden war, um das Wort >Verfassung< für das >Provisorium Bundesrepublik< zu vermeiden. Hermann Lüdemann, der vergeblich den Plan eines Landes >Unterelbe< verfolgt hatte, sprach ganz deutlich aus, daß die zu verabschiedende Landessatzung „praktisch eine schleswig-holsteinische Verfassung darstellt", um sodann zu erklären: *„Wir möchten nur den Ausdruck >Verfassung< nicht verwenden, weil wir hier keine Kleinstaatenspielerei treiben wollen, sondern uns als einen Teil der Bundesrepublik Deutschland fühlen; ein solcher Teil hat aber nicht die Aufgabe, sich durch eine großartige Verfassung herauszuheben."*

Bei der Erörterung des Regierungsprogramms der schleswig-holsteinischen Landesregierung für das letzte Jahr der insgesamt ja nur auf drei Jahre bemessenen Legislaturperiode war es deshalb geboten, „ein möglichst klares, knappes und von allem überflüssigen Beiwerk freies Grundgesetz" für Schleswig-Holstein zu schaffen, das „unter Beachtung der demokratischen Grundprinzipien eine geeignete Grundlage für eine fruchtbare Zusammenarbeit einer arbeitsfähigen Regierung und dem Landtag" abgeben könne. So ist es im Kabinettsprotokoll vom 15. November 1948 festgehalten.

Im Sommer 1949 wurde mit dieser Vorgabe, die dann schon ein gutes halbes Jahr zurücklag, im Innenministerium wieder am Entwurf der Landessatzung gearbeitet. Das Grundgesetz für die Bundesrepublik war in Kraft, und die Vorbereitungen zur Wahl des 1. Deutschen Bundestages am 14. August 1949 liefen an. Dr. Lauritz Lauritzen als Landesdirektor des Innenministerums und sein zuständiger Referent Oberregierungsrat Groß nahmen an den Kieler Verfassungsarbeiten maßgeblichen Anteil. Zur Aussprache im Kabinett über den Referentenentwurf am 26. Juli 1949 wurden auch die sozialdemokratischen Landtagsabgeordneten Heinz Adler, Prof. Dr. Wilhelm Gülich und Willi Steinhörster hinzugezogen, auch um die politische Verantwortung für den dem Landtag zuzuleitenden Verfassungsentwurf auszuweiten. Dabei ging es auch darum, zwei gesetzgeberische Maßnahmen, die von der CDU-Opposition entschieden abgelehnt worden waren, in den Verfassungsrang zu heben, nämlich die auf sechs Jahre verlängerte Grundschulzeit als erste Stufe zur „Einleitung der Schulreform" und die Begrenzung des bäuerlichen Landbesitzes auf 100 ha bzw. auf einen Bodenwert von 50 000 DM, und dies „zu Zwecken der Agrarreform" und „im Interesse der notwendigen sozialen Neuordnung", wie es der Entwurf der Landessatzung zum Ausdruck brachte.

Solche verfassungsmäßige Festschreibung von wichtigen gesetzgeberischen Maßnahmen, die zudem noch politisch umstritten waren, widersprach eigentlich dem Grundprinzip, die kommende Landessatzung von allem „Beiwerk" freizuhalten. Überdies zeigte schon der Wahlkampf und dann vor allem der Ausgang der Bundestagswahl am 14. August 1949, daß der SPD der Wind ins Gesicht blies. Der absolute und prozentuale Rückgang der Stimmen für die SPD von der Landtagswahl am 20. April 1947 zur Kommunalwahl am 24. Oktober 1948 und nun zur Bundestagswahl am 14. August 1949 hatte dramatische Formen angenommen; innerhalb der genannten Zeitspanne von weniger als 2 1/2 Jahren war das ein Rückgang von 43,8 % auf 29,6 %. Das war für die SPD bitter, auch wenn die CDU bei der Bundestagswahl nur einen knappen Vorsprung von 1,1% = 15700 Stimmen hatte. Immerhin hatte sie die Nase vorn und zögerte auch nicht, sowohl das politische Mandat der SPD zur Führung im Lande als auch den Verfassungsauftrag des derzeitigen Landtages in Frage zu stellen. Doch rechtliche Zweifel gab es an diesem Auftrag nicht.

Sicherlich hatten auch schon vor der Konstituierung der Bundesorgane der Bundesrepublik Deutschland „bundespolitische" Faktoren einen wesentlichen Einfluß auf den Wahlausgang am 14. August 1949 gehabt, nämlich die erfolgreiche Wirtschaftspolitik Ludwig Erhards in der sog. bizonalen Wirtschaftsverwaltung der US-Zone und der britischen Zone nach der Währungsreform am 20. Juni 1948 – sie erstreckte sich danach auch auf die französische Zone -, und hinzu kam das Ansehen, das Konrad Adenauer als Präsident des Parlamentarischen Rates gewonnen hatte.

Aber es gab auch landeseigene Gründe für das schlechte Abschneiden der SPD, wobei Hermann Lüdemann mehr und mehr in den inneren Auseinandersetzungen der Partei als „Sündenbock" hingestellt wurde. Da gab es Querelen um das Gästehaus der Landesregierung. Doch es war auch unverkennbar, daß er Landespolitik in einem gewissen Zwiespalt betrieben hatte. Einerseits lehnte er Schleswig-Holstein als eigenständiges Land ab; andererseits machte er für dieses Land eine vernünftige Struktur- und Sozialpolitik und vertrat vehement die Sorgen und Nöte dieses „Flüchtlingslandes" in überregionalen Gremien, so etwa auf der Segeberger Konferenz der westdeutschen Sozial- und Flüchtlingsminister im Juli 1947 und auf den Konferenzen der westdeutschen Ministerpräsidenten im Juli und August 1948 im Vorfeld der Gründung der Bundesrepublik Deutschland. Das Gesetz zur Behebung der Flüchtlingsnot und zur Verlegung des Oberlandesgerichtes, letzteres in „Kompensation" zum Ausbau Kiels als Landeshauptstadt, geben Zeugnis ab von Lüdemanns vernünftiger Politik für das Land, das er zugleich in seiner Eigenstaatlichkeit ablehnte.

Doch Lüdemann mußte gehen. Andreas Gayk war die starke Persönlichkeit, die die Weichen stellte, sich selber aber dem Wunsch vieler Parteifreunde zu entziehen vermochte, die Funktionen als Oberbürgermeister der Stadt Kiel und als Fraktionsvorsitzender der SPD im Landtag „einzutauschen" gegen die Stellung eines Ministerpräsidenten des Landes Schleswig-Holstein, die ja mit der kommenden Landtagswahl ein schnelles Ende finden könnte. Ein solches Motiv, das nicht in Abrede zu stellen ist, konnte das Selbstvertrauen innerhalb der SPD des Landes nicht gerade stärken. Andreas Gayk hatte die Weichen anders gestellt, an seiner Person vorbei, hinzu zu dem rechtschaffenen und gewiß äußerst sympathischen Mann aus dem Arbeiterstand Bruno Diekmann, der sich über seine Parteigrenzen hinaus seit 1946 als Landesminister für Wirtschaft und Verkehr und als Landesminister für Ernährung, Landwirtschaft und Forsten einen Namen gemacht hatte.

Am 29. August 1949 trat Hermann Lüdemann zurück, und der Landtag wählte in offener Abstimmung Landesminister Bruno Diekmann zum Ministerpräsidenten des Landes Schleswig-Holstein. Es gab hierfür weder eine Bestimmung in der vorläufigen Verfassung des Landes Schleswig-Holstein, noch wurde darüber eine Aussprache im Landtag gehalten. Das Protokoll der Landtagssitzung verzeichnet keine Gegenstimme, nur Stimmenthaltungen; es registriert nur die erfolgte Wahl, ohne Glückwunsch des Landtagspräsidenten an den Gewählten. Dennoch war dies ein landesgeschichtlich bedeutendes Ereignis, das sich laut Protokoll an diesem Montag nachmittag in wenigen Minuten, von 15.10 bis 15.15 Uhr, abgespielt hatte: Bruno Diekmann ist der erste von einem schleswig-holsteinischen Landtag gewählte Ministerpräsident des Landes Schleswig-Holstein. Der Repräsentant der britischen Besatzungsmacht in Schleswig-Holstein, der *Regional Commissioner* William Asbury, wurde von dem Regierungswechsel nur noch unterrichtet; er nahm den Wechsel freundlich auf, wenn man von dem Dankesschreiben an Hermann Lüdemann und dem Glückwunschschreiben an Bruno Diekmann ausgehen darf.

Nach einer dreiviertelstündigen Unterbrechung der Landtagssitzung gab Bruno Diekmann eine kurze Regierungserklärung ab. Es war darin viel die Rede von Bekämpfung der allgemeinen Not, vor allem von der Notwendigkeit des sozialen Wohnungsbaus; es war viel von der erhofften Bundeshilfe bei der Lösung des Flüchtlingsproblems die Rede – aber mit keinem Wort nahm Ministerpräsident Diekmann zur Verfassungsfrage des Landes Stellung. Auch in den anschließenden Reden von Willi Koch (CDU) und Andreas Gayk (SPD) wurde der Verfassungsauftrag nicht angesprochen.

Man wandte sich relativ schnell der einvernehmlichen Wahl der schleswig-holsteinischen Delegierten für die Bundesversammlung zu, die den Bundespräsidenten zu wählen hatte. Es waren 23 Vorschläge gemäß dem parlamentarischen Stärkeverhältnis im Landtag zu machen. Dank der Vorklärung im Ältestenrat konnte eine pauschale Wahl vorgenommen werden; das Ergebnis war einstimmig für 14 SPD-Delegierte, 7 CDU-Delegierte und 2 SSW-Delegierte. Am 12. September wurde in Bonn Prof. Dr. Heuß zum ersten Bundespräsidenten gewählt, sicherlich nicht von den schleswig-holsteinischen SPD-Abgeordneten, die sich in der geheimen Abstimmung gewiß alle für Kurt Schumacher, den Gegenkandidaten zu Theodor Heuß, ausgesprochen hatten.

Mit den vorausgegangenen konstituierenden Sitzungen von Bundestag und Bundesrat am 7. September 1949 und mit der nachfolgenden Wahl des Bundeskanzlers Dr. Konrad Adenauer und der Bildung seiner Koalitionsregierung am 15. und 20. September 1949 war die Bundesrepublik Deutschland als Staat konstituiert; doch seine Handlungsfähigkeit war noch begrenzt, nämlich durch das am 21. September 1949 in Kraft gesetzte Besatzungsstatut. Die Alliierte Hohe Kommission „thronte" mit ihrem Sitz auf dem Petersberg gegenüber Bad Godesberg am Rhein im wahrsten Sinne des Wortes „über" den Bundesorganen und ihren Repräsentanten in Bonn.

Die Landessatzung für Schleswig-Holstein war nicht vergessen. Aber angesichts der großen politischen Veränderungen in Deutschland – nicht nur in den westlichen Besatzungszonen, sondern auch in der Sowjetischen Besatzungszone, die durch ein eigenes „von oben gesteuertes" Verfahren mit Wirkung vom 7. Oktober 1949 die >Deutsche Demokratische Republik< wurde – waren die landespolitischen Geschehnisse in den Hintergrund getreten. Eine Ausnahme gab es allerdings: die oben erwähnte >Kieler Erklärung< vom 26. September 1949, mit der die Befriedung im Grenzland ein zukunftsträchtiges Fundament erhielt.

Im letzten Quartal des Jahres nahm denn auch die Landessatzung unter der Ministerpräsidentschaft von Bruno Diekmann Gestalt an. Der Referentenentwurf des Innenministeriums wurde am 10. Oktober 1949 im Kabinett abschließend beraten, verabschiedet und dem Landtage zugestellt. Aus der Regierungsvorlage wurde die Landtagsvorlage 263/3, die am 24. Oktober 1949 in erster Lesung behandelt wurde. Nach einer Grundsatzdebatte mit einer eingehenden Begründung von Wilhelm Käber, Landesminister des Innern, und einer scharfen Replique seitens der Opposition – wegen der „sozialdemokratischen Gesetzesinhalte" im Text der Landessatzung – wurde der Entwurf der Ausschußarbeit überantwortet. Hermann Lüdemann, der gewesene Ministerpräsident, hatte beide Ausschüsse, die sich in gemeinsamen Sitzungen mit der Landessatzung zu befassen hatten, zu leiten. Die CDU verweigerte ihre Mitarbeit; ohne die Teilnahme der CDU-Vertreter in den Ausschüssen waren die Regierungspartei und der SSW unter sich und kamen an den zwei Sitzungstagen, nämlich am 8. November und 6. Dezember 1949, relativ zügig zu einem Abschluß. Es entstand eine gestraffte Fassung, die aber materiell nicht wesentlich vom Regierungsentwurf abwich.

So konnte denn am 13. Dezember 1949 auf der 28. Tagung des Schleswig-Holsteinischen Landtages die Landessatzung in zweiter Lesung behandelt und zur Endabstimmung gebracht werden. Nur zwei CDU-Vertreter, nämlich Hans-Jürgen Klinker und Emmy Lüthje, waren als Beobachter im Raume geblieben; sie stimmten beide mit Nein. Alle 45 anwesenden SPD-Abgeordneten stimmten mit Ja; hinzu kamen vier Ja-Stimmen des SSW, während zwei weitere SSW-Abgeordnete sich der Stimme enthielten. Kein Beifall am Ende – es ging weiter in der Tagesordnung, die Landtagsabgeordneten der CDU kehrten in den Saal zurück. Wenn man von heute her gesehen die Stimmung richtig erfaßt, war keine Seite so recht mit dem Gesetzgebungsverfahren zur Verabschiedung der Landessatzung zufrieden. Noch konnte die Landessatzung nicht in Kraft treten. Hierzu bedurfte es der Zustimmung des britischen Gouverneurs William Asbury, der nunmehr gemäß dem Besatzungsstatut *Land Commissioner* unter der Alliierten Hohen Kommission war. Bei ihr lag letztlich die Entscheidung, die William Asbury der Landesregierung mitzuteilen hatte.

Am 9. Januar 1950 lag die alliierte – also nicht nur britische – Bestätigung vor. Man sieht, wie weit die westlichen Besatzungszonen jetzt als Einheit begriffen wurden und durch die *Allied High Commission* auch in wichtigen Grundsatzentscheidungen gemeinsam handelten. Das Bestätigungsschreiben, zu dem William Asbury von der Hohen Kommission ermächtigt war, ließ keinen Zweifel daran, daß man wegen der Übernahme von Gesetzesinhalten in die Landessatzung Bedenken habe, weil sich so die Grenzen zwischen Verfassung und Gesetz verwischten. Darüber aber mochte gegebenenfalls das Bundesverfassungsgericht, das aber erst am 1. Februar 1951 durch Bundesgesetz geschaffen wurde, befinden, wie William Asbury auch in seinem Schreiben sagte. In der Landessatzung (Artikel 57) war ausdrücklich das Bundesverfassungsgericht als Organ der Rechtspflege in Streitfällen um das schleswig-holsteinische Landesrecht vorgesehen.

Die Landessatzung konnte also in Kraft treten, und zwar mit der Verkündigung im Gesetz- und Verordnungsblatt für Schleswig-Holstein, Jahrgang 1950, Nr. 2. Seit dem 12. Januar 1950 hat somit das Land Schleswig-Holstein eine gültige Landesverfassung.

Man kann die Landessatzung als eine knappe, aber im ganzen gesehen ausgewogene Verfassungsgrundlage für die Gesetzgebung und für das politische Leben in Schleswig-Holstein als „ein Glied der Bundesrepublik Deutschland" (Artikel 1) verstehen. In ihren Hauptzügen – demokratische Verankerung der öffentlichen Gewalten und klare funktionale Abgrenzung – entsprach die Landessatzung den im Grundgesetz genannten Anforderungen an die verfassungsmäßige Ordnung der Länder. Die im Grundgesetz aufgeführten Grundrechte bedurften keiner Wiederholung und wurden nur um die wichtige Festlegung im Artikel 5 ergänzt: „Das Bekenntnis zu einer nationalen Minderheit ist frei", und dies unbeschadet der Wahrnehmung „allgemeiner staatsbürgerlicher Pflichten". Hiermit hatte die Kernaussage der >Kieler Erklärung<, die Freiheit des nationalen Bekenntnisses, Verfassungsrang erhalten.

Gegenüber dem Landtag als Vertretungskörperschaft der Bevölkerung des Landes und als Gesetzgebungsorgan ist die starke Stellung des Ministerpräsidenten als Inhaber der Exekutivgewalt bemerkenswert. Einmal vom Landtag gewählt – und dies gegebenenfalls im dritten Wahlgang auch nur mit relativer Mehrheit – konnte sein Regierungsmandat – wenn nicht durch eigenen Amtsverzicht – nur durch die mit absoluter Mehrheit erfolgte Wahl eines Nachfolgers im Amt des Ministerpräsidenten beendet werden, und dies unabhängig von den Legislaturperioden der Landtage. Auf diese Art und Weise – mit der Entscheidung im dritten Wahlgang – sollte sich später einmal, nämlich am 25. Juni 1951, Friedrich Wilhelm Lübke zum Ministerpräsidenten wählen lassen und seine für das Land so bedeutsame Amtszeit mit einem Minderheitenkabinett beginnen.

Die Schlußbestimmung der Landessatzung in Artikel 53 (2) entsprach ganz dem politischen Vermächtnis von Hermann Lüdemann: Die Landessatzung sollte „vorbehaltlich anderweitiger bundesgesetzlicher Regelung ihre Gültigkeit an dem Tage, an dem die von Schleswig-Holstein erstrebte Neugliederung des Bundesgebietes in Kraft tritt", verlieren. Doch was heißt hier „Schleswig-Holstein", sind es doch Menschen in ihren unterschiedlichen Meinungen und Empfindungen, die über solche Neugliederung entscheiden müßten, und dies nach Maßgabe des Artikels 29 des Grundgesetzes und im Benehmen mit den anderen norddeutschen Ländern. Von dort war ein Wille zur Neugliederung des Bundesgebietes nach den Erfahrungen des vorausgegangenen Jahres nicht zu erwarten. Und doch scheint es so, als ob der verfassungsmäßige Abschluß der Gründung des Landes Schleswig-Holstein aufgrund dieses Schlußartikels in der Landesatzung mit seiner gleichzeitigen Infragestellung endete. Der Schein hat getrügt, und das ist gut so.

„Die Brücke" in der Stadt Schleswig als eines von 50 „British Information Centres" in der Britischen Zone wurde schon im August 1946 als eines der ersten eingerichtet und erhielt neuen Auftrieb durch den Besuch des Regional Commissioner William Asbury im Sommer 1948.

Der Regional Commissioner William Asbury bei seiner Ansprache.

*Bundespräsident Theodor Heuß machte Mitte Januar
1950 einen offiziellen Staatsbesuch im Land Schleswig-
Holstein. Das Bild zeigt den Besuch in Flensburg am 18.
Januar 1950. Neben dem Bundespräsidenten der Flensburger Oberbürgermeister I. C. Möller (mit seiner Amts-
kette). Hinter dem Bundespräsidenten: Ministerpräsident
Bruno Diekmann, dahinter Landtagspräsident Karl Ratz.*

*Wechsel im Amt des Ministerpräsidenten am 5. September 1950. Bruno Diekmann gratuliert seinem soeben
gewählten Nachfolger Dr. Walter Bartram im Plenarsaal des Landeshauses.*

Ausblick

Es hat einen besonderen Reiz, die Erwartungen einer früheren Generation an die Zukunft, die von heute her gesehen schon vergangen ist, mit der tatsächlich eingetretenen Entwicklung zu vergleichen. Dies gilt – wieder von der Vergangenheit her gesehen – für die nahe Zukunft, die noch planbar erscheint; dies ist auch auf die ferne Zukunft zu beziehen, die der frühen Nachkriegsgeneration wie im Nebel liegend erscheinen mußte.

Die nahe Zukunft von 1949 aus gesehen rückte im politischen Leben Schleswig-Holsteins das Ende der dreijährigen Wahlperiode des 1. gewählten Landtages am 31. Mai 1950 und die Neuwahl des Landtags, die schließlich erst auf den 9. Juli 1950 festgelegt wurde, in den Blick. Niemand rechnete mit einer Wiederholung des haushohen Wahlsiegs der SPD vom 20. April 1947, im Gegenteil; aber es sollte schlimmer kommen, als es selbst Pessimisten befürchtet hatten. Die SPD kam nur noch auf 27,5 % und 19 Mandate.

Ohnehin änderte sich die „politische Landschaft" Schleswig-Holsteins durch die Gründung des Blocks der Heimatvertriebenen und Entrechteten (BHE), einer Interessenpartei, wie die Briten es sahen und deren Gründung – sie war schon sehr viel früher versucht worden – sie verhindert hatten. Aber nach Inkrafttreten des Besatzungsstatuts, das ja die Besatzungsrechte eingrenzte, war ihnen das nicht mehr möglich. Die vielen Gründungsanträge in den Kreisen hatten ihnen noch vorgelegen, und da tauchen Namen auf, die erst durch Mandate für den zweiten gewählten Landtag bekannt geworden sind, auch durch spätere Ministerämter, nämlich u.a. Hans-Adolf Asbach, Dr. Alfred Gille, Waldemar Kraft, Dr. Lena Ohnesorge. Auf Anhieb gewann diese Partei bei der Landtagswahl am 9. Juli fast ein Viertel der abgegebenen Stimmen, nämlich 23,4 % und 15 Mandate.

Eine Regierungsmehrheit hätte die SPD nur mit dem BHE bei gleichzeitiger Tolerierung durch die 4 Mandatsträger des SSW gehabt (das waren zwei Mandatsträger weniger als im ersten gewählten Landtag); zumindest hätte der Ministerpräsident Bruno Diekmann nicht „abgewählt" werden können, solange es keine Mehrheit für das „bürgerliche" Lager gab. Hier hatten sich aus wahltaktischen Gründen die CDU, FDP und DP im Deutschen Wahlblock zusammengeschlossen, die Wahlkreise nach einem bestimmten Schlüssel unter sich aufgeteilt und zusammen 36,7% der Stimmen und 31 Mandate gewonnen (CDU: 16; FDP: 8; DP: 7). Nur mit Hilfe des SSW wäre der amtierende Ministerpräsident zu stürzen gewesen; man hätte zusammen insgesamt gerade die absolute Mehrheit gehabt, um einen neuen Ministerpräsidenten zu wählen. Doch eine solche Konstellation – der Wahlblock im Zusammengehen mit dem SSW – war undenkbar, und so war der BHE die „umworbene" Partei.

Das Bündnis Wahlblock-Parteien und BHE kam tatsächlich, aber unter Schwierigkeiten zustande, was auch mit der Führungskrise in der CDU nach dem unglücklichen Abgang von Carl Schröter zu tun hatte. Die Koalition „stand" schließlich; aber der zu wählende Ministerpräsident mußte erst gefunden werden. Der BHE lehnte Dr. Dr. Paul Pagel ab, der den Vorzug gehabt hätte, von allen, denen Ministerämter zugedacht waren, nicht in der NSDAP gewesen zu sein. Innerhalb der Führungskreise des BHE gab es aber politisch begründete Zweifel an der Person Pagel, und dies wirft – vorsichtig angedeutet – ein bezeichnendes Schlaglicht auf die BHE-Führung. Schließlich ließ sich der Neumünsteraner Kreisvorsitzende der CDU Dr. Walter Bartram, der nie dem Landtag angehört hat, zur Kandidatur für das Amt des Ministerpräsidenten bewegen. Am 5. September 1950 wurde er gewählt, was die gleichzeitige Abwahl von Bruno Diekmann bedeutete. Diekmann schied mit Würde aus dem Amt und mit hoher Anerkennung für seine Verdienste als Landesminister und Ministerpräsident; dies brachte auch Dr. Bartram zum Ausdruck.

Die Regierungskoalition verfügte über 46 der insgesamt 69 Sitze im Landtag, der Anfang Mai 1950 – also seit Ende der Legislaturperiode des 1. gewählten Landtags – seine neue, schöne Tagungsstätte im Landeshaus, dem >Haus an der Förde<, hatte beziehen können. Die Koalition verfügte gerade über die Zweidrittel-Mehrheit und hatte somit den Schlüssel zur Revision der Landessatzung in der Hand. Diese Chance wurde schnell genutzt, und zwar durch das Gesetz zur Änderung der Landessatzung für Schleswig-Holstein vom 22. November 1950. Die Festlegung der 6-jährigen Grundschulzeit in Artikel 6, Absatz 2 der Landessatzung wurde getilgt, der Artikel 8 betreffs Begrenzung der bäuerlichen Landfläche zu Zwecken der Agrarreform entfiel ganz.

Diejenigen, die für diese Ziele innerhalb und außerhalb des Parlaments gekämpft hatten und nun nicht nur die Landessatzung geändert sahen, sondern logischerweise auch die entsprechende Gesetzgebung, mochten enttäuscht sein. Aber der demokratische Entscheidungsprozeß wurde von allen Landtagsabgeordneten respektiert, und das hat dem inneren Frieden um die Landessatzung gutgetan. Sie war nunmehr die von allen Parteien anerkannte und respektierte Verfassungsgrundlage für das Land Schleswig-Holstein.

Das praktische Verfassungsleben in den folgenden Jahren mit – bis zur 11. Legislaturperiode einschließlich – nur CDU-geführten Landesregierungen machte vergessen, daß der Verfassungsgeber des Jahres 1949 die Landessatzung unter den im Schlußartikel genannten Vorbehalt gestellt hatte. Wir erinnern uns: Schleswig-Holstein erstrebt die Neugliederung des Bundesgebietes, und sobald diese in Kraft tritt, verliert die Landessatzung ihre Gültigkeit. Nochmals ist zu fragen: Was heißt hier „Schleswig-Holstein"? In Schleswig-Holstein leben Menschen unterschiedlicher Meinungen, und es gibt viele Landeseinwohner – sie mögen in Schleswig-Holstein geboren sein oder hier als Flüchtlinge und Vertriebene eine neue Heimat gefunden haben oder auch aus anderen Teilen Deutschlands hierher gekommen sein -, die die Überschaubarkeit des Landes zu schätzen wissen und seine Eigenstaatlichkeit als Bundesland bejahen.

Noch einmal versetzen wir uns in die Jahre 1949-1950 und sehen von diesem zeitlichen Standpunkt aus die Zukunft, die für uns heute erfahrene Zeitgeschichte und Gegenwart ist, in einer nebulösen Ferne liegen. Niemand hätte auch nur zu ahnen vermocht, daß mit der Rückkehr der SPD in die alleinige Regierungsverantwortung – so geschehen im Mai 1988 mit Beginn der 12. Wahlperiode – eine grundlegende Revision der Landessatzung in Angriff genommen werden würde, auch um auf diese Weise Schleswig-Holsteins verfassungsrechtliche Stellung im Gefüge der Bundesrepublik zu festigen! Die Initiative hierzu lag damals bei Ministerpräsident Björn Engholm und dem Landesminister des Innern Prof. Dr. Hans Peter Bull. Die Revision wurde von allen Parteien mitgetragen, so daß am 13. Juni 1990 das Gesetz zur Änderung der Landessatzung einstimmig von allen Parteien beschlossen werden konnte. Der SPD müßten eigentlich die vorgenommenen Änderungen als Revision der früheren, nämlich im Jahre 1949 mit Nachdruck vertretenen Verfassungspositionen erschienen sein. Doch kam dies nicht von ungefähr. Schon Wilhelm Käber, Landesminister des Innern in den von Hermann Lüdemann und Bruno Diekmann geführten Landesregierungen und nachfolgend Oppositionsführer im Schleswig-Holsteinischen Landtag, hat im Jahre 1979 als führender Sozialdemokrat seine Meinungsänderung zugegeben, und dies nicht nur für seine Person. Käber erklärte dies wie folgt:

„Wir zweifelten an der Lebensfähigkeit des Landes und wollten mit der Landessatzung eine nur vorübergehende Ordnung für das „mangelhafte Provisorium" Schleswig-Holstein im Provisorium Bundesrepublik Deutschland schaffen. Die Zeit ist darüber hinweggegangen. Die Bundesrepublik Deutschland und Schleswig-Holstein haben eine Entwicklung genommen, die keiner von uns geahnt hätte. Heute ist Schleswig-Holstein ein selbstbewußtes Land, dessen Stellung als selbständiges Bundesland in der Bundesrepublik Deutschland nicht mehr in Frage gestellt wird."

Diesen Worten folgten elf Jahre später, im Jahr der deutschen Wiedervereinigung, die Taten. Die Landessatzung erhielt eine neue Fassung, so wie sie mit der Veröffentlichung im >Gesetz-und Verordnungsblatt für Schleswig-Holstein< am 20. Juni 1990 gültiges Recht wurde. Das Wichtigste ist der neue Name >Verfassung des Landes Schleswig-Holstein<, den man ja 1949 tunlichst vermieden hatte ebenso wie das Wort >Staat<. Letzteres taucht gleich im ersten und zweiten Artikel auf, wenn es dort heißt: „Schleswig-Holstein ist ein Gliedstaat der Bundesrepublik Deutschland.[...]" und „Alle Staatsgewalt geht vom Volke aus." Damit kehrte man zu dem Begriff zurück, der schon in der Vorläufigen Verfassung verwendet worden war. Die Landessatzung hingegen hatte von der vom Volke ausgehenden „Gewalt" gesprochen.

Zu den in Abschnitt I der Verfassung zu >Land und Volk< getroffenen Festlegungen gehört neu dazu als Aufgabe des Landes und seiner Gemeinden und Gemeindeverbände die „Förderung der Gleichstellung von Frauen und Männern" und der „Schutz der natürlichen Grundlagen des Lebens", wobei der Begriff „natürliche Grundlagen" wohl eine Herausforderung an die Verfassungskommentatoren ist, weil er eben bewußt unbestimmt gehalten ist. Das freie Bekenntnis zu einer nationalen Minderheit als ein persönliches Recht ist um die korporative Zusage erweitert worden, wonach das Land, die Gemeinden und Gemeindeverbände die kulturellen Eigenständigkeiten und die politische Mitwirkung nationaler Minderheiten und Volksgruppen zu schützen haben. Sodann folgt die knappe klare Aussage: *„Die nationale dänische Minderheit und die friesische Volksgruppe haben Anspruch auf Schutz und Förderung."* Für alle Bürger und Bürgerinnen ist die neue verfassungsrechtliche Zusage wichtig, daß das Land Kultur, Kunst, Wissenschaft, Forschung, Lehre, Erwachsenenbildung zu fördern gedenkt.

Des weiteren verfügt die Landesverfassung über plebiszitäre Elemente, also über solche der unmittelbaren Demokratie. Im neu eingefügten Abschnitt V sind die Möglichkeiten der „Initiativen aus dem Volk" genannt. Demgemäß können die Bürgerinnen und Bürger des Landes bei genügender Unterstützung seitens der wahlberechtigten Bevölkerung den Landtag dazu anhalten, sich mit bestimmten Sachfragen, die in der Zuständigkeit des Landes liegen, zu befassen. Führt dieser Weg zu keinem Erfolg, so kann nach Maßgabe des Artikel 41 der Verfassung der Weg des Volksbegehrens und des Volksentscheides beschritten werden.

Es gibt weitere Änderungen und Erweiterungen, zum Teil Übernahmen aus schon bestehenden gesetzlichen Regelungen, die nun Verfassungsrang erhalten haben, wie im Abschnitt über >die Rechtsprechung< die Mitwirkung eines Richterwahlausschusses bei der Anstellung von Richterinnen und Richtern. Auch das Haushaltswesen ist verfeinerter geregelt.

Der neue Schlußartikel der Verfassung (Artikel 60; bisher 53) stellt die rechtliche Kontinuität mit der Landessatzung her, wenn es im ersten Absatz heißt: *„Diese Verfassung ist unter der Bezeichnung >Landesatzung< am 12. Januar 1950 in Kraft getreten."* Ferner ist die Gültigkeit zeitlich begrenzt, bis eine Neugliederung des Bundesgebietes in Kraft tritt. Diese Neugliederung wird aber nicht mehr als *die von Schleswig-Holstein erstrebte Neugliederung* bezeichnet.

Das ist ein wesentlicher Unterschied und zugleich eine Anpassung an die heutige Realität in Schleswig-Holstein.

Zugleich ist mit dieser Schlußbestimmung der Landesverfassung für Schleswig-Holstein keine Festschreibung des Landes Schleswig-Holstein für alle Zeiten verbunden. Nur ist die Gründung des Landes Schleswig-Holstein mit der neugefaßten

Landesverfassung noch einmal in einer deutlicheren Form bestätigt worden, als es in der „alten" Landessatzung der Fall war. Der weitere Weg des Landes ist – in einer hoffentlich für immer freien und demokratischen Gesellschaft – den hier lebenden Menschen anvertraut.

*　　*

*

Geschichte ist Bewegung und Veränderung in der Zeit. Aber die Geschichte kennt auch gewisse Konstanten dank der traditionsbildenden Elemente, die in ihr aufgehoben sind. Diese Elemente sind in den Symbolen des Landes erkennbar, in seinem Doppelwappen mit den schleswigschen Löwen und dem holsteinischen Nesselblatt zum einen und in seiner blau-weiß-roten Fahne zum anderen, wobei man wissen sollte, daß sich die Lauenburger und die Lübecker in diesen Symbolen nicht unbedingt wiederfinden können. Die Lauenburger mögen entschädigt sein durch den Namen ihres Kreises, >Kreis Herzogtum Lauenburg<, und die Lübecker durch den Namen ihres Gemeinwesens als >Hansestadt Lübeck<; das Wort „Freie" möchte man dabei gern hinzufügen.

Die blau-weiß-rote Fahne und die schwarz-rot-goldene Fahne sind schon im Jahr der Erhebung 1848 hier im Lande zusammen gehißt worden. Damals schickte sich eine nach gleichem Recht für alle über 21 Jahre alten Bürger frei-gewählte Landesversammlung an, den damaligen Herzogtümern eine gemeinsame liberale Staatsverfassung zu geben. Sie ist am 15. September 1848 von der damaligen Provisorischen Regierung in Rendsburg verkündet und so allen Landeseinwohnern „zur öffentlichen Kunde gebracht" worden. Die Herzogtümer durften sich – ganz im Fortwirken des „alten Landesrechts" – als ein einziger unteilbarer und liberaler Staat und zugleich als ein fester Bestandteil des deutschen Staatsverbandes verstehen.

Die nachfolgende nationale, verfassungsrechtliche und dann auch territoriale Entwicklung Schleswig-Holsteins schlug nach 1848 recht bald andere Wege ein, als man es sich 1848 unter den deutsch-gesinnten Schleswig-Holsteinern gewünscht hatte. Kontinuität und Diskontinuität gehören in der Geschichte zusammen. Und doch münden die 1460 und 1848 vorgezeichneten Wege nach 1945 unter ganz anderen äußeren Bedingungen ein in den Gründungsprozeß des Landes Schleswig-Holstein. Im heutigen Lande Schleswig-Holstein ist das geschichtliche Erbe von 1460 und 1848 wirksam. Von diesem Erbe möchte ich – im Sinne von Johann Wolfgang von Goethe – sagen: Was man von seinen Vorfahren ererbt hat, kann nur dann wirklicher Besitz werden, wenn es immer wieder neu erworben wird.

LÜBECKER POST

NR. **9**
MITTWOCH,
DEN 22. AUGUST 1945
PREIS **20** PF.

Anzeigen-Annahme
Königstrasse 55/57

DER MILITÄRREGIERUNG — JEDEN MITTWOCH UND SONNABEND

Der neue Oberpräsident
über den Aufbau Schleswig-Holsteins

S c h l e s w i g. Der Oberpräsident von Schleswig-Holstein, Dr. Hövermann, ist von der britischen Militärregierung im Amt bestätigt worden.

* * *

Bei einer kurzen Unterhaltung mit dem neuen Oberpräsidenten wurden uns als vordringliche Aufgaben bezeichnet:

1. Der Wiederaufbau der Verwaltung, bei der eine Reihe von Stellen neu besetzt werden muß.

2. Die Wiederbelebung der Wirtschaft,

3. Das Flüchtlingsproblem (fast eine Million Flüchtlinge befinden sich in der Provinz und

4. das Problem der drohenden Arbeitslosigkeit.

Um die Wirtschaft wieder beleben und der drohenden Arbeitslosigkeit begegnen zu können, ist vor allem Kohle nötig als der Schlüssel zu jeder Aufbauarbeit. Aber es muß auch jedem klar sein, daß die Arbeitslosigkeit nur vermie-

den werden kann, wenn genügend finanzielle Mittel zur Verfügung s ehen. Wenn jede Hand zu arbeiten haben soll müssen aber auch die dazu notwendigen Aufgaben gegeben werden. Jeder, der Aufträge zu vergeben hat, muß im Interesse einer sich erholenden Wirtschaft diese Aufträge vergeben. Auch wenn er dabei nicht ohne seine Reserven auskommt. Die Provinz wird dabei mit landwirtschaftlichen Meliorationen, Straßenbau und anderen Arbeiten Beispiel geben.

Kurz wurde eine Frage angeschnitten, die dem Oberpräsidenten sehr am Herzen liegt, die Wiederingangsetzung der Universität. Sie wird — das steht positiv fest — am 1. November dieses Jahres im Gebäude der Elektro-Akustik in Kiel erfolgen, wenn die verhältnismäßig wenigen Reparaturen dort durchgeführt sind, und wenn der Lehrstab vorhanden sein wird. Die Kliniken bleiben einstweilen in Schleswig, bis die Kieler Klinikgebäude wieder hergestellt sind.

Dr. Hövermann ist Niedersachse. Sein Großvater und Urgroßvater waren in der Gegend von Celle zu Hause aus bäuerlichem Geschlecht. Dr. Hövermann selbst ist im Jahre 1888 in Bonn geboren. Er hat beim 3. Seebataillon in Tsingtau gedient und im Anschluß daran eine Reise durch China und Japan gemacht. Dann kam der Weltkrieg, den er von Anfang an mitmachte.

Nach dem Kriege bearbeitete Dr. Hövermann an der Regierung in Köln die Besatzungsangelegenheiten mit dem dortigen englischen Generalgouvernement und war vom Jahre 1920 ab Landrat in Baumholder im Bezirk der oberen Nahe bis 1933.

Im Sommer 1933 wurde Dr. Hövermann auf Veranlassung der NSDAP. aus seinem Amt entfernt und in den einstweiligen Ruhestand versetzt. Am 1. Juni 1939 kam er an das Oberpräsidium Kiel als Regierungsdirektor. Er war hier die ganzen sechs Kriegsjahre über, und viele werden ihn von seinen Berichten über den Drahtfunk her kennen, in denen er die Bevölkerung über die Luftlage unterrichtete.

Friede durch Einigkeit der Nationen
König Georgs VI. an das Parlament

L o n d o n. König Georg VI. begab sich am Dienstag zum zweiten Male zu einem Sonderbesuch in den Westminsterpalast um die Glückwunschadresse von dem versammelten Parlament entgegenzunehmen. König Georg VI. erwiderte auf diese Adresse unter anderem folgendes: „Ich bin stolz darauf, daß das britische Volk rückhaltlos und mit ganzer Kraft seinen Anteil zum Siege beigetragen hat. Es ist unsere vornehmste Pflicht, den Streitkräften unseres Landes unseren Dank abzustatten. Sie haben durch ihren Mut und ihr Opfer uns alle verpflichtet. Durch das Walten der göttlichen Vorsehung ist am Siege über Deutschland der Sieg über Japan gefolgt. Der Welt wurde der Frieden wieder gegeben. Vorbei ist die Zeit der Zerstörungen; die Zeit des Wiederaufbaus beginnt. Wir sind entschlossen, die vor uns liegenden Probleme mit gesammelter Kraft zu lösen. Die so schreckliche Waffe, die auf Japan zuerst niedergegangen ist, macht es mehr als notwendig, die große Allianz der Völker zu gestalten, damit eine dauernde und blühende Gemeinschaft zu erhalten bleibt."

Die Wahlen im Südosten

L o n d o n. Die Regierungen der Großmächte haben ihre Stellungnahme zu den kommenden Wal en in Bulgarien und Griechenland, den erst n Nachkriegswahlen auf dem Balkan, in ein Anzahl von freimütigen Erklärungen be-

Luftlandetruppen für Tokio bestimmt
Erste Landungen am Sonntag — Die Russen wieder in Port Arthur

T o k i o. Die amtliche japanische Nachrichtenagentur gibt bekannt: Die alliierten Besatzungstruppen werden am Sonntag in Japan eintreffen. Sie kommen auf dem Luftwege und werden auf einem Flugplatz bei Tokio landen. Ein zweiter alliierter Verband wird drei Tage von Tokio gelandet werden.

Die japanischen Bevollmächtigten sind heute aus Manila nach Tokio zurückgekehrt; sie haben die Anweisungen für die Besetzung Japans in der Hand. Lord Mountbatten hat den Befehlshaber der japanischen Südarmee durch Rundfunk ersucht, am Donnerstag Bevollmächtigte nach Rangon zu entsenden, um die Kapitulationsanweisungen entgegenzunehmen.

Britische Kriegsschiffe s nd auf dem Wege nach Hongkong, um die Kapitulation der dortigen japanischen Besatzung entgegenzunehmen. Radio Singapore berichtet: Der Kapitulationsbeschluß des japanischen Kaisers ist der Südgruppe von einem Mitgliel der kaiserlichen Familie überbracht worden. Der Befehlshaber der japanischen Südarmee hat es verpflichtet, das Kapitulationsangebot bis Mittwoch 3 Uhr mitteleuropäischer Zeit zu beantworten.

Die russische Besetzung eines Teiles von Sachalin sowie die Mandschurei ist vollständig zu Ende geführt. Sowjetrussische Truppen werden wahrscheinlich noch am Dienstag in Port Arthur landen, wo d e Russen bekanntlich im russisch-japanischen Krieg geschlagen wurden. In China rücker die Streitkräfte

Tschiangkeischeks von Norden vor, um die von den Japanern geräumten Gebiete zu besetzen. Zwischen chinesischen Truppen und nordchinesischen Kommunisten ist es zu Zusammenstößen gekommen. Kommunistische Partisanenverbände sind in Peking einmarschiert; ein weiterer kommunistischer Verband befindet sich im Vormarsch auf Nanking.

Freundschaftstelegramme zwischen London und Moskau

London. Die Hoffnung, daß mit dem siegreichen Beendigung des Krieges die enge Zusammenarbeit zwischen Großbritannien und der Sowjetunion noch weiter gestärkt werde, und in neuer Geist alle Nationen verbinden möge, um die Kriegsgefahr für immer zu bannen, brachte der britische Premierminister Attlee in einem Telegramm an Generalissimus Stalin zum Ausdruck. „Es ist mein aufrichtigster Wunsch," heißt es in Attlees Telegramm an Stalin, „die während des Krieges geschaffene Freundschaft und das gegenseitige Verständnis zwischen der Sowjetunion und Großbritannien in den Jahren des Wiederaufbaus weiterhin verstärken zu können und unseren Bündnisvertrag zur Grundlage unseres Zusammenarbeit zu gestalten." — In dem Antworttelegramm, das Generalissimus Stalin an Premierminister Attlee sandte, heißt es u. a.: „Ich spreche die Versicherung aus, daß unsere Zusammenarbeit, die angesichts des Krieges und all seiner Gefahren geschmiedet wurde, in den Nachkriegsjahren zum Wohle unseres Landes gefördert und gestärkt werden wird."

Eine Warnung Montgomerys

Feldmarschall Montgomery, Oberbefehlshaber für die britische Besatzungszone in Deutschland, hat folgende Botschaft an alle Staatsbürger der Vereinten Nationen in der britischen Zone gerichtet:

„Ich bin entschlossen, den schweren Verbrechen sofort ein Ende zu setzen, die von den entheimateten Staatsangehörigen der Vereinten Nationen begangen worden sind. Diese Botschaft ist an Sie alle gerichtet; ich bin mir aber bewußt, daß die Mehrzahl von Ihnen friedliebende Bürger sind und nicht verantwortlich für die Gewalttaten, die von einer kleinen Minderheit begangen wurden. Ich warne diejenigen, die versucht sind, abscheuliche Verbrechen gegen die deutsche Bevölkerung zu begehen, daß ich meinen Truppen drastische Maßnahmen gegen alle Personen anbefohlen habe, die bei der Begehung von Notzucht oder Mord gefaßt werden, oder planmäßige Plünderung begehen."

Die Sitzung des Obersten Kontrollrates

Berlin. Der Oberste Alliierte Kontrollrat trat, wie bereits berichtet, am Montag unter dem Vorsitz General Eisenhowers zu einer neuen Sitzung zusammen. Marschall Zhukow, Feldmarschall Montgomery und General König nahmen an der Sitzung teil. Zur Beratung stand die Frage einer Vertretung früher von Deutschland besetzter Länder in der Kontrollinstanz, sowie die Interessen Belgiens und Hollands an der deutschen Kohlenindustrie und in der Rheinschiffahrt, sowie die Inventarisierung der deutschen Vermögenswerte im Ausland. Der Beschluß, das Tragen deutscher Uniformen zu verbieten, kann erst später durchgeführt werden, weil es an Kleidungsstücken mangelt, und weil keine Möglichkeit besteht, die Uniformen zu ersetzen oder umzufärben. Weiter wurde eine bessere Verteilung verschleppter Personen erörtert, um eine Überfüllung in gewissen Gebieten Deutschlands zu vermeiden. Auch die Eisenbahnverbindung zwischen Berlin und dem Westen wurde erörtert.

Alliierte Befehlshaber in Salzburg

Salzburg. Die erste Konferenz der vier alliierten Befehlshaber in Oesterreich fand in Salzburg unter dem Vorsitz des amerikanischen Generals Mac Creary statt. Es wurden Maßnahmen zur Errichtung der alliierten Kommission in Wien besprochen. Die vier Befehlshaber werden sich demnächst in Wien wieder treffen.

Mehr Saarkohle

Saarbrücken. Die Kohlenproduktion im Saargebiet ist jetzt auf 11000 Tonnen täglich angestiegen. Aus Ober- und Mittelfranken kehren Saarbergleute mit ihren Familien wieder ins Saargebiet zurück.

Der obenstehende Faksimile-Druck, der nicht das untere Drittel der Originalseite des Nachrichtenblattes der Militärregierung erfaßt, gibt Aufschluß über die Wiederaufbaupläne des Oberpräsidenten Dr. Hoevermann im August 1945.

KIELER NACHRICHTEN

Bezugspreise:
Im Einzelverkauf 20 Pfg. je Ausgabe. Erscheinungsweise bis auf weiteres jeden Mittwoch und Sonnabend. — Bankkonten: Bankhaus Ahlmann, Commerz- und Privatbank, Vereinsbank, Schleswig-Holsteinische und Westbank, sämtlich in Kiel.

Zeitung für Schleswig-Holstein
Veröffentlicht unter Zulassung Nr. 30 der Militärregierung
Kiel, Fleethörn 1/3 • Fernsprecher: Nr. 3215, 22014, 22015

Anzeigenpreise:
Familien- u. private Gelegenheitsanzeigen 1,— RM; Geschäftsanzeigen 2,— RM für die 46 mm breite Nonpareillezeile oder deren Raum. Amtl. Bekanntmachungen 2,— RM für die 92 mm breite Nonpareillezeile oder deren Raum. Erfüllungsort: Kiel.

1. Jahrgang | Mittwoch, den 3. April 1946 | Nummer 1

Die britische Regierung stimmt zu:

Der Plan für die deutsche Nachkriegsindustrie

Kommentar eines britischen Sprechers in Berlin

Ber'in, 29 März. (DPD) Bei Bekannt- der britischen Zustimmung zum für den Umfang der deutschen riegsindustrie erklärte in Berlin precher im Auftrage der britischen Regierung:

„Die britische Regierung stimmt dem vorgeschlagenen Plan zu und nimmt an, daß der Plan im Einklang mit den Grundsätzen der Potsdamer Erklärung entworfen worden ist, wonach Deutschland mit seinen gegenwärtig unveränderten Westgrenzen als ein wirtschaftliches Ganzes behandelt werden soll."

„Für den Fall irgend einer Aenderung der deutschen Westgrenzen oder eines Entscheids gegen eine zentralisierte deutsche wirtschaftliche Verwaltung" — so heißt es in der Stellungnahme seitens der britischen Regierung — „würde der Plan einer Revision bedürfen."

„Die Billigung des Planes durch die britische Regierung schließt zwei weitere Annahmen ein:

a) daß die Bevölkerung Deutschlands 66 500 000 nicht überschreitet und

b) daß es Deutschland möglich sein wird, seine Ausfuhr in einem Ausmaß zu bezahlen, das in dem Plan vorgesehen ist, um damit einer Verpflichtung seitens der Besatzungsmächte oder andere Hilfe von außen vorzubeugen."

„Wenn die Voraussetzungen a) und b) nicht vorliegen", so fuhr der Sprecher fort, „wird der Plan der Abänderung bedürfen."

„Die britische Regierung sei der Ansicht, daß die Lage Deutschlands in bestimmten Zeitabschnitten im Hinblick auf alle diese Erwägungen neu geprüft werden sollte, und daß gleichzeitig damit ein Ueberblick verbunden werden sollte, inwieweit die Maßnahmen wirksam sind, die zur Ausmerzung des deutschen Kriegspotentials ergriffen wurden."

Der Sprecher fuhr dann fort: „Gleichzeitig mißt die britische Regierung dem im Berliner Protokoll festgelegten Grundsatz die größte Bedeutung bei, daß die Entwicklung der deutschen Landwirtschaft und anderer friedlicher Industrien ermutigt werden soll. Die britische Regierung", sagt er, „wird im gegebenen Zeitpunkt eine Aenderung oder Streichung irgend welcher Begrenzungen im Gefolge dieses Planes und die Vergrößerung der dem Frieden dienenden deutschen Industrien begünstigen, aber immer ge- den Erfordernissen der nötigen rheit."

e britische Regierung ist nicht der cht", erklärte der Sprecher weiter, „daß die Annahme der genannten Bedingungen für eine Ueberprüfung und möglicherweise eine Abänderung unbedingt zu einem sofortigen Schritt bezüglich der Festsetzung der auf Reparationsverpflichtung abzuliefernden Industrieanlagen führen muß."

Ziel: Lebensstandard von 1932

Ein britischer Offizier in Berlin nahm nach der Veröffentlichung des Planes für die deutsche Nachkriegsindustrie, der dem alliierten Kontrollrat zur Genehmigung vorliegt, zu den einzelnen Bestimmungen Stellung und sagte:

„Es wird nicht leicht sein für Deutschland, sich unter diesem Plan wieder zu erholen, selbst nicht bis zu dem gestatteten Lebensstandard."

„Es ist anzunehmen", erklärte der britische Offizier nach Erwähnung der Bestimmungen des umfangreichen Planes im einzelnen, „daß nach den Industrieverlagerungen, die unter Reparationsverpflichtung fallen, noch genügend industrielle Anlagen in Deutschland verbleiben, um von 1949 ab eine Erholung von dem gegenwärtigen notbedingten Lebensstandard etwa auf denjenigen von 1932 zu gestatten."

Dies bedeute eine Verminderung des deutschen Lebensstandards etwa um 30 v. H., gab der britische Sprecher weiter an. Auf dem Gebiet der Fabrikation und Kohlenförderung betrage die geschätzte Produktionskapazität für 1949 etwa 50 bis 55 v. H. der Höhe von 1938, ausgenommen die Bauindustrie.

Abbau der Kriegsindustrie

In den Industrien, deren Erzeugung im Krieg verwandt werden könnte, jedoch, betonte der britische Sprecher, sei der Einschnitt drastisch. Die Gesamtkapazität dieser Industrien werde etwa bei 35 v. H. des Standes von 1938 liegen.

„Die gegenwärtig erlaubte Stahlproduktion ist auf 5 800 000 Tonnen jährlich festgesetzt", sagte der britische Offizier. „Es wurde beschlossen, daß Deutschland eine Jahreskapazität von 7 500 000 Tonnen Stahl belassen werden soll. Britische Fachleute sind sicher, daß diese Stahlmenge benötigt wird, wenn die deutsche Wirtschaft und der deutsche Lebensstandard zu dem in dem Plan anerkannten Maßstab wiederhergestellt werden sollen."

„Was nur irgend möglich ist", unterstrich der britische Sprecher weiter, „um die landwirtschaftliche Produktion zu steigern, wird getan werden. Aber Nahrungsmittel werden in größerem Maßstab eingeführt werden müssen. Sie werden etwa die Hälfte der benötigten Gesamteinfuhr ausmachen, obwohl der Nahrungsmittelverbrauch herabgesetzt wird und die Qualität der deutschen Ernährung, verglichen mit dem Vorkriegsstand, gesenkt werden muß."

„Dies ist jedoch unvermeidlich, da der Plan für deutsche Reparationen eine Exportproduktion in einem Maße gestattet, das zur Bezahlung des Vorkriegsumfanges der Nahrungsmitteleinfuhr ausreichen würde."

„Es ist anzunehmen, daß infolge des Verlustes landwirtschaftlicher Gebiete, der Erschöpfung des Bodens, des Zustroms von Flüchtlingen und des Abschlachtens der Viehbestände die Nahrungsmitteleinfuhr nicht unter einen Wert von 1 500 000 000 reduziert werden kann."

Zwei Drittel der Vorkriegsausfuhr vorgesehen

Wie ein britischer Sachverständiger für den Auslandshandel im Anschluß an die Veröffentlichung des Planes für die deutsche Nachkriegsindustrie erklärte, wird der deutsche Außenhandel 1949 infolge der Beschränkung der Ausfuhr von Industrien, die Kriegsmaterial herstellen können, etwa zwei Drittel seiner Vorkriegshöhe betragen.

Der britische Ausfuhr-Sachverständige wies darauf hin, daß die Einschränkung der industriellen Hilfsquellen und ihre Verlagerung infolge des Krieges ein ernstes Arbeitslosenproblem wenigstens für eine beträchtliche Uebergangszeit im Gefolge haben müsse. Die werden natürlich sehr hart sein in den Industriegebieten und bedeuten, daß davon die britische Zone besonders berührt wird.

„Wir wünschen, daß die Deutschen arbeiten", schloß der britische Wirtschaftssachverständige. „Müßiggang ist ein fruchtbarer Nährboden für Unzufriedenheit und Unruhe. Wenn verbreitete Arbeitslosigkeit eintritt, kann es notwendig werden, den Alliierten Kontrollrat mit diesem Problem zu befassen."

Der Gruß des Oberpräsidenten

Der Oberpräsident der Provinz Schleswig-Holstein, Theodor Steltzer, stellt uns für die erste Ausgabe der „Kieler Nachrichten" folgendes Geleitwort zur Verfügung:

Als Oberpräsident der Provinz Schleswig-Holstein begrüße ich es mit großer Freude, daß in der Stadt Kiel in Zukunft drei eigene Zeitungen erscheinen werden. Ich bin überzeugt davon, daß die „Kieler Nachrichten" wie auch die übrigen Tageszeitungen durch eine verantwortungsbewußte Pressearbeit zu der Verwirklichung des von uns allen erstrebten neuen Deutschland beitragen werden. Es besteht kein Zweifel darüber, daß Schleswig-Holstein vor einer Fülle von schwerwiegenden Problemen steht. Diese werden nur dann zu lösen sein, wenn es gelingt, alle guten Kräfte in tätiger Mitarbeit zu vereinen. Auch die „Kieler Nachrichten" haben in diesem Rahmen die Aufgabe, Wegbereiter und Förderer am Wiederaufbau zu sein. Ich wünsche der neuen Zeitung von Herzen vollen Erfolg.

Der Oberpräsident:
Steltzer

Aufbau in Schleswig-Holstein

Es ist noch kein Jahr her, seit der Krieg zu Ende ging. Schleswig-Holstein hat, rein äußerlich betrachtet, durch ihn scheinbar weniger gelitten, als manche andere deutsche Provinz. Im Grunde genommen sind die hier zu lösenden Probleme aber keineswegs leichter, als anderwärts.

Das gesamte Wirtschaftsleben war ins Stocken geraten. Dafür aber hat sich die Bevölkerungszahl durch die Heimatlosgewordenen mehr als verdoppelt. Für alle müssen erträgliche Lebensbedingungen geschaffen werden, sie müssen ernährt werden, müssen Arbeit erhalten, sie brauchen Wohnraum und Bekleidung. Diese wenigen Andeutungen genügen, um die Größe der Not zu kennzeichnen und die Bedeutung der uns gestellten Aufgaben zu unterstreichen.

Nicht umsonst wurde die Notgemeinschaft Schleswig - Holstein ins Leben gerufen, die allein schon durch die Wahl des Namens bekundet, daß wir uns als Schicksalsgefährten betrachten, mögen wir nun unser Hab und Gut über den Krieg hinweg gerettet, mögen wir es ganz oder teilweise verloren haben. Wir fühlen uns als eine Gemeinschaft, die nicht vor den Schwierigkeiten zu kapitulieren gedenkt, sondern entschlossen ist, die Not des einzelnen durch tätige Hilfe der Gesamtheit erträglicher zu gestalten.

Mit am schwersten getroffen wurde wohl unsere Provinzialhauptstadt Kiel. Geht man durch die Straßen unsrer Stadt, dann ist man immer von neuem erschüttert über das Ausmaß der Zerstörungen. Aber nicht das Verlorene ist entscheidend — entscheidend ist und bleibt der ungebrochene Wille, die Trümmer zu beseitigen, die Schäden zu beheben und Neues an die Stelle des Vernichteten zu setzen.

In dieser Hinsicht kann Kiel der ganzen Provinz als Vorbild dienen. Ueberall regen sich die Hände, die Voraussetzungen zum Wiederaufbau zu schaffen, überall irgendwie ein neuer Anfang. Das Wahrzeichen Kiels, das Rathaus mit seinem ragenden Turm, steht noch. Wenn rings auch noch Trümmer von der Gewalt des Unheils zeugen, das über uns hereingebrochen ist, so werden diese Trümmer doch zielbewußt fortgeräumt. Und es ist unsere Zuversicht, daß in nicht allzuferner Zeit die sichtbaren ebenso wie die unsichtbaren Kriegsfolgen überwunden sein werden. Tut jeder an seiner Stelle nicht nur seine Pflicht, sondern mehr als seine Pflicht, dann wird sich die Wandlung vom Schlimmen zum Bessern um so schneller vollziehen. Das sind wir alle unserer alten oder auch neuen Heimat Schleswig-Holstein schuldig.

Zeichnung: H. O. Bogemühl.

Unser Rathaus, das Wahrzeichen der Stadt Kiel

Nächtliches Attentat auf KZ-Bilder

Kieler Ausstellung des Malers Richard Grune vernichtet

Kiel, 1. April. (DPD) Ein nächtliches Attentat auf eine Ausstellung von Bildern aus den Konzentrationslagern und von KZ-Häftlingen, die der Maler Richard Grune im Kieler „Haus der Landwirte" zur Schau gestellt hatte, wurde in der Nacht zum Sonntag verübt.

Sämtliche Bilder und das statistische Material über die Verhältnisse in den Konzentrationslagern wurden zerrissen und vernichtet.

Vertrauen

Von Friedrich von Wilpert

Die „Kieler Nachrichten" beginnen heute mit ihrer ebenso schönen wie verantwortungsvollen Aufgabe, Wegweiser zu sein aus den Nöten und Sorgen der Gegenwart in eine bessere Zukunft. Bisher erschienen in Schleswig-Holstein nur die Zeitungen der Militärregierung, das heißt wohlverstanden „englische Zeitungen in deutscher Sprache". Von jetzt ab ändert sich das Bild: Die „Kieler Nachrichten" sind eine deutsche Zeitung in deutscher Sprache. Darin liegen Recht und Verpflichtung zugleich, und wir wollen von vorn herein betonen, daß wir die uns zu treuen Händen übergebene Verpflichtung als die weit wichtigere ansehen.

Wir haben von nun an das freudig begrüßte Recht, in deutscher Sprache den deutschen Standpunkt zu vertreten. In deutscher Sprache! Diese unsere Muttersprache gehört zu den unverlierbaren Gütern, die uns der Krieg nicht hat nehmen können. Sie zu pflegen und zu hegen haben wir allen Anlaß in einer Zeit, da unser materieller Besitz zu einer Fragwürdigkeit geworden ist und dafür die ideellen inneren Werte um so größeres Gewicht gewonnen haben.

Man hat früher geringschätzig vom „Zeitungsdeutsch" gesprochen und leider oft nicht mit Unrecht den Schriftleitern den Vorwurf gemacht, daß sie der Schnelligkeit der Reportage zu liebe die Sorgfalt der Wahl des Ausdrucks zum Opfer brachten. Die deutsche Sprache in ihrer geschliffenen Form fand sich vorwiegend in Büchern, nicht in Zeitungen. Nun hat der Feuersturm des Krieges unter unsern Bücherbeständen verheerend gewütet, ein Buch ist fast zur Seltenheit geworden. Um so wichtiger die Pflicht der Schriftleiter, sich größter Sorgfalt in der Wahl der Worte zu befleißigen. Die deutsche Sprache, deren Treuhänder er nun geworden ist, ist eine Kostbarkeit, die entsprechend behandelt werden muß.

Auch in einer andern Hinsicht muß der Schriftleiter heute seine Worte sorgfältig wählen. Es ist schon richtig: „Wes das Herz voll ist, des geht der Mund über!" Und wer zwölf Jahre hindurch hat schweigen müssen, wer zwölf Jahre hindurch seinem Volk als Wegweiser zu einer gefestigten Meinung nicht die Dienste hat leisten dürfen, zu denen er sich berufen fühlte, den drängt es nun, da die geistigen Fesseln gefallen sind, naturgemäß all das zu sagen, was zu Vergangenheit, Gegenwart und Zukunft zu sagen wäre.

Das geht aber nicht immer vorbehaltlos. Das deutsche Volk ist in geistiger Hinsicht zu vergleichen mit einem nach schwerer Krankheit Genesenden. Die Krise ist überwunden, trotzdem kann kein verantwortungsbewußter Arzt dem Kranken eine Kost zumuten, die einem Gesunden nichts schaden, ihm aber noch gefährlich werden könnte. Aehnlich liegen vom Geistigen aus gesehen die Dinge im Bereich der Politik. Nicht alles, was interessant ist, eignet sich zur Veröffentlichung. Gefährlicher als das Wissen um manche Ereignisse ist zuweilen die Neigung zur Spekulation über Entwicklungsmöglichkeiten der Zukunft. Um solchen irrealen Neigungen nicht Vorschub zu leisten, wird der Schriftleiter aus seinem Verantwortungsbewußtsein heraus das Klärende sagen und das Verwirrende fortlassen. Nicht um den Lesern etwas vorzuenthalten — das ist gewiß nicht der Zweck der bestehenden Zensurvorschriften — sondern um ihnen es zu erleichtern, die großen Richtlinien zu erkennen und die leitenden Gesichtspunkte für die Urteilsbildung im Auge zu behalten.

Es ist zuweilen nützlich, sich auch Selbstverständlichkeiten ausdrücklich ins Bewußtsein zu rufen. Eine Selbstverständlichkeit ist es nämlich, daß die Gesichtspunkte, die maßgebend waren für die Zeitungen der britischen Militärregierung, auch weiterhin ihre Gültigkeit behalten für die lizenzierten deutschen Zeitungen. Das allein schon erfordert die enge Zusammenarbeit zwischen der Schriftleitung und der britischen Militärregierung, deren Vertrauen für die ersprießliche Durchführung der Aufgaben einer deutschen Zeitung in der britischen Zone unerläßlich ist. Der Wiederaufbau des gesamten Lebens in Deutschland ist nur zu verwirklichen, wenn zwischen den Trägern dieses Aufbaues und den Vertretern der Besatzungsmächte ein klares Vertrauensverhältnis besteht.

Ebenso ist es eine Selbstverständlichkeit, daß die Zeitung ihrer Aufgabe nur gerecht werden kann, wenn sie des Vertrauens ihrer Leser sicher ist. Diese Aufgabe, so leicht sie scheint, wird vielleicht die schwerste von allen sein. Gewiß, die Zeitung ist heute eine

Struktur- und Entwicklungsplan
Schleswig-Holstein nach 1945

Die britische Militärregierung

(1) 8 Corps District

Mai 1945 – Mai 1946

Raum Schleswig-Holstein, Hamburg und (bis 1. Juli 1945) westliches Mecklenburg

Korps der 2. Britischen Armee, 21. Heeresgruppe; ab August 1945 Britische Rheinarmee

Militärgouverneur: Corps Commander Generalleutnant Sir *Evelyn Barker*
                 Hauptquartier: Plöner Schloß

Provincial Detachment Military Government = 312 (P) Mil Gov Det, Kiel
Commander: Colonel bzw. (ab August 1945) Brigadier *Gail Patrick Henderson*

Regierungsbezirk Detachment Military Government = 616 (RB) Mil Gov Det, Schleswig
Commander Colonel *G. D. Ainger*   statt RB = Regierungsbezirk auch zusam-
aufgehoben: 30. November 1945   menfassend L/R = Land/Regierungsbezirk

Kreis Detachments Military Government = [Kennziffer] (K) Det Mil Gov
für 4 Stadt- und 17 Landkreise; Beispiel Kiel: 909 (K) Det. Mil. Gov.

Schleswig-Holstein Region

Mai 1946 – September 1949

Zivilgouverneure:
a) Regional Commissioner Air Vice Marshal (Rtd.) *Hugh V. Champion de Crespigny*
    Mai 1946 – Dezember 1947
    Dienstsitz: Somerset House, Niemannsweg, Kiel; Residenz: Herrenhaus Altenhof

b) *William Asbury*
    Januar 1947 – September 1949
    Dienstsitz: wie a)
    Stellvertreter des Regional Commissioner (Mai 1946 – 1948): Brig. *G. P. Henderson*

Kreis Detachments:
a) wie oben unter (1)

b) 1948 Umorganisation:

    Je ein Kreis Residence Officer in allen Stadt- und Landkreisen.

    Verwaltung zuammengefaßt in vier Kreis Groups:
    1. Kreis Group Flensburg:
       die Kreise Flensburg Stadt u. Land, Südtondern, Husum, Eiderstedt, Schleswig, Eckernförde;
    2. Kreis Group Itzehoe: die Kreise Steinburg, Norderdithmarschen, Süderdithmarschen, Pinneberg

3. Kreis Group Kiel: die Kreise Kiel, Rendsburg, Neumünster, Plön, Segeberg

4. Kreis Group Lübeck: die Kreise Lübeck, Eutin, Oldenburg, Stormarn, Herzogtum Lauenburg

(3) Schleswig-Holstein - Land

September 1949 – Mai 1955

a) Landeskommissar / Land Commissioner

(Begriff korrespondierend mit der Allied High Commission auf dem Petersberg am Rhein und dem britischen High Commissioner, Dienstsitz in Wahnheide bei Köln).

Land Commisioner: *William Asbury* September 1949 – Juni 1950
danach aufeinanderfolgend bis Mai 1955:
R.W. Luce und Brigadier (Rtd.) *R.V. Hume*

Dienstsitz: Somerset House, Kiel

b) Britische Kreis Residence Officers
in folgenden Orten (Stand 1953):

Kiel (für Kiel und Kreis Plön) : Captain (Rtd.) *A.S. Thompson*
Lübeck (für Lübeck, Kreise Oldenburg, Eutin, Stormarn, Herzogtum Lauenburg)
H.G. Sullivan
Itzehoe (für Kreise Steinburg, Pinneberg, Süderdithmarschen, Norderdithmarschen)
E.C. Whetmore
Rendsburg (für Kreise Rendsburg, Segeberg, Stadtkreis Neumünster)
Lt. Col. (Rtd.) *A. Cornell*
Schleswig (für Kreise Schleswig, Eckernförde, Flensburg-Stadt und -Land)
B. Daniell
Niebüll (für Kreise Südtondern, Husum und Eiderstedt)
Brigadier (Rtd.) *J. Vicary*

II. Die „preußische" Provinzialverwaltung
Mai 1945 – November 1945

(1) Der Oberpräsident

in Kiel

a) Dr. *Otto Hovermann*   kommissarisch eingesetzt am 14. Mai 1945
bestätigt 18. August 1945
entlassen 15. November 1945

b) *Theodor Steltzer*   kommissarisch eingesetzt 15. November 1945
bestätigt ca. 25. November 1945

Die Stellvertretung wurde ab 7. Juni 1945 aufeinanderfolgend wahrgenommen
– von Regierungsrat Paul Backe, am 25. August zum Regierungs-Vizepräsidnenten ernannt;
– vom Ersten Landesrat Dr. *Hans Müthling*.

(2) Der Landeshauptmann

in Schleswig; dorthin im Kriege von Kiel „ausgelagert"
Leiter des Provinzialverbandes Schleswig-Holstein (ohne den Kreis Herzogtum Lauenburg); dem Oberpräsidenten unterstellt, zurückgehend auf die Beseitigung der übergemeindlichen kommunalen Selbstverwaltung im Dritten Reich.

Erster Landesrat *Hans Müthling*, kommissarische Ernennung Ende Mai 1945
Amtsführung bis zur nicht genau datierbaren Aufhebung des Provinzialverbandes nach dem 1. Dez. 1945 (Aufhebung aufgrund mündlicher [!] Weisung der Mil.Reg.)

(3) Der Regierungspräsident

Regierungsbezirk Schleswig (benannt nach der Stadt als Sitz der Regierung)
Regierungsrat *Werner Mensching*, kommiss. Ernennung zum Regierungspräsidenten am 15. Mai 1945.

Wahrnehmung des Amtes bis zum 30. November 1945. An diesem Tage wurde die britische Anordnung vom 16. November 1945 zur Aufhebung des Regierungsbezirks Schleswig (entsprechend der Zone Policy Instruction Nr. 4 vom 24. Oktober 1945) wirksam.

III. Die einheitliche Provinzialverwaltung
mit Kiel als Provinz-Hauptstadt
Dezember 1945 – Februar 1946

(1) Der Oberpräsident

Theodor Steltzer; Dienstsitz im Rantzau-Bau des ansonsten zerstörten Kieler Schlosses

Leiter der neu-errichteten Präsidialkanzlei: Oberregierungsrat Dr. *Lauritz Lauritzen*

Stellverter des Oberpräsidenten: Dr. *Hans Müthling,* bestätigt am 14. Januar 1946
Zugleich Verbindungsmann des Oberpräsidenten in den fast täglichen Turnusbesprechungen mit der Militärregierung

Die Landesämter und ihre Amtschefs

errichtet zum 1. Dezember 1945

Amt für Inneres: Regierungsdirektor Dr. *Heinrich Clasen*
Amt für Finanzen: Erster Landesrat Dr. *Hans Müthling*
Amt für Wirtschaft und Verkehr: Dr. *Kuhnert*, Vizepräsident der IHK zu Lübeck
Amt für Ernährung, Landwirtschaft und Forsten: Reg.-Vizepräsident *Paul Backe*
Amt für Volksbildung (Schulen, Erwachsenenbildung): Ob.Stud.Direktor Dr. *Teichert*
Amt für Volkswohlfahrt: Landesrat Billian

Amtsinhaber in dieser Phase mit ihren hergebrachten Berufsbezeichnungen.
Sitz der Ämter teils in Kiel und übergangsweise teils in Schleswig

IV. Übergang zur parlamentarischen Regierungsform
in der Zeit der ernannten Landtage - Februar 1946 – April 1947

Provincial Advisory Council / Erster ernannter Landtag

a) Vorbereitende Schritte gemäß den britischen Weisungen vom 22. Januar, 7. Februar und 20. Februar 1946 zur Errichtung eines Provincial Advisory Council, also eines „Rates beim Oberpräsidenten", der dann als „Provinzialbeirat" bezeichnet wurde und sich schließlich als „Provinziallandtag" konstituieren konnte.
b) Eröffnungssitzung des Provinziallandtags im Kieler >Neuen Stadttheater< (heutiges Schauspielhaus) am 26. Februar 1946.

Vorsitzender: Oberpräsident *Theodor Steltzer*
Ständiger Sekretär: Regierungsrat *Hans-Georg Wormit*
ab 6. Mai 1946 Regierungsrat Dr. Roedel

c) Verselbständigung des Provinziallandtags durch die Wahl eines eigenen Präsidiums am 11. April 1947
Präsident: Pastor Dr. *Paul Husfeldt* (CDU)
1. Vizepräsident: *Karl Panitzki* (SPD)
2. Vizepräsident: *Hugo Bischof* (KPD)

d) Wahl dreier ständiger Ausschüssse
Ausschuß für Verfassung und Geschäftsordnung; Vors.: Prof. Dr. *Hermann von Mangoldt* (CDU)
Ausschuß für Landesplanung; Vorsitz: *Andreas Gayk* (SPD)
Ausschuß für Flüchtlingsfragen; Vorsitz: *Rudolf Günther* (CDU)

e) Tagungsstätten: 1. Sitz. s. ob. b); 2. Sitz.: Theater am Wilhelmplatz Kiel; 3.+4. Sitz.
Hörsaal der Milchforschungsanstalt in Kiel; 5. - 9. (= letzte) Sitzung im Festsaal der Pädagogischen Akademie
(ab Juli 1946: Pädagogische Hochschule) in Kiel-Hassee

(2) Parlamentarisch kontrollierte Verwaltung und erstes Kabinett Steltzer

a) Wahl von sieben Hauptausschüssen korrespondierend mit sieben Landesämtern am 11. April 1946

Hauptausschuß für innere Verwaltung — Landesamt für innere Verwaltung
Vorsitz: Prof. Dr. *Hermann von Mangoldt* (CDU) **Amtschef: Dr. *Lauritz Lauritzen***
Hauptausschuß für Haushalt und Finanzen — Landesamt für Finanzen
Vorsitz: *Thomas Andresen* (CDU) **Amtschef: Dr. *Hans Müthling***
Hauptausschuß für Wirtschaft — Landesamt für Wirtschaft-Verkehr
Vorsitz: *Bruno Diekmann* (SPD) **Amtschef: Dr. *Kuhnert***
Hauptausschuß für Ernährung- Landwirtschaft — Landesamt f. Ernährung-Landwirtschaft-Forsten
Vorsitz: *Willy Rickers* (CDU) **Amtschef: Dr. *Boyens***
Hauptausschuß für Volksbildung — Landesamt für Volksbildung
Vorsitz: *Wilhelm Kuklinski* (SPD) **Amtschef: Dr. *Teichert***
Hauptausschuß für Volkswohlfahrt — Landesamt für Volkswohfahrt
Vorsitz: *Kurt Pohle* (SPD) **Amtschef: *Billian***
Hauptausschuß für Gesundheitswesen — Landesamt für Gesundheitswesen
Vorsitz: *Emil Matthews* (KPD) **Amtschef: Dr. *Habernoll***

b) Erstes Kabinett *Steltzer*
gebildet am 11. April 1946; Zusammensetzung:

Oberpräsident *Theodor Steltzer* (CDU)
die Vorsitzenden der sieben Hauptausschüsse
von denen drei der CDU, drei der SPD und einer der KPD angehörten
(Namen unter 2 a)

Stellvertreter des Oberpräsidenten: *Wilhelm Kuklinski* (SPD)
am 6. Mai 1946 vom Landtag gewählt

Chef der Präsidialkanzlei
ab 1.6.1946: Regierungsdirektor Dr. *Wolfgang Praetorius*

(3) Änderung der Rechtslage

12. Juni 1946:	Verabschiedung der Vorläufigen Verfassung für das Land Schleswig-Holstein (keine Bestätigung durch die britische Militärregierung; gleichwohl als Verfassungsgrundlage für Schleswig-Holstein respektiert und in ihren Grundsätzen praktiziert)

Oberpräsident *Theodor Steltzer* führt auch den Titel >Landespräsident<
Die Hauptausschußvorsitzenden erhalten mit britischer Genehmigung den Titel >Landesminister<.

23. August 1946:	Verordnung Nr. 46 der britischen Militärregierung. Auswirkung:

Schleswig-Holstein erhält den vorläufigen Status eines Landes; der Regierungschef erhält den Titel >Ministerpräsident<.

[Gleiche Regelung auch für die Provinzen Hannover, Westfalen und Nordrhein als Grundlage für die nachfolgende Länder-Neuordnung in der Britischen Zone.]

(4) Zweites Kabinett *Steltzer*
23. November 1946 - 29. April 1947

Gebildet nach den Kreistagswahlen vom 13. Oktober 1946 gemäß britischer Anordnung; veränderte Rechtslage: nunmehr hauptamtliche Stellung der Landesminister; die sieben Landesämter sind ihnen direkt unterstellt.

Die schleswig-holsteinische Landesregierung:
Ministerpräsident: *Theodor Steltzer* (CDU)
   Chef der Landeskanzlei: Regierungsdirektor Dr. *Praetorius*
Landesminister des Innern und Stellv. Ministerpräsident: *Hermann Lüdemann* (SPD)
   Amtschef: Landesdirektor Dr. *Lauritzen*
Landesminister der Finanzen: *Thomas Andresen* (CDU)
   Amtschef: Leitender Landesdirektor Dr. *Müthling*
Landesminister für Wirtschaft: *Bruno Diekmann* (SPD)
   Amtschef: Landesdirektor Dr. *Kuhnert*
Landesminister für Ernährung und Landwirtschaft: *Hans Bundtzen* (CDU)
   Amtschef: Landesdirektor Dr. *Boysen*
Landesminister für Volkswohlfahrt: Dr. *Franz Ryba* (CDU)
   Amtschef: Landesdirektor *Goettsch*
Landesminister für Gesundheitswesen: *Kurt Pohle* (SPD)
   Amtschef: Landesdirektor Dr. *Stroomann*

Kabinettserweiterung am 2. Dezember 1946:
Landesminister der Justiz: Dr. *Gottfried Kuhnt* (CDU)
   Amtschef: komm. Landesdirektor *Paulsen*
Landesminister für Aufbau und Arbeit: *Erich Arp* (SPD)
   Amtschef und Leiter des Landungsplanungsamtes: Landesdirektor *Franken*

Kabinettsumbildung am 28. Februar/1. März 1947
Landesminister für Volkswohlfahrt: Dr. Dr. *Paul Pagel*

(5) Zweiter ernannter Landtag

2. Dezember 1946 – 19. April 1947

Gebildet gemäß britischer Anordnung auf der Grundlage der Kreistagswahlen vom 13. Oktober 1946 mit der Wahl je eines Vertreters aus den Bürgerschaften der kreisfreien Städte (= 4) und je eines Vertreters aus den Kreistagen (= 17) und mit ergänzender Ernennung gemäß dem Wahlergebnis vom 13. Oktober 1946. Insgesamt 63 Abgeordnete.

Mandatsverteilung demgemäß:

SPD = 24	CDU = 23	FDP = 8
SSV = 4	KPD = 3	DKP = 1
(Südschleswigscher Verein)		(Deutsche Konservative Partei)

Landtagspräsidium:
Präsident des Landtages: *Karl Ratz* (SPD)
Vizepräsident: *Claus Boyens* (CDU)
Vizepräsident: *Karl Panitzki* (SPD)

Ältestenrat: ergänzend zu den drei Mitgliedern des Landtagspräsidiums die Abgeordneten *Andreas Gayk* (SPD), *Carl Schröter* (CDU), *Peter Christel Asmussen* (FDP), *Samuel Münchow* (SSV) und *Otto Preßler* (KPD).

Tagungsstätte: Festsaal der Pädagogischen Hochschule in Kiel-Hassee mit Ausnahme der Sitzung (28.2.1947) und der 7. (= letzten) Sitzung (10.2.1947), als man in Lübeck bzw. in Flensburg tagte.

V. Landtage der 1. – 14. Wahlperiode

1. Wahlperiode 8. Mai 1947 - 31. Mai 1950

[Präsidium: Angabe in Folgendem: a) = **Präsident/Präsidentin des Landtages**
(für alle Wahlperioden) b) = 1. Vizepräsident/Vizepräsidentin
c) = 2. Vizepräsident/Vizepräsidentin]

a) **Karl Ratz** (SPD)
b) *Thomas Andresen* (CDU)
c) *Karl Panitzki* (SPD)

In dieser Wahlperiode, nämlich am 13. Dezember 1949, Verabschiedung der Landessatzung

Sitzungsorte: Am 24. und 25. April letztmalige Tagung des Landtags im Festsaal der Pädagogischen Hochschule in Kiel-Hassee
Am 3. Mai 1950 erstmalige Tagung des Landtags in seinem neuen Plenarsaal im Landeshaus am Düsternbrooker Weg in Kiel.

Wahlperiode 7. August 1950 - 6. August 1954

a) **Karl Ratz** (SPD)
b) Dr. *Walther Böttcher* (CDU)
c) *Hans von Herwarth* (BHE)

In dieser Wahlperiode, nämlich am 20. November 1950, die Artikel 6 und 8 betreffende Revision der Landessatzung durchgeführt.

3. Wahlperiode 11. Oktober 1954 - 10. Oktober 1958

a) Dr. **Walther Böttcher** (CDU)
b) *Karl Ratz* (SPD)
c) *Hans von Herwarth* (GB/BHE; ab Juli 1958 CDU)

4. Wahlperiode 27. Oktober 1958 - 26. Oktober 1962

a) Dr. **Walther Böttcher** (CDU); ab September 1959 **Claus J. von Heydebreck** (CDU)
b) *Wilhelm Siegel* (SPD)
c) Dr. *Arthur Schwinkowski* (CDU)

5. Wahlperiode 29. Oktober 1962 - 28. April 1967

a) **Claus Joachim von Heydebreck** (CDU); ab April 1964 Dr. **Paul Rohloff** (CDU)
b) *Wilhelm Siegel* (SPD)
c) Dr. *Arthur Schwinkowski* (CDU)

6. Wahlperiode 16. Mai 1967 - 15. Mai 1971

a) Dr. **Paul Rohloff** (CDU)
b) *Gerhard Strack* (SPD)
c) Dr. *Arthur Schwinkowski* (CDU); ab November 1967 *Ernst Schoof* (CDU)

7. Wahlperiode 24. Mai 1971 - 24. Mai 1975

a) Dr. **Helmut Lemke** (CDU)
b) *Kurt Schulz* (SPD)
c) Dr. *Hartwig Schlegelberger* (CDU)

8. Wahlperiode 26. Mai 1975 - 26. Mai 1979

a) Dr. **Helmut Lemke** (CDU)
b) *Kurt Hamer* (SPD)
c) Dr. *Egon Schübeler* (CDU)

9. Wahlperiode 29. Mai 1979 - 12. April 1983

a) Dr. **Helmut Lemke** (CDU)
b) *Kurt Hamer* (SPD)
c) Dr. *Egon Schübeler* (CDU)

10. Wahlperiode 12. April 1983 - 2. Oktober 1987

a) **Rudolf Titzck** (CDU)
b) *Kurt Hamer* (SPD)
c) Dr. *Egon Schübeler* (CDU)

11. Wahlperiode 2. Oktober 1987 - 31. Mai 1988

    a) *Lianne Paulina-Mürl* (SPD)
    b) Prof. Dr. *Eberhard Dall'Asta* (CDU)
    c) *Uwe Jensen* (SPD)

12. Wahlperiode 31. Mai 1988 - 5. Mai 1992

    a) *Lianne Paulina-Mürl* (SPD)
    b) Prof. Dr. *Eberhard Dall'Asta* (CDU)
    c) *Alfred Schulz* (SPD)

    In dieser Wahlperiode, nämlich am 13. Juni 1990, grundlegende Revision der Landessatzung; neuer Name: Verfassung des Landes Schleswig-Holstein

13. Wahlperiode 5. Mai 1992 - 23. April 1996

    a) *Ute Erdsiek-Rave* (SPD)
    b) Prof. Dr. *Eberhard Dall'Asta* (CDU)
    c) Dr. *Ernst-Dieter Rossmann* (SPD)

14. Wahlperiode ab 23. April 1996

    a) *Heinz-Werner Arens* (SPD)
    b) Prof. Dr. *Eberhard Dall'Asta* (CDU)
    c) Dr. *Gabriele Kötschau* (SPD)

VI. Landesregierungen in der Zeit der 14 Wahlperioden

(1) Ministerpräsident *Hermann Lüdemann* (SPD)
April 1947 - 29. August 1949
Ein-Parteien-Regierung der SPD

= 1. Wahlperiode
Führer der Opposition
Carl Schröter **(CDU)**

(2) Ministerpräsident *Bruno Diekmann* (SPD)
August 1949 - 5. September 1950
Ein-Parteien-Regierung der SPD

= 1. u. 2. Wahlperiode
Führer der Opposition
Carl Schröter **(CDU)** [bis 31.5.1950;
danach Vakanz bis 05.09.1950]

(3) Ministerpräsident Dr. *Walter Bartram* (CDU)
September 1950 - 25. Juni 1951
Koalitionsregierung von CDU, BHE, FDP, DP
(Reihenfolge der Parteien gemäß der Zahl der Ministerämter)

= 2. Wahlperiode
Führer der Opposition
aufeinanderfolgend *Andreas Gayk*
(SPD) und *Bruno Diekmann* **(SPD)**

(4) Ministerpräsident *Friedrich-Wilhelm Lübke* (CDU)
a) 25. Juni 1951 - 27. Juli 1951
   engeres Kabinett CDU - FDP
   28. Juli 1951 - 11. Oktober 1954
   Koalitionsregierung von CDU, GB/BHE, FDP, DP
   (ab Januar 1952 ohne FDP; ab Herbst 1952 ohne DP)

= 2. Wahlperiode
Führer der Opposition
aufeinanderfolgend *Bruno Diekmann*
(SPD) und *Wilhelm Käber* **(SPD)**

(5) Ministerpräsident *Kai-Uwe von Hassel* (CDU)
Oktober 1954 - 7. Januar 1963
Koalitionsregierung von CDU, GB/BHE, FDP
(ab September 1958 ohne GB/BHE; ab Oktober 1962 ohne FDP,
sodann Ein-Parteien-Regierung der CDU)

= 3., 4. u. 5. Wahlperiode
Führer der Opposition
Wilhelm Käber (SPD)

(6) Ministerpräsident Dr. *Helmut Lemke* (CDU)
Januar 1963 - 24. Mai 1971
Koalitionsregierung von CDU u. FDP
(ab Februar 1971 ohne FDP, sodann Ein-Parteien-Regierung)

= 5. u. 6. Wahlperiode
Führer der Opposition
aufeinanderfolgend *Wilhelm Käber*
(SPD) und *Joachim Steffen* (SPD)

(7) Ministerpräsident Dr. *Gerhard Stoltenberg* (CDU)
Mai 1971 - 4. Oktober 1982
Ein-Parteien-Regierung der CDU

= 7., 8. u. 9. Wahlperiode
Führer der Opposition
aufeinanderfolgend *Kurt Hamer*
(SPD) und *Klaus Matthiesen* (SPD)

(8) Ministerpräsident Dr. Dr. *Uwe Barschel* (CDU)
Oktober 1982 - 2. Oktober 1987
Ein-Parteien-Regierung der CDU

= 9. u. 10. Wahlperiode
Führer der Opposition
aufeinanderfolgend *Klaus Matthiesen*
(SPD) und *Björn Engholm* (SPD)

(9) Geschäftsführender Ministerpräsident Dr. *Henning Schwarz* (CDU)

Oktober 1987 - 31. Mai 1988
Ein-Parteien-Regierung der CDU

= 11. Wahlperiode
Führer der Opposition
Björn Engholm (SPD)

(10) Ministerpräsident *Björn Engholm* (SPD)
Mai 1988 - 5. Mai 1992
Ein-Parteien-Regierung der SPD

= 12. Wahlperiode
Führer der Opposition
aufeinanderfolgend *Heiko Hoffmann*
(CDU) und *Klaus Kribben* (CDU)

Gemäß der Neufassung der Landessatzung als Verfassung des Landes Schleswig-Holstein vom 13. Juni 1990 endet die Amtszeit des Ministerpräsidenten nunmehr mit dem Beginn einer neuen Wahlperiode, also mit der konstituierenden Sitzung des neugewählten Landtages (siehe Art. 27 der Landesverfassung).

(11) Ministerpräsident *Björn Engholm* (SPD)
5. Mai 1992 - 19. Mai 1993
Ein-Parteien-Regierung der SPD

= 13. Wahlperiode
Führer der Opposition
Dr. *Ottfried Hennig* (CDU)

(12) Ministerpräsidentin *Heide Simonis* (SPD)
Mai 1993 - 22. Mai 1996
Ein-Parteien-Regierung der SPD

= 13. Wahlperiode
Führer der Opposition
Dr. *Ottfried Hennig* (CDU)

(13) Ministerpräsidentin *Heide Simonis* (SPD)
Mai 1996 - xxx
Koalitionsregierung
von SPD und Bündnis 90/Die Grünen

= 14. Wahlperiode
Führer der Opposition
aufeinanderfolgend Dr. *Ottfried Hennig* (CDU)
Martin Kayenburg (CDU)

Dokumentarischer Anhang

[FN: Der knappe Raum läßt nur die Wiedergabe einer kleinen, aber in ihrem Aussagewert repräsentativen Anzahl von Dokumenten zu. Die Quellenaussagen stehen in Normalschrift, alle Erklärungen, Fundstellenangaben und sonstigen Zusätze in Kursivschrift.]

I. Zwölf Vorgänge zum politischen Neuaufbau

1.) Die Entlassung des Oberpräsidenten und Gauleiters Lohse durch Großadmiral Dönitz im Mai 19945

(Schriftstück aus: Akten der Geschäftsführenden Reichsregierung Dönitz, Bundesarchiv Koblenz)

Der Großadmiral   Hauptquartier, 6. Mai 1945

....

5. Herrn Oberpräsidenten Lohse, Kiel
Sehr geehrter Herr Oberpräsident!

In Berücksichtigung der gegenwärtigen Lage habe ich mich entschlossen, auf Ihre weitere Mitarbeit als Oberpräsident und Reichsverteidigungskommissar zu verzichten. Ich danke Ihnen für die Dienste, die Sie dem Reich geleistet haben.

Entwurf zum Entlassungsschreiben von Oberpräsident Lohse, gleichlautend mit den Entwürfen zu den Entlassungsschreiben der Reichsminister Rust, Rosenberg und Thierack, und zwar mit den Vermerken, daß die Reinschriften am 9. Mai 1945 abgesandt seien.

2.) Steltzers Neuordnungspläne gemäß seinem Brief an Otto von der Gablentz, Berlin, Oktober 1945

(Schriftstück aus: Nachlaß Steltzer)

Landrat Steltzer   Rendsburg, den 26. Oktober 1945

Lieber Gablentz!

Es tut mir so leid, daß die Verbindung mit Dir so abgerissen ist ... Ich glaube jetzt, daß der eigentliche aussichtsreiche Aufbauweg stärker von unten nach oben geht. Wenn es uns gelingt, zunächst die Provinzen, vielleicht zunächst nur eine Provinz, klar aufzubauen, wird sich das ohne weiteres auch auf die anderen Gebiete auswirken. Und von einer solchen Basis aus, nämlich einer einheitlichen provinziellen Landesverwaltung ergeben sich klare Gesichtspunkte für das Anpacken derjenigen Fragen, die überprovinziell geregelt werden müssen. Die Stellung des Oberpräsidenten hat für mich nicht den geringsten Reiz, solange er die bisherigen Funktionen ausübt. Das gleiche gilt für den Regierungspräsidenten. Es ist für den Gesamtaufbau von äußerster Bedeutung, daß hier keine Fehler gemacht werden. Für Hannover habe ich da schon gewisse Bedenken. Es sieht aber so aus, als wenn in absehbarer Zeit ein Aufbau hier nach vernünftigen Prinzipien möglich sein wird, dem ich denn doch eine überprovinzielle Bedeutung beimessen würde. Unter diesen Umständen kommt alles darauf an, daß hier geeignete Mitarbeiter zur Verfügung stehen. Das Problem ist, eine Schleswig-Holsteinische Landesverwaltung mit den besten Leuten zu besetzen, die zu finden sind. Diese Leute müssen fähig sein, sich in die provinziellen Ansätze von der Gesamtaufgabe aus hineinzudenken, oder mit anderen Worten, vom Ganzen her zu denken. Und Du weißt ja, wie spärlich solche Leute gesät *(sic)* sind. Nun möchte ich Dich bitten, mit behilflich zu sein, daß wir derartige Leute finden. Es ist meine feste Überzeugung, daß diese Arbeit wichtig ist, auch für den größeren Rahmen. Es käme sogar in Frage, derartige Persönlichkeiten unter Umständen nachher für eine größere Verantwortung abzugeben. Bei einer einheitlichen Landesverwaltung würde es sich um die Besetzung

MILITARY GOVERNMENT OF GERMANY

FRAGEBOGEN
PERSONNEL QUESTIONNAIRE

WARNUNG. Im Interesse von Klarheit ist dieser Fragebogen in deutsch und englisch verfasst. In Zweifelsfällen ist der englische Text massgeblich. Jede Frage muss so beantwortet werden, wie sie gestellt ist. Unterlassung der Beantwortung, unrichtige oder unvollständige Angaben werden wegen Zuwiderhandlung gegen militärische Verordnungen gerichtlich verfolgt. Falls mehr Raum benötigt ist, sind weitere Bogen anzuheften.

WARNING. In the interests of clarity this questionnaire has been written in both German and English. If discrepancies exist, the English will prevail. Every question must be answered as indicated. Omissions or false or incomplete statements will result in prosecution as violations of military ordinances. Add supplementary sheets if there is not enough space in the questionnaire.

A. PERSONAL
PERSONNEL

Name / *Name* — Zuname / *Surname*: **Backe**   Vornamen / Middle Name — Christian Name: **Paul Josef Johann**   Ausweiskarte Nr. / *Identity Card No.*

Geburtsdatum / *Date of birth*: **15. 8. 1886**   Geburtsort / *Place of birth*: **Stolp**

Staatsangehörigkeit / *Citizenship*: **Deutsch Reich**   Gegenwärtige Anschrift / *Present address*: **Kiel, Fichtestraße 2**

Ständiger Wohnsitz / *Permanent residence*: **Kiel**   Beruf / *Occupation*: **Regierungsrat**

Gegenwärtige Stellung / *Present position*: **Regierungsrat**   Stellung, für die Bewerbung eingereicht / *Position applied for*

Stellung vor dem Jahre 1933 / *Position before 1933*: **Regierungsrat**

B. MITGLIEDSCHAFT IN DER NSDAP

1. Waren Sie jemals ein Mitglied der NSDAP?
   ☒ Nein

2. Daten

3. Haben Sie jemals eine der folgenden Stellungen in der NSDAP bekleidet?
   (a) REICHSLEITER, oder Beamter in einer Stelle, die einem Reichsleiter unterstand? Ja ☒ Nein
   Titel der Stellung ____ Daten ____
   (b) GAULEITER, oder Parteibeamter innerhalb eines Gaues? Ja ☒ Nein
   Daten ____ Amtsort ____
   (c) KREISLEITER, oder Parteibeamter innerhalb eines Kreises? Ja ☒ Nein
   Titel der Stellung ____ Daten ____ Amtsort ____
   (d) ORTSGRUPPENLEITER, oder Parteibeamter innerhalb einer Ortsgruppe?
   ☒ Nein Titel der Stellung ____
   Daten ____ Amtsort ____
   (e) Ein Beamter in der Parteikanzlei? Ja ☒ Nein
   Titel der Daten ____ Stellung ____
   (f) Ein Beamter in der REICHSLEITUNG der NSDAP? Ja ☒ Nein
   Titel der Daten ____ Stellung ____
   (g) Ein Beamter im Hauptamte für Erzieher? Im Amte des Beauftragten des Führers für die Überwachung der gesamten geistigen und weltanschaulichen Schulung und Erziehung der NSDAP? Ein Direktor oder Lehrer in irgend einer Parteibildungsschule? Ja ☒ Nein
   Titel der Daten ____ Stellung ____
   Name der Einheit oder Schule ____
   (h) Waren Sie Mitglied des KORPS DER POLITISCHEN LEITER?
   Ja ☒ Nein Daten der Mitgliedschaft ____
   (i) Waren Sie ein Leiter oder Funktionär in irgend einem anderen Amte, Einheit oder Stelle (ausgenommen sind die unter C unten angeführten Gliederungen, angeschlossenen Verbände und betreuten Organisationen der NSDAP)?
   Ja ☒ Nein Titel der Daten ____ Stellung ____
   (j) Haben Sie irgendwelche nahe Verwandte, die irgend eine der oben angeführten Stellungen bekleidet haben?
   ☒ Nein Wenn ja, geben Sie deren Namen und Anschriften und eine Bezeichnung deren Stellung ____

C. TÄTIGKEITEN IN NSDAP HILFSORGANISATIONEN

Geben Sie hier an, ob Sie ein Mitglied waren und in welchem Ausmasse Sie an den Tätigkeiten der folgenden Gliederungen, angeschlossenen Verbände und betreuten Organisationen teilgenommen haben:

B. NAZI PARTY AFFILIATIONS

Have you ever been a member of the NSDAP? yes, no. Dates.

Have you ever held any of the following positions in the NSDAP?

REICHSLEITER or an official in an office headed by any Reichsleiter? yes, no; title of position; dates.

GAULEITER or a Party official within the jurisdiction of any Gau? yes, no; dates; location of office.

KREISLEITER or a Party official within the jurisdiction of any Kreis? yes, no; title of position; dates; location of office.

ORTSGRUPPENLEITER or a Party official within the jurisdiction of an Ortsgruppe? yes, no; title of position; dates; location of office.

An official in the Party Chancellery? yes, no; dates; title of position.

An official within the Central NSDAP headquarters? yes, no; dates; title of positions.

An official within the NSDAP's Chief Education Office? In the office of the Führer's Representative for the Supervision of the Entire Intellectual and Politico-philosophical Education of the NSDAP? Or a director or instructor in any Party training school? yes, no; dates; title of position; Name of unit or school.

Were you a member of the CORPS OF POLITISCHE LEITER? yes, no; Dates of membership.

Were you a leader or functionary of any other NSDAP offices or units or agencies (except Formations, Affiliated Organizations and Supervised Organizations which are covered by questions under C below)? yes, no; dates; title of position.

Have you any close relatives who have occupied any of the positions named above? yes, no; if yes, give the name and address and a description of the position.

C. NAZI "AUXILIARY" ORGANIZATION ACTIVITIES

Indicate whether you were a member and the extent to which you participated in the activities of the following Formations, Affiliated Organizations or Supervised Organizations.

Erste Seite des im Mai 1945 vom derzeitigen Regierungsrat im Oberpräsidium Paul Backe ausgefüllten Fragebogens

(24) Kiel (Schloß), den 25.August 194 5

Fernsprech-Nrn. 1384-1387, 1358, 1365, 8820-8822 u. 14 664

C.P.I -3- pers.Backe

Bei Antworten wird um Angabe des obigen
Geschäftszeichens gebeten

An
Herrn Regierungs-und Landeskulturrat
Paul B a c k e

im H a u s e .

auf meinen Vorschlag hat sich die britische Militärregierung
für die Provinz Schleswig-Holstein mit Ihrer Bestellung zu
meinem Stellvertreter in den Angelegenheiten der Staatsverwaltung einverstanden erklärt.Ich habe Sie daher zum Vizepräsidenten des Oberpräsidiums(Regierungsvizepräsident)ernannt.

Ihre Ernennungsurkunde ist beigefügt.

Im Auftrage der Militärregierung mache ich Sie darauf aufmerksam
dass Sie Ihres Amtes enthoben werden können,wenn Ihre Amtsführung oder Ihr Verhalten aus irgend einem Grunde unbefriedigend sein sollte.

Ihr Besoldungsdienstalter und Ihr Gehalt wird noch festgesetzt
werden.

Ihre Aufwandsentschädigung wird bis auf weiteres auf 75,--RM
monatlich hiermit festgesetzt.

*Die Berufung des Regierungsrates Paul Backe zum Vizepräsidenten des Oberpräsidiums durch den Oberpräsi-
denten Dr. Hoevermann*

von Abteilungen handeln, die unter dem Landeshauptmann zusammengefaßt werden. Dem Landeshauptmann würde ich als Stellvertreter des Landespräsidenten die Leitung der Gesamtexekutive übertragen. Der Regierungspräsident als solcher muß fallen. In den größeren Provinzen kann man nötigenfalls Landdrosten oder ähnliches unter dem Landeshauptmann einsetzen, falls für einige Aufgaben doch derartige untere Zusammenfassungen erforderlich sind ... Hier bin ich für die Weiterführung der Arbeit auch auf unsere Kreisauer Konzeption getroffen. Gewerkschaften und Bauern sind zur Zusammenarbeit bereit und wollen auch die volkspädagogische Arbeit tragen, von der wir hoffen, daß wir sie im nächsten Frühjahr von einer ziemlich großen Basis aus wieder in Angriff nehmen können. Das Beste wäre, wenn Du Dein Büro nach hierher verlägest und bei der Gelegenheit auch die geplanten Bücher schriebst. Daneben müssen wir einen Volkswirtschaftsrat im Gesamtgebiet bilden, der miteinander *(sic)* in Fühlung bleibt ... Wir wissen ja ungefähr, welche Leute dafür in Frage kommen. Ich glaube, daß aus einer solchen Arbeit mehr herauskommen wird, als aus allen Zonenbehörden und Zonengremien. Es ist mein Ernst, daß Du hier einen ganz festen Grund fändest, um Deine Arbeiten weiterzuführen in engster Verbindung mit der gestaltenden Praxis. Also lasse Dir diese Dinge doch bitte durch den Kopf gehen. Hoffentlich geht es Euch sonst gut.

Dir und Deiner Frau herzlich Grüße!

Dein Theodor Steltzer

3.) Steltzers Neuordnungspläne gemäß seinem Schreiben an die Militärregierung, November 1945 (ohne Anlage)

(Schriftstück aus: Akten des Schleswig-Holsteinischen Innenministeriums, Kiel)

D. O. P.

O. P. I – 5 - Kiel, den 29. Nov. 1945

An

die brit. Mil. Reg. f. d. Prov. Schleswig-Holst.

in Kiel

Betr.: Reorganisation der Provinzial- und Regierungsbezirksverwaltung

Bezug: Anordnung v. 16. ds. Mts. – 312 / Civ. Adm. / 638 / Policy u. mein Bericht vom 26. ds. Mts. – O. P. I – 5 -.

1. Der Plan vom 6.11.1945 ist auf Grund Ihres Schreibens vom 16. ds. Mts. nochmals überprüft und in einigen Punkten abgeändert worden. Mein neuer Vorschlag ist in dem beigefügten Diagramm (Anlage A) enthalten. Die durchgeführten Änderungen verfolgen den Zweck:

   a) Die gesamte Organisation durch Einschaltung einer kleinen Führungsstelle des Leiters der Behörde (Präsidialkanzlei) elastisch und schlagkräftiger zu gestalten,

   b) die einzelnen Ämter einheitlich u. organisatorisch besser zu gliedern,

   c) solche Sachgebiete stärker herauszuheben, die in dem Vorschlag vom 6. ds. Mts. nicht genügend berücksichtigt waren, die ich aber für besonders wichtig halte.

   d) Die Betreuung der Kieler Universität in geeigneter Form durchzuführen. Entsprechend den geltenden Rechtsvorschriften soll eine Beamter als Universitätskurator die gesetzlich vorgesehenen Befugnisse und besonders die wirtschaftliche Unterstützung und Kontrolle der Universitätsverwaltung wahrnehmen, ohne daß die Selbstverwaltung der Universität geschmälert wird.

   Ich bitte, dem neuen Plan zuzustimmen.

2. Als Sitz der gesamten Verwaltung schlage ich Schleswig vor.

   a) Nach der bisherigen Rechtslage ist der Schwerpunkt der Verwaltung die Regierung gewesen, während das Oberpräsidium eine Aufsichtsinstanz darstellte, die ursprünglich nicht über einen größeren Beamtenapparat verfügte. Erst in neuerer Zeit – besonders seit 1933 – hat der Oberpräsident in zunehmendem Maße auch Aufgaben der laufenden Verwaltung übernommen.

   b) Die Stadt Schleswig hat im Kriege nicht in demselben Maße wie Kiel gelitten u. kann daher leichter eine derart große Behörde aufnehmen.

   c) Schleswig ist seit Jahrhunderten im Bewußtsein der Bevölkerung der Provinz als Verwaltungssitz verankert. Auch der Oberpräsident hatte von Anfang an dort seinen Sitz u. verlegte ihn erst im Kriege 1914-1918 – vorwiegend aus militärischen Gründen – nach Kiel.

   Aus diesem Grunde bitte ich Sie, Schleswig als Sitz der neuen Behörde zu bestimmen.

3. Es ist nicht möglich, sofort die gesamte Verwaltung an dem neuen Sitz der Behörde zusammenzufassen. Insbesondere wird es zweckmäßig sein, das Amt für Wirtschaft zunächst in Kiel zu belassen, weil es auf enge Zusammenarbeit mit den hier sitzenden Behörden, Wirtschaftsstellen usw. angewiesen ist und die Unterbringung in Kiel daher gewisse Vorteile bietet. Die Leitung der übrigen Ämter kann sofort nach Schleswig verlegt werden. Dasselbe gilt für mich selbst und die vorgeschlagene Präsidialkanzlei. Es ergibt sich hieraus folgende Unterbringung:

Amt für Inneres (Schleswig),

Amt für Finanzen (Schleswig),

Amt für Schulen und Erwachsenenbildung (Schleswig),

Amt für Volkswohlfahrt (Provinzialverwaltung in Schleswig),

Amt für Ernährung, Landwirtschaft und Forsten (Schleswig),

Amt für Wirtschaft in Kiel.

Ich bitte, auch dieser Regelung zuzustimmen.

4. Nach der Vereinigung der Regierung mit dem Oberpräsidium wird es erforderlich sein, weitere Vereinfachungen und Verbesserungen in dem Verwaltungsaufbau der Provinz durchzuführen. Dringend sind zwei Aufgaben:

a) Einbau der Provinzialverwaltung, die sich unter der Leitung des Ersten Landrats Dr. Müthling in Schleswig befindet, in die neue Behörde. Hierdurch würde eine weitere wesentliche Vereinfachung erreicht werden, weil gegenwärtig noch viel Doppelarbeit durch das Nebeneinander der beiden Stellen geleistet wird. Der kommunale Provinzialverband verdankt sein Entstehen dem Bestreben, der zentral aufgebauten Staatsverwaltung in der Prov. Inst. (sic) einen mit weitgehenden Befugnissen ausgestatteten Selbstverwaltungs-Organismus entgegen zu stellen und die Kräfte der landschaftlichen Selbstverwaltung hierdurch zur Mitarbeit am öffentlichen Leben anzuregen. Nachdem die Mil. Reg. für die Verwaltung der Provinz eine demokratische Vertretungskörperschaft vorgesehen hat, ist der Selbstverwaltungsgedanke für die Zukunft genügend berücksichtigt. Ein Fortbestand des Provinzialverbandes ist daher nicht mehr erforderlich.

b) Überprüfung und Vereinfachung der Behörden in der Kreis- und Lokalinstanz, um weitere Stellen zusammenzufassen und einzusparen. Hierbei können weitgehend Aufgaben der staatlichen Behörden auf Dienststellen der Gemeinden und Kreise übertragen werden.

5. Das in Ziffer 9 Ihres Schreibens vom 16. ds. Mts. angeforderte umfassende Diagramm habe ich noch nicht vorgelegt, weil es nach dem gegenwärtigen Stand keine klare endgültige Lösung darstellen würde. Ich bitte, bevor ich diese Übersicht einreiche, mir Ihre Entscheidung über Ziffer 4 meines heutigen Berichts zuzuleiten.

Übersetzung ist beigefügt ...

Steltzer

4.) Schreiben des britischen Militärgouverneurs Henderson zwecks Einberufung eines Provinzialbeirates (= Provinziallandtages), Anfang Februar 1946, (ohne Anlage)
(Schriftstück aus: Archiv des Schleswig-Holsteinischen Landtages)

Betr. Provinzialbeirat

An den
Oberpräsidenten
der Provinz Schleswig-Holstein
Kiel, Oberpräsidium

312 / H. Q. Mil. Gov.
Schleswig-Holstein Region
I A & C Branch
Adm and Local Gov. Sec
312 / A & Lg / 8515 / 22
7. Februar 1946

1. Es ist beschlossen worden, einen Beirat für die Provinz Schleswig-Holstein zu bilden, der „Provinzialbeirat der Provinz Schleswig-Holstein" genannt werden soll.

2. Ziel

Dieser Beirat soll dafür Sorge tragen, daß die Ansichten und Bedürfnisse aller Bevölkerungsklassen berücksichtigt werden, wenn Beschlüsse zu fassen sind, die jedermann betreffen.

3. Zusammensetzung

a) Der Rat setzt sich folgendermaßen zusammen:

Der Oberpräsident (als Vorsitzender)

60 Mitglieder (die von der Militärregierung ernannt werden). Einzelheiten auf Anlage „A". Ein Sekretär (ein Beamter, der mit Genehmigung des Beirats vom Oberpräsidenten ernannt wird).

b) Obwohl alle Mitglieder des Beirats ernannt werden, ist die Militärregierung bereit, Anträge des Rates auf Änderung der Gesamtzusammensetzung oder Austausch einzelner Mitglieder entgegenzunehmen.

c) Die Mitglieder sind so zu wählen, daß sie jeden Kreis der Provinz und möglichst viele andere Interessen und Bevölkerungsschichten vertreten.

4. Funktionen

a) Der Beirat hat ausschließlich beratende Funktionen. Er besitzt nicht die Vollmacht, Gesetze zu erlassen oder anzuordnen, daß seine Beschlüsse ausgeführt werden.

b) Er wird ermächtigt, über alle Fragen im Rahmen der Provinzialverwaltung (Allgemeine Verwaltung) zu beraten und Beschlüsse zu fassen, vorbehaltlich der Bestimmungen der Verordnung Nr. 8, die die Diskussion aller Fragen regelt, welche sich auf die Sicherheit und die Politik der Militärregierung und der alliierten Besatzungsbehörden beziehen.

c) Fernerhin wird er ermächtigt, alle Fragen im Rahmen der Sonderverwaltungen zu besprechen und Beschlüsse an die zuständige Abteilung weiterzuleiten (z.B. an das Landesarbeitsamt).

d) Der Oberpräsident und die Leiter der Sonderverwaltungen sind verpflichtet, die Beschlüsse des Rates gebührend zu prüfen und sie, wenn dies möglich und wünschenswert ist, nach Rücksprache bei der Militärregierung durchzuführen.

5. Zukünftige Politik

Die Militärregierung beabsichtigt, daß dieser Beirat später einmal die Grundlage bilden soll für einen umfassenden ernannten Repräsentativausschuß (den Provinziallandtag) mit gesetzgebender Gewalt. Dies soll der Rat immer im Auge behalten und alles in Erwägung ziehen, was diese Änderung der Rechtsstellung zur Folge hat, wozu auch der Entwurf einer Verfassung für eine Körperschaft mit unumschränkter gesetzgebender Gewalt gehört.

6. Befugnisse hinsichtlich der Lokalverwaltung

Der Rat muß sich immer vergegenwärtigen, daß die Politik der Militärregierung auf eine möglichst weitgehende Dezentralisierung der Gewalten und Funktionen auf Kreis- und Gemeindeverwaltungen zielt. Darum darf der Rat keine Beschlüsse fassen, die die Selbstverwaltung der Lokalbehörden einengen.

7. Politik

Jedes Ratsmitglied (mit Ausnahme des Oberpräsidenten und des Sekretärs) kann sich uneingeschränkt im Parteileben betätigen. Jedes Ratsmitglied, das einen Beamten zur Beteiligung an der Politik oder zum Eintritt in die eigene Partei zu überreden versucht, ist aus dem Rat zu entfernen.

8. Geschäftsordnung ...

9. Eröffnung

Zur Eröffnung des Provinzialbeirates werden weitere Anordnungen ergehen. Bitte treffen Sie Vorkehrungen, daß die erste Sitzung evtl. in der dritten Februarwoche 1946 abgehalten werden kann.

G. P. Henderson

5.) Die Ansprache des Oberpräsidenten Theodor Steltzer zur Eröffnung des ersten ernannten schleswig-holsteinischen Provinziallandtages am 26. Februar 1946

(Schriftstück aus: Nachlaß Steltzer)

Herr General!

Herr Brigadier!

Meine Herren von der Militärregierung!

Sehr verehrte Mitglieder des schleswig-holsteinischen Provinziallandtages!

Die Berufung dieses schleswig-holsteinischen Provinziallandtages ist ein erster Schritt, um nunmehr auch auf der Ebene der Provinz eine oberste Vertretungskörperschaft für unsere schleswig-holsteinische Bevölkerung zu schaffen. Zwar handelt es sich noch um einen ernannten Provinziallandtag. Und erst wenn wir soweit sein werden, daß ein demokratisch gewählter Landtag eine ihm verantwortliche Provinzialregierung einsetzt, können wir sagen, daß wir den demokratischen Aufbau unseres Landes zu einem Abschluß gebracht haben. Aber ich glaube, daß wir alle es dankbar begrüßen müssen, wenn wir jetzt eine oberste Vertretung haben, die nicht nur zu allen Landesangelegenheiten Stellung nehmen, sondern auch im Rahmen der von der Militärregierung getroffenen Anordnungen Beschlüsse fassen kann. Ich möchte die Hoffnung aussprechen, daß wir durch verantwortungsbewußte und sachliche Zusammenarbeit in diesem Provinziallandtag dazu beitragen, daß der demokratische Aufbau unseres Landes in absehbarer Zeit seiner Endlösung zugeführt wird ...

Ich glaube, wir alle begrüßen es, daß anstelle des ursprünglich vorgesehenen Provinzialbeirates schon jetzt eine beschließende Körperschaft mit Vollmachten getreten ist, die die Kompetenzen der früheren preußischen Provinziallandtage bei weitem übersteigen. Denn der heute zusammentretende schleswig-holsteinische Provinziallandtag ist nicht nur das oberste beschließende Organ für alle Fragen der allgemeinen Landesverwaltung, sondern hat auch das Recht zur Behandlung von Fragen erhalten, die sich auf die Gebiete der Sonderverwaltungen erstrecken. So knüpfen wir wie bei der Bildung der Gemeinden, Städte und Kreise auch mit den dem Provinziallandtag zugewiesenen Rechten wieder an die alte Selbständigkeitstradition unseres Landes an. Wir sind dankbar dafür, denn wir Schleswig-Holsteiner sind immer treue Deutsche gewesen. Aber wir haben uns ungern in den preußischen Staat eingliedern lassen und haben uns unter seinem autoritär zentralistischen System nie zu Hause gefühlt. Eine eigene einheitliche Landesverwaltung ist bereits unter weitgehender Vereinfachung im Aufbau begriffen. Bisher hatten wir drei Instanzen auf der Provinzebene:

1. das Oberpräsidium alter Prägung,
2. das Regierungspräsidium,
3. die Provinzialverwaltung.

Das preußische Regierungspräsidium in Schleswig ist bereits am 1. Dezember 1945 aufgelöst. Mit der Schaffung eines schleswig-holsteinischen Provinziallandtages wird nun auch die Verwaltung des Oberpräsidenten unter eine demokratische Kontrolle gestellt. Ein Bedürfnis für eine weitere Selbstverwaltungskörperschaft besteht daher nicht mehr. Die baldige Auflösung der bisherigen Provinzialverwaltung ist deshalb in Aussicht genommen. Dann werden wir eine einheitliche, klar nach Sachgebieten geordnete Landesverwaltung besitzen, die hoffentlich auch bald diesen Namen erhalten wird. Die bisherigen Maßnahmen wurden von der Militärregierung angeordnet und in Zusammenarbeit mit ihr durchgeführt. Ich lege aber besonderen Wert auf die Feststellung, daß in allen grundsätzlichen Fragen keine Meinungsverschiedenheiten zwischen der britischen und der deutschen Auffassung bestehen. Es ist nichts geschehen, das der deutschen Selbstverwaltungstradition grundsätzlich widerspräche. ...

Meine Damen und Herren, gestatten Sie mir noch ein ernstes Schlußwort. Eines dürfen wir bei unserer Arbeit nicht aus dem Auge verlieren. Es sind nicht neue Formen allein, die zum Ziele führen. Formen schaffen nur Möglichkeiten. Entscheidend ist, daß auch ein neuer Geist die neuen Formen belebt. ...

Unser Volk hungert danach, daß eine neue brüderlich menschliche Einstellung der Menschen verwirklicht wird, daß sie spürbar wird im öffentlichen Leben und an den Menschen, die in dieses öffentliche Leben verantwortlich eintreten sollen. ...

Auch auf Sie, meine Damen und Herren, schaut die Bevölkerung unseres Landes, horcht auf Ihre Worte und hofft, daß in diesen etwas Neues lebendig wird. Auf unser aller Tun ruht der fragende Blick aller der notleidenden Männer, Frauen und Kinder, der Frierenden und Hungernden, der Kranken und Unbekleideten, der Arbeits- und Hoffnungslosen, der heimatlos Herumirrenden und der müde und abgezehrt Zurückkehrenden. Gewiß sind es viele unerfüllbare Hoffnungen, die auf Ihre Arbeit gesetzt werden. Es wird aber schon viel erreicht sein, wenn unsere Bevölkerung durch die sachliche Arbeit des Provinziallandtages sowie das persönliche Beispiel und die menschliche Würde seiner Mitglieder Vertrauen zu dem guten Willen des Landtages gewinnt. Nur getragen von einem solchen Vertrauen lassen sich die sachlichen Probleme lösen. Ich hoffe aufrichtig, daß dieses so sein wird und daß wir in diesem Geiste einen Weg finden, der uns weiterführt. In diesem Sinne wollen wir die Arbeit in dem heute zusammengetretenen schleswig-holsteinischen Provinziallandtag beginnen.

Subject:- Reorganisation of Provincial   312 (P) Det Mil Gov
Regierungsbezirk Administration   I A & C Branch
                                      Civ Adm Sec

To:-   Oberpräsident   312/Civ Adm/638/Policy
          Province SCHLESWIG - HOLSTEIN
          Oberpräsidium
          KIEL   16 Nov 45

---

1.   Reference this office letter 312/Exec/638/Policy of 15th October 1945 and your reply 1/5 of 6th November 1945.

2.   With effect from 1st December 1945, the Civil Administration of the Regierungsbezirk SCHLESWIG will be incorporated into the Staatsverwalting of the Province of SCHLESWIG - HOLSTEIN.

3.   The Bezirksverwaltungsgericht will continue to exercise its func - tions under the name of the Provinzialverwaltungsgericht.

4.   All powers conferred by existing law on the Regierungspräsident will be vested in the Oberpräsident, with effect from 1st December 1945.
          In particular the Oberpräsident will be the police authority for the Provinz of SCHLESWIG - HOLSTEIN, excluding SK KIEL and LUBECK.
          The operational command of the Provincial Police Force will remain vested in the Chief Officer of Police.

5.   The existing provisions for preferring complaints against decisions of the Regierungspräsident to the Oberpräsident will be deprived of effect with effect from 1st December 1945.

6.   The appointment of Regierungspräsident will cease with effect from 2359 hours on 30th November 1945.

7.   All officials who become supernumerary through this amalgamation will be found other employment as soon as possible.

8.   The whole administration to be brought to KIEL (or to SCHLESWIG) as soon as accommodation permits, meanwhile those offices or departments dealing with the same subject must NOT be split, i.e.
          (i) School offices must be all together, also
          (ii) Food, supply and agriculture,
and NOT partly in KIEL and partly in SCHLESWIG.

9.   A new complete diagram of the Provincial Organisation is to be pro - duced as quickly as possible.

10.   The organisation - as presented in your letter of 6th November and Appendix "A" is accepted, except that The KIEL University shown by you as Abteilung VII will NOT be absorbed into the Provincial Administration.
          The outside departments (Sonderverwaltungen) will remain as at present.

11.   You will acknowledge receipt of these instructions.

                           G. P. Henderson
                                 Brigadier
               Commander 312 (P) Detachment
                  Military Government

KIEL
Tele 31401 Ext 41
JHN/BJ.

Copy to :- Mil Gov 8 Corps District

Die Auflösung des Regierungsbezirks Schleswig auf Anordnung des britischen Militärgouverneurs G. P. Henderson, 16. November 1945. Zur Erklärung: 312 (P) Det. Mil. Gov. = (Provincial) Detachment Military Government; I A & C Branch = Internal Affairs and Communication Branch; Civ Adm Sec = Civil Administration Section

Der Oberpräsident
der Provinz Schleswig-Holstein

(24) Kiel (Schloß), den 1. Dezember 194 5
Fernsprech Nummern 3250 53

D. P. I-5
Bei Antworten wird um Angabe des obigen
Geschäftszeichens gebeten

Herrn
Regierungsvizepräsident Backe
im H a u s e.

Betr.: Neuaufbau des Oberpräsidiums.

Nach der heute erfolgten Verschmelzung der Regierung in Schleswig mit meiner Verwaltung ist es erforderlich geworden, den organisatorischen Aufbau des Oberpräsidiums nach sachlichen Gesichtspunkten neu zu gliedern. Ich habe daher der britischen Militär-Regierung eine Neueinteilung meiner Dienststelle in 6 Ämter vorgeschlagen. Die Militärregierung hat über diesen Vorschlag zur Zeit noch nicht endgültig entschieden.

Um den laufenden Gang der Verwaltung sofort sicherzustellen, übertrage ich Ihnen unter Vorbehalt der Genehmigung der Militär-Regierung mit sofortiger Wirkung die Leitung

des Amtes für Ernährung, Landwirtschaft und Forsten.

Meine Präsidial-Kanzlei wird Ihnen gleichzeitig eine Aufstellung der von diesem Amt in Zukunft zu betreuenden Sachgebiete und Dienststellen zuleiten.

Ich bitte, die zum Aufbau des Amts für Ernährung, Landwirtschaft und Forsten erforderlichen Massnahmen unverzüglich in Angriff zu nehmen und mir für Ihren engeren Mitarbeiterkreis baldmöglichst geeignete Persönlichkeiten vorzuschlagen.

Ausgehende Schreiben sind von Ihnen " In Vertretung" und von Ihren Mitarbeitern "Im Auftrage" zu unterzeichnen.

Ihre Stellung als mein Vertreter im gesamten staatlichen Bereich des Oberpräsidiums bleibt hierdurch unberührt und wird im einzelnen durch besondere Verfügung geregelt.

Steltzer

Die Übertragung des Amtes für Ernährung, Landwirtschaft und Forsten an den Regierungsvizepräsidenten Backe durch den Oberpräsidenten Steltzer

164

6.) Schreiben des britischen Militärgouverneurs Henderson über den weiteren Neuaufbau der Provinzialverwaltung, April 1946 (Abschrift)

(Schriftstück aus:Akten des Schleswig-Holsteinischen Innenministeriums)

An Oberpräsident
Provinz Schleswig-Holstein
Oberpräsidium
Kiel

Betr.: Provinzialverwaltung   16. April 1946

Ausschüsse

1. Die Wahl der Ausschüsse des Provinziallandtages, die am 11. April 1946 stattgefunden hat, ist genehmigt.
2. Diese Ausschüsse werden unverzüglich mit der Arbeit beginnen.

Vorsitzende der Ausschüsse

3. Die am 11. April 1946 gewählten Vorsitzenden der Ausschüsse sind ebenfalls genehmigt. Die Vorsitzenden gelten als Minister (Landesräte) erst, nachdem sie ihre Eignung in Hinsicht auf Eignung und Wesensart unter Beweis gestellt haben und nachdem es eindeutig feststeht, daß sie die Zeit übrig haben, sich der Arbeit zu widmen. Sie erhalten deshalb für die Zeit ihrer Stellung als Vorsitzende nur ein Zwischenhonorar. Der Betrag wird durch den Landtag festgesetzt.
4. Diese Vorsitzenden werden sich sofort mit ihren Ausschüssen an die Arbeit begeben, werden sich mit der Arbeit des betreffenden Verwaltungsamtes vertraut machen und Fühlung mit den betreffenden Abteilungen der Militärregierung aufnehmen.
5. Es versteht sich, daß die Vorsitzenden nur vorübergehend durch die Ausschüsse arbeiten. Nach der Ernennung der Minister werden diese allein für jede Abteilung verantwortlich sein. Die Ausschüsse werden nur als geeignete Mittel zur Untersuchung besonderer Fälle sowie zur Abgabe von Berichten und Empfehlungen genutzt werden. Die Entscheidung liegt bei dem Minister.

Minister

6. Zu einem späteren Zeitpunkt wird jeweils ein Minister (Landesrat) für die Leitung eines jeden Verwaltungsamtes ernannt werden. Diese Minister müssen einer politischen Partei angehören; es wird keine überparteilichen Minister geben. Während sie ihr Amt innehaben, haben sie ihre politische Tätigkeit fortzusetzen, und ihre wesentliche Funktion ist es, „Politik zu machen".
7. Die Minister müssen aus den allerbesten politischen Persönlichkeiten, die vorhanden sind, ausgewählt werden, und die politischen Parteien müssen dies als eine sehr günstige Gelegenheit ansehen, Erfahrung in der Regierung zu gewinnen und der täglichen Verwaltung der Provinz ihren Stempel aufzudrücken.
8. Den Ministern wird ein ansehnliches, nicht pensionsberechtigtes Gehalt gezahlt werden als Entschädigung für ihre verantwortungsvollen und wichtigen Pflichten. Die Arbeit wird diesen fast voll in Anspruch nehmen. Einem Minister soll deshalb, während er seine Stellung innehat, ungefähr das gleiche Gehalt gezahlt werden, das der Oberregierungsdirektor bezieht, wobei jedoch zu beachten ist, daß ihm hieraus keine Pensionsrechte erwachsen und daß ihm ferner keinerlei Vergütungen irgendwelcher Art zusätzlich gegeben werden dürfen.

Kabinett und stellvertretender Oberpräsident

9. Die Minister werden zusammen mit anderen vom Landtag je nach Bedarf berufenen Mitgliedern ein Kabinett (Landesregierung) unter dem Vorsitz des Oberpräsidenten bilden, das die allgemeinen politischen Grundlinien aufstellt. Die Vorsitzenden der Hauptausschüsse werden vorübergehend den Platz der Minister in diesem Kabinett einnehmen.
10. Auf seiner nächsten Sitzung hat der Landtag einen politischen „Stellvertretenden Oberpräsidenten" zu wählen, der einer der vorgeschlagenen Minister sein wird.

Änderungen der Zusammensetzung

11. Um die besten zur Verfügung stehenden Persönlichkeiten in den Landtag hineinzubekommen, werden die politischen Parteien ermächtigt, Vorschläge bezüglich Änderungen innerhalb der Mitglieder ihrer eigenen politischen Anhänger zu machen unter der Einschränkung, daß ein Mitglied, das speziell als Kreisvertreter in den Landtag

berufen ist, nicht ausgewechselt werden darf, sofern nicht der in Frage kommende Kreistag für den Wechsel stimmt und dies von der Militärregierung des Kreises genehmigt wird.

Wahlen

12. Es ist anzunehmen, daß wegen der Vorbereitungsarbeiten Wahlen auf Provinzebene nicht vor Januar 1947 durchgeführt werden können.

Allgemeines

13. Obige Vorschriften sind allen Abgeordneten zur Kenntnis zu bringen. Insbesondere sind die politischen Parteien zu unterrichten, daß diese Entwicklung von allergrößter Wichtigkeit für sie ist. Es ist für sie lebenswichtig, sich Einfluß auf die politische Leitung der Regierung zu sichern und ihre besten Kräfte zu ermutigen, diese Verantwortlichkeit auf sich zu nehmen.

gez. G. P. Henderson
Brigadier

7.) Auszug aus dem ersten Kabinettsprotokoll einer schleswig-holsteinischen Landesregierung überhaupt, Mitte Mai 1946

(Schriftstück aus: Akten der Schleswig-Holsteinischen Staatskanzlei)

Protokoll über die Sitzung der Landesregierung am 14. Mai 1946
nachmittags 14.30 Uhr Kiel-Schloß

Es wird beschlossen, daß die Sitzungen der Landesregierung im allgemeinen alle 14 Tage, und zwar jeweils Dienstags vormittags um 10 Uhr in Kiel im Schloß stattfinden sollen. Mit Rücksicht auf die Tagung des Zonenbeirates findet die nächste Sitzung am 24.5. um 10 Uhr und die folgende am 4.6. um 10 Uhr statt.
Anschließend referiert der Herr Oberpräsident über die Aufgaben, welche die Landesverwaltung zur Zeit bearbeitet oder in Angriff nehmen muß.
Herr Kreisbauernvorsteher Rickerts wies darauf hin, daß das Amt für Ernährung, Landwirtschaft und Forsten unbedingt in Kiel zusammengefaßt werden müsse. Zur Verfügung stünde hierfür die Eichhofkaserne, wenn das Versorgungsamt Kiel mit der Landesversicherungsanstalt in Lübeck zusammengelegt würde. Bei dieser Gelegenheit wurde mitgeteilt, daß zur Zeit schon in Kiel 50 Räume fehlen, um die Dienststellen, die sich zur Zeit in Kiel befinden, ordnungsgemäß unterzubringen. Wenn alle Dienststellen des Oberpräsidiums aus Schleswig nach Kiel verlagert werden sollen, werden weitere 180 Räume gebraucht. Die Frage der Zusammenlegung sämtlicher Dienststellen in Kiel läßt sich jedoch nur dann lösen, wenn auch die erforderlichen Wohnungen zur Verfügung gestellt werden. Zur Zeit fehlen in Kiel schon 84 Wohnungen für die Beamten und Angestellten, die in Kiel tätig sind, ihre Familien bisher aber noch nicht nach Kiel nachbringen können. Wenn die Schleswiger Dienststellen nach Kiel verlagert werden sollen, werden darüber hinaus weitere 285 Wohnungen benötigt. ...
Zum Schluß wurde die Entwicklung der dänischen Minderheit in Südschleswig zu einer politischen Gruppe erörtert. Es wurde festgestellt, daß die bisherigen Mitteilungen der Presse den gegenwärtigen Rechtszustand nicht richtig wiedergeben. Eine endgültige Entscheidung der Britischen Militärregierung in dieser Angelegenheit liegt jedoch noch nicht vor.

Lauritzen

8.) Die im Juni 1946 vom ersten ernannten Provinziallandtag verabschiedete Vorläufige Verfassung für Schleswig-Holstein

(Schriftstück aus: Akten des Schleswig-Holsteinischen Innenministeriums)

Vorläufige Verfassung des Landes Schleswig-Holstein

Überzeugt von der Notwendigkeit, für Regierung und Verwaltung Schleswig-Holsteins so bald wie möglich eine ausreichende gesetzliche Grundlage zu schaffen,
und im festen Willen, der zukünftigen Gestaltung des Deutschen Reiches nicht vorzugreifen, dem Schleswig-Holstein

sich auf alle Zeiten verbunden fühlt, hat der Schleswig-Holsteinische Landtag beschlossen, dem Lande diese vorläufige Verfassung zu geben.

I. Abschnitt
Die Staatsgewalt

Artikel 1
1. Die Staatsgewalt geht vom Volke aus.
2. Sie wird in den dem Lande vorbehaltenen Angelegenheiten von Organen des Landes ausgeübt.
3. Die Organe des Landes sind der Landtag, die Landesregierung und die Landesverwaltung.

Artikel 2
1. Das Land Schleswig-Holstein gliedert sich in Kreise und Gemeinden. Diese sind Gebietskörperschaften mit vollem Selbstverwaltungsrecht.
2. Zu Änderungen der Kreisgrenzen bedarf es eines Beschlusses des Landtages.

Artikel 3
Die Zuständigkeit des Landes erstreckt sich auf die Angelegenheiten, die
a) über den in der Gebietshoheit begründeten Zuständigkeitsbereich der Gemeinden und Kreise hinausgreifen,
b) ihre Leistungsfähigkeit übersteigen oder
c) aus anderen Gründen einer einheitlichen allgemeinen Regelung für das ganze Land bedürfen.

Artikel 4
Die Gesetze werden in den Gemeinden und Kreisen von den Organen der Selbstverwaltung ausgeführt, soweit in Verfassung oder Gesetz nicht anderes bestimmt ist.

Artikel 5
1. Die Selbstverwaltungskörperschaften werden vom Land darauf überwacht, daß ihre Tätigkeit Recht und Gesetz entspricht. Dem Lande steht ferner das Recht der Finanzaufsicht zu.
2. Soweit die Ausführung der Gesetze bei den Selbstverwaltungskörperschaften liegt, kann die Landesregierung allgemeine Anweisungen erlassen und Beseitigung von Mängeln verlangen.

II. Abschnitt
Der Landtag

Artikel 6
Der Landtag ist das höchste Organ des Landes. Er erläßt die Gesetze, er wählt die Landesregierung, die ihm verantwortlich ist und sein Vertrauen besitzen muß. Er überwacht die Verwaltung.

Artikel 7
1. Der Landtag besteht aus 60 Abgeordneten, unter denen jeder Kreis durch mindestens einen Abgeordneten vertreten sein muß.
2. Die Abgeordneten sind Vertreter der ganzen Bevölkerung. Sie haben nach bestem Wissen und Gewissen zu entscheiden und sind an Aufträge nicht gebunden.
3. Abgeordneter kann nur werden, wer die deutsche Staatsangehörigkeit besitzt und mindestens 25 Jahre alt ist.
4. Das Amt des Abgeordneten ist ein Ehrenamt. Die Abgeordneten erhalten eine Aufwandsentschädigung, deren Höhe vom Landtag festgesetzt wird. Für die Mitglieder der Landesregierung gelten die vom Landtag erlassenden Sonderbestimmungen.

Artikel 8
Der Landtag wählt seinen Präsidenten, dessen Stellvertreter und die nötige Anzahl von Schriftführern. Er gibt sich eine Geschäftsordnung.

Artikel 9
1. Der Landtag verhandelt öffentlich. Wenn die öffentliche Verhandlung die Interessen des Landes ernstlich gefährden

würde oder unmittelbar Schaden für das Land erwarten läßt, kann der Landtag die Öffentlichkeit mit Zweidrittelmehrheit ausschließen.

2. Der Landtag faßt seine Beschlüsse mit einfacher Stimmenmehrheit, soweit Verfassung oder Gesetz nicht weitergehende Anforderungen stellen.

3. Der Landtag muß mindestens einmal alle zwei Monate zu einer Beratung zusammentreten.

Artikel 10

Der Landtag kann jederzeit die Anwesenheit des Landespräsidenten, der Landesminister und der Landesdirektoren verlangen.

Artikel 11

1. Der Landtag wählt ständige und nichtständige Ausschüsse. Ihre Aufgabe besteht in der Vorbereitung der Beschlüsse der Vollversammlung.

2. Unter den ständigen Ausschüssen nehmen die Hauptausschüsse eine besondere Stellung ein. Hauptausschüsse müssen für die Angelegenheiten jedes Amtes der Landesverwaltung gewählt werden. Ihre Vorsitzenden (Landesminister) sowie deren Stellvertreter sind vom Landtag zu wählen.

3. Die Hauptausschüsse haben engste Fühlung mit den ihnen zugeordneten Verwaltungszweigen zu halten, den Einfluß des Landtages auf die laufende Verwaltung sicherzustellen und sie zu überwachen. Die Ämter haben ihnen alle Fragen grundsätzlicher Art und von allgemeiner politischer Bedeutung vorzulegen. In dringenden Fällen kann diese Unterrichtung auch nachträglich erfolgen.

4. Der Landtag kann für besondere Fälle Untersuchungsausschüsse einsetzen.

5. Alle Ausschüsse dürfen nur im Rahmen der ihnen vom Landtag erteilten Ermächtigung tätig werden. Sie haben ihre Beschlüsse dem Landtag unverzüglich zuzuleiten.

6. Die Sitzungen der Ausschüsse sind nicht öffentlich. Presseberichte über ihre Tätigkeit – jedoch ohne Nennung der Redner – sind zulässig, soweit die Ausschüsse ihre Verhandlungen nicht als vertraulich bezeichnen.

III. Abschnitt
Die Landesregierung

Artikel 12

1. Die Landesregierung besteht aus dem Landespräsidenten und den Landesministern. Einer dieser Landesminister wird vom Landtag zum ständigen Vertreter des Landespräsidenten gewählt.

2. Die Landesregierung stellt die Richtlinien für die Verwaltung auf und überwacht ihre Durchführung.

Artikel 13

Der Landespräsident führt den Vorsitz in der Landesregierung und leitet ihre Geschäfte. Er vertritt das Land nach außen.

Artikel 14

Die Landesdirektoren haben der Landesregierung alle Gesetzentwürfe und alle Angelegenheiten, die den Geschäftsbereich mehrerer Ämter berühren oder von grundsätzlicher Bedeutung für die Gesamtverwaltung sind, zur Beratung und Beschlußfassung vorzulegen.

Artikel 15

Die Landesregierung faßt ihre Beschlüsse mit Stimmenmehrheit. Bei Stimmengleichheit entscheidet die Stimme des Vorsitzenden.

IV. Abschnitt
Die Gesetzgebung

Artikel 16

1. Die Gesetzesvorlagen werden von der Landesregierung oder aus der Mitte des Landtages eingebracht.

2. Gesetze können nur von der Vollversammlung des Landtages beschlossen werden. Sie bedürfen zweimaliger Beratung im Landtag. Erforderlichenfalls kann dieser auch eine dritte Beratung beschließen.

Artikel 17

1. Der Landespräsident fertigt die verfassungsmäßig zustande gekommenen Gesetze aus und verkündet sie in einem Amtsblatt.
2. Die Gesetze treten, soweit sie nichts anderes bestimmen, mit dem 14. Tag nach dem Ablauf des Tages in Kraft, an dem das Amtsblatt erscheint, in dem sie veröffentlicht werden.

Artikel 18

Der Landtag kann die Verfassung nur bei Anwesenheit von zwei Drittel seiner Mitglieder ändern. Zwei Drittel der Anwesenden müssen für die Änderung stimmen.

Artikel 19

Soweit die Gesetze nichts anderes bestimmen, erläßt die Landesregierung die zur Durchführung der Gesetze erforderlichen allgemeinen Verwaltungsvorschriften.

V. Abschnitt
Grundsätze der Verwaltungsführung

Artikel 20

1. Der Landespräsident ernennt auf Vorschlag der Landesregierung und nach Einholung der Zustimmung des Landtages die leitenden Beamten der Landesämter (Landesdirektoren) – darunter einen Landesfinanzdirektor –, einen leitenden Landesdirektor und den Präsidenten des Landesverwaltungsgerichts.
2. Die Landesregierung bestimmt in einer allgemeinen Anweisung, welche Stellen die anderen Landesbeamten zu ernennen haben.
3. Im übrigen gilt für alle Beamten das allgemeine Beamtenrecht mit der Maßgabe, daß kein Beamter, der eine positive Einstellung zum demokratischen Staat hat, aus parteipolitischen Gründen entlassen werden darf.

Artikel 21

1. Alle Einnahmen und Ausgaben des Landes werden für das Rechnungsjahr im voraus veranschlagt und in den Haushaltsplan eingestellt.
2. Der Haushaltsplan wird vor Beginn des Rechnungsjahres durch Gesetz festgestellt. In dieses Gesetz dürfen grundsätzlich keine Vorschriften aufgenommen werden, die über das Rechnungsjahr hinaus Geltung beanspruchen. Ausnahmsweise können Ausgaben auch für eine längere Dauer bewilligt werden.

Artikel 22

1. Die Landesregierung legt dem Landtag jährlich zu ihrer Entlastung über alle Einnahmen und Ausgaben Rechnung ab.
2. Die Rechnungsprüfung erfolgt durch Organe der Landesregierung nach den dafür erlassenen Gesetzen.

Artikel 23

Das Land erhält zur Erfüllung seiner Aufgaben Anteile aus dem Aufkommen der Reichs- und Gemeindesteuern.

Artikel 24

Zur Entscheidung über Streitigkeiten aus Eingriffen des Landes in die Rechte der Selbstverwaltungskörperschaften, dieser Körperschaften untereinander und aus Eingriffen des Landes oder der ihm eingegliederten Körperschaften in die Rechte des Einzelnen werden nach Maßgaben eines besonderen Gesetzes unabhängige und nur dem Gesetz unterworfene Verwaltungsgericht eingerichtet.

VI. Abschnitt

Artikel 25

Die vorläufige Verfassung tritt mit der Verkündung in Kraft und gilt von diesem Zeitpunkt ab auf ein halbes Jahr.

Artikel 26

Die Rechte der Besatzungsmacht werden durch diese Verfassung und die auf Grund derselben erlassenen Gesetze und Verordnungen nicht berührt.

9.) Stellungnahme zur Vorläufigen Verfassung von Professor von Mangoldt, dem wichtigsten Mitschöpfer dieser Verfassung, Juni 1946

(Schriftstück aus: Akten des Schleswig-Holsteinischen Innenministeriums)

Aufgaben und Ziele der vorläufigen Verfassung für Schleswig-Holstein
Von Professor Dr. Jur. Hermann von Mangoldt,
Vorsitzender des ständigen Ausschusses für Geschäftsordnung und Verfassung
des Schleswig-Holsteinischen Landtages

In seiner 5. Sitzung am 12. Juni 1946 hat der Schleswig-Holsteinische Landtag in zweiter und letzter Lesung die vorläufige Verfassung für Schleswig-Holstein angenommen. Sie wird mit der Verkündung im Amtsblatt baldigst in Kraft treten.

Damit ist für den Aufbau einer eigenen Regierung und Verwaltung ein wichtiger Schritt vorwärts getan. Als die Militärregierung dem von ihr berufenen Landtag nach seiner Konstituierung Ende Februar d. Js. als eine der wichtigsten Aufgaben die Ausarbeitung einer Verfassung zuwies, ist man sich in diesem bald der ganzen Bedeutung, aber auch der Schwierigkeiten dieser Aufgaben bewußt geworden. Bisher waren Regierung und Verwaltung Schleswig-Holsteins von einer Vielheit zum großen Teil unverbunden nebeneinander stehender und nach den Weisungen der Militärregierung arbeitender Behörden geführt worden, die bei den fehlenden Möglichkeiten einer Einflußnahme durch die Bevölkerung und dem Mangel jeder Kontrolle durch eine Vertretungskörperschaft politisch oft recht verschiedene Wege einschlugen. Nun sollte schnellsten durch Einschaltung des Volkswillens eine einheitliche Ausrichtung der gesamten Verwaltung und ihre hinreichende Überwachung durch die Vertreter des Volkes gesichert werden. Ferner sollten in dem zu schaffenden grundlegenden Gesetz die leitenden Grundsätze für die Reorganisation der am 8. Mai 1945 zusammengebrochenen Staatsgewalt und den Behördenaufbau niedergelegt und die seit diesem Datum weithin fehlenden gesetzlichen Grundlagen für Regierung und Verwaltung oder zum mindesten die Organe geschaffen werden, welche die so dringlich gewordene Rechtssetzung übernahmen. Die ganze Aufgabe drängte äußerst, weil praktisch erst mit ihrer Erfüllung die Grundlagen für ein eigenes Wirken zur Linderung der überall herrschenden Not und die damit zusammenhängenden gesetzgeberischen Arbeiten gegeben waren.

Andererseits mußte der Landtag mit aller Vorsicht ans Werk gehen. Bei einer Reihe der im Verfassungsaufbau vorgesehenen für deutsche Verhältnisse zum Teil neuen Einrichtungen ließ sich die künftige Entwicklung nicht vorhersehen. Auch sonst war manche seit dem Zusammenbruch aufgetauchte Frage noch nicht so weit geklärt und reif geworden, daß sie einer endgültigen Regelung zugeführt werden konnte. Eine zu frühe Regelung, besonders durch die mit einer gewissen Unverbrüchlichkeit ausgestatteten Verfassungssätze, hätte hier nur hemmend wirken können. Viele der in die Verfassung aufgenommenen Bestimmungen sind daher sehr weit und allgemein gefaßt worden, um alle Möglichkeiten für eine Fortentwicklung offen zu lassen. Der Landtag muß sich im übrigen auch auf das Grundsätzlichste beschränken, weil über die zukünftige Gestaltung der deutschen Länder noch nichts Endgültiges feststand und sowohl den hier zu treffenden Entscheidungen wie dem später für das Land zu wählenden Landtage nicht vorgegriffen werden durfte. Es ist für notwendig erachtet worden, das in der Verfassung hinsichtlich der Stellung Schleswig-Holsteins im zukünftigen Deutschland deutlich zum Ausdruck zu bringen. Im Vorspruch zu der Verfassung heißt es daher: "im festen Willen, der zukünftigen Gestaltung des Deutschen Reichs nicht vorzugreifen, dem Schleswig-Holstein sich für alle Zeiten verbunden fühlt". Damit sollte zugleich allen partikularistischen Strömungen vorgebaut werden, soweit das für den Verfassungscharakter überhaupt im Bereich der Möglichkeiten liegt.

Bei allem Verständnis für derartige Erwägungen durften sie aber nicht dazu führen, die Schaffung einer Verfassung noch weiter hinauszuschieben. Einer gesamtdeutschen Regelung der Verfassungsfrage stehen, wie aus den Zeitungen bald täglich ersichtlich wird, so große außenpolitische Schwierigkeiten im Wege, daß mit einer baldigen Entscheidung nicht zu rechnen ist. Auf der anderen Seite brauchen wir aus den schon angeführten Gründen schnellstens auf eine auf ausreichende gesetzliche Grundlagen gestützte Regierung und Verwaltung. Diese Forderung wird darüber hinaus jedem als wichtig erscheinen, der nicht darauf verzichten will, bei der Schaffung der zukünftigen Länder, die nach neueren Nachrichten demnächst auch in der britischen Zone erfolgen soll, Schleswig-Holstein maßgeblich vertreten zu sehen. Wenn jüngst in dem Leitartikel einer schleswig-holsteinischen Zeitung die Meinung vertreten wurde, die für den 12. Juni vorgesehene Verabschiedung des Verfassungsentwurfs sei als verfrüht anzusehen, so ist diese Meinung also im Vorstehenden mit gewichtigen Gründen widerlegt.

Selbst wer all die Schranken berücksichtigt, die danach dem Verfassungswerk im Wege standen, wird in der Verfassung manche Bestimmungen vermissen, die man sonst in einer Verfassung zu finden pflegt. Um nur zwei wichtige Fragen herauszugreifen, die Verfassung enthält außer dem Artikel 24 über die Einrichtung einer unabhängigen und nur dem

Dringender Bearbeitungsfall der Militärregierung - Bericht No. 100.

Dem
Herrn Oberpräsidenten vorgelegt.

Betr.: Reorganisation der Verwaltung der Provinz
       Schleswig-Holstein

In der heutigen Turnusbesprechung bei Col. Needham führte
Major Pocock aus, daß die Entscheidung der Kontrollkommission
über die deutschen Reorganisationsvorschläge noch nicht vor-
läge, daß aber alle Gründe für die Annahme der Vorschläge
sprechen. Vielleicht sei mit kleinen Abweichungen zu rechnen.

Auf meine Frage, ob im Zuge der bereits genehmigten all-
mählichen Überleitung in den endgültigen Zustand auch die
Provinzialverwaltung einzubeziehen sei, wurde mir mitgeteilt,
daß überleitungsreife Abteilungen der Provinzialverwaltung
nach und nach in die einzelnen Ämter der Einheitsbehörde
überführt werden können. Die Überleitung der Provinzial-
verwaltungsabteilungen sei so vorzunehmen, daß am 1. April
1946 die gesamte Überleitung durchgeführt sei. Auf Anfrage
habe ich mitgeteilt, daß als erste Abteilung der Provinzialverwaltung die Landesstraßenbauverwaltung übergeleitet werden
soll. Die Überleitung könne bereits in diesen Tagen vor sich
gehen.

Schleswig, den 12. Februar 1946

Göhring

Die mündliche Anweisung der britischen Militärregierung zur Überleitung der Verwaltungsabteilungen des
Provinzialverbandes in die Ämter des Oberpräsidiums laut „Turnusbericht" von Dr. Müthling

Gesetz unterworfenen Verwaltungsgerichtsbarkeit keinerlei Bestimmungen über die Rechtspflege, und auch über die Immunität der Abgeordneten des Landtages fehlt jede Vorschrift. Das hat seinen Grund darin, daß im letzten Jahrzehnt der Ausbau der reichseigenen Sonderverwaltungen stark fortgeschritten war, z.B. neben eine eigene Reichsfinanz- und Reichsarbeitsverwaltung auch eine Reichsjustizverwaltung getreten war und damit die Zuständigkeiten der Länder auf diesen Gebieten fortgefallen waren. Im Zusammenhang mit der Verabschiedung der Verfassung hat nun der Landtag in einer Entschließung auf die mancherlei Nachteile hingewiesen, die mit einer derartigen Aufspaltung in eine Vielzahl von Sonderverwaltungen verbunden sind und die Militärregierung um Abhilfe durch Erweiterung der Zuständigkeiten der Länder gebeten. Dabei mag im übrigen darauf hingewiesen werden, daß in den süddeutschen Ländern und in der russischen Zone bereits eine derartige Erweiterung der Zuständigkeiten erfolgt ist. ...

Mit dem vorläufigen Abschluß dieses soeben geschilderten Verfassungswerks kann nur noch der Wunsch verbunden werden, daß sich das Rechts- und Verfassungsleben Schleswig-Holsteins auf dieser Grundlage so erfolgreich entwickeln möge, daß nach Ablauf der zunächst auf ein halbes Jahr beschränkten Geltungsdauer der Verfassung diese unbedenklich bis zur Schaffung einer endgültigen Verfassung verlängert werden und diese letztere dann auf einer kontinuierlichen fortentwickelten Grundlage aufbauen kann. Voraussetzung dafür ist, daß sich das soeben abgeschlossene Verfassungswerk wirklich zum Segen des Landes auswirkt, wird allerdings die Mitarbeit aller sein. Denn Aufgabe einer Verfassung wird stets nur sein können, die rechtlichen Grundlagen für das Wirken der Männer zu legen, die die Geschicke des Landes in den Händen tragen.

10.) Sog. „Turnusberichte" zur Frage der Landeshauptstadt, 16. und 23. August 1946

(Schriftstücke aus: Landesarchiv Schleswig-Holstein)

a) Erster Bericht:

Dringender Bearbeitungsfall der Militärregierung – Bericht No. 565

Dem Herrn Oberpräsidenten vorgelegt:
Betr.: Verwaltungssitz

In der heutigen Turnusbesprechung bei der Militärregierung behandelte Col. Ainger an Hand der Schleswiger Protestvorgänge nochmals die Frage nach der Verwaltungsverlagerung. Ich hatte dadurch Gelegenheit, nochmals auf die besonderen Schwierigkeiten hinzuweisen, in die die Stadt Schleswig durch die Verlegung kommen wird. Die Gesprächsumstände stellten die Minderheitenfrage in den Mittelpunkt der Diskussion.

Col. Ainger führte abschließend aus, daß die Schleswiger Entschließung nur deshalb zustande gekommen sein könne, weil es deutscherseits bisher an der erforderlichen Aufklärung über die Notwendigkeit einer Konzentration der gesamten Landesverwaltung in Schleswig *(sic)* gefehlt hätte. Das in dieser Hinsicht Versäumte müsse nachgeholt werden. Die Öffentlichkeit müsse dahin überzeugt werden, daß es zur Wiederherstellung der Aktionsfähigkeit dringend der Zusammenlegung bedürfe. Die Verwaltung sei auch nur auf diese Weise billiger und wirtschaftlicher zu gestalten. Standortmäßig sei es überhaupt keine Frage, daß Kiel den Vorrang habe; denn Kiel läge zentraler als Schleswig.

Die Kritiken übersähen, daß es keinen Regierungsbezirk mehr gäbe. Es bestände jetzt nur noch ein Oberpräsidium, und das sei in Kiel. Der Sitz des Oberpräsidiums bestimme den Sitz der ganzen Verwaltung. Die alte Devise „The capital is Kiel" hätte keine Einschränkung erfahren.

Die Wohnungsschwierigkeiten würden auch von der Militärregierung nicht unterschätzt. Sie könnten nur das Tempo, nicht aber das Ziel selbst beeinflussen.

Abschließende Fragen des Col. Ainger bezogen sich auf die Reihenfolge der Verlagerung (Gesundheitswesen, Finanzen, Inneres?) und auf die für den Austausch in Betracht kommenden Verwaltungen (Landesbrandkasse, Landesversicherungsanstalt, Oberlandesgericht).

Amt für Inneres zur Vorbereitung der Pressenotizen in Verbindung mit dem Presseamt.

Verteilerergänzung: Alle Landesminister, Landtagspräsident, alle Landesämter, Presseabteilung.

Kiel, den 16. August 1946.

Müthling

Dringender Bearbeitungsfall der Militärregierung – Bericht No. 481

Dem Herrn Oberpräsidenten vorgelegt:
Betr.: Verwaltungssitz

In der heutigen Turnusbesprechung bei der Militärregierung wurde die Frage der Verlagerung der Verwaltung von Schleswig nach Kiel erneut mit der Militärregierung behandelt. An der Besprechung nahmen englischerseits teil: Col. Ainger, Col. Needham, Major Green, Mr. Currey. Die Militärregierung teilte mit, daß für die Herstellung der Marine-akademie 800.000,- RM. zur Verausgabung im Rechnungsjahr 1946 bereitgestellt sind. Der schriftliche Erlaß läge noch nicht vor. Es würde jedoch die Genehmigung erteilt, schon jetzt anzufangen.
Ich habe dann Gelegenheit gehabt, den genannten Offizieren der Militärregierung das Problem der Verlagerung noch-mals im Zusammenhang darzulegen. Drei Teile des Problems: Beschaffung der Büroräume in Kiel, Beschaffung von Wohnungen in Kiel und wirtschaftlicher und prestigemäßiger Ausgleich zugunsten der Stadt Schleswig. Was den letzten Punkt betrifft, so habe ich auf die Notwendigkeit verwiesen, den Wünschen der Stadt Schleswig zu entspre-chen. In diesem Zusammenhang habe ich darüber berichtet, daß die Landesregierung bemüht sei, das Oberlandesge-richt nach Schleswig zu verlegen. Col. Ainger und Col. Needham begrüßten diese Bemühungen, verwiesen aber darauf, daß die Legal Branch der Militärregierung auf Grund ihrer Aufsichtszuständigkeit über die Justiz gehört wer-den müsse. Mr. Currey wurde zu diesem Zweck beauftragt, mit der Legal Branch Rücksprache zu nehmen. Das ist in meiner Gegenwart geschehen. Der zuständige Offizier der Legal Branch war offenbar schon durch das Oberlandesge-richt unterrichtet, jedenfalls erwähnte er, daß er am Dienstag nächster Woche über die Frage mit dem Ober-landesgerichtspräsidenten zu verhandeln beabsichtige.
Ferner habe ich berichtet, daß die Landesregierung den Plan der Verlegung des Landesversicherungsanstalt von Lü-beck nach Schleswig weiter verfolge. Es würde am Sonnabend dieser Woche bereits in Lübeck darüber verhandelt. Die Militärregierung begrüßt auch diesen Plan.
Ich bin aufgefordert, in der übernächsten Woche erneut über den Fortgang der Angelegenheit zu berichten.
Verteilerergänzung: Alle Landesminister, alle Landesämter.

Kiel, den 23. August 1946

Müthling

11.) Die Regierungserklärung des Ministerpräsidenten Theodor Steltzer auf der ersten Sitzung des zweiten ernannten Landtags am 2. Dezember 1946

(Schriftstück aus: Wortprotokolle des 2. ern. Landtags)

Meine Damen und Herren! Die in Schleswig-Holstein zum ersten Male wieder durchgeführten freien Kreistagswahlen haben auch entscheidend die Zusammensetzung des neu gebildeten Landtages beeinflußt. Die Mandatsverteilung kennen Sie. Dieser neuen Zusammensetzung des Landtags mußte nach demokratischer Willensbildung die Neubil-dung der Landesregierung entsprechen. Demgemäß habe ich in Übereinstimmung mit den für die Regierungsbildung in Frage kommenden Fraktionen das Kabinett gebildet, das ich vorstellen durfte. Dieses Kabinett hat die Zustimmung des Herrn Gouverneurs gefunden.
Über die Bildung zweier weiterer Ministerien, nämlich eines Ministeriums für Aufbau und eines Justizministeriums, wird der Landtag in seiner heutigen Sitzung zu beraten und zu beschließen haben.
Dieser Regierungsbildung stellten sich zunächst Schwierigkeiten entgegen. Aber dank einer verständnisvollen Hal-tung aller beteiligten Persönlichkeiten gelang in verhältnismäßig kurzer Zeit eine Einigung auf gemeinsamer großer Linie. Damit wurden mancherlei Sonderwünsche zugunsten der in dieser Notzeit gebotenen einheitlichen Zusam-menarbeit zurückgestellt. Dieser Geschlossenheit entspricht die

Einigung über das folgende Arbeitsprogramm:

Schleswig-Holstein ist durch Erlaß der Militärregierung mit Wirkung vom 23. August 1946 Land geworden. Wir begrü-ßen die uns damit übertragene Selbständigkeit des Handelns, betrachten jedoch Schleswig-Holstein und die übrigen neuen Länder staatsrechtlich nur als Bausteine des von uns allen erstrebten einheitlichen Reiches. Wir werden uns bemühen, an der Erreichung dieses Zieles mitzuwirken, sind wir doch überzeugt, daß alle Anstrengungen zur Überwindung unserer Not ohne diese Einheit vergeblich wären.

Der Weg zur Reichseinheit führt unter den gegebenen politischen Verhältnissen über Länder mit selbständiger Exekutive. Die am 1. Januar 1947 in Kraft tretende Verordnung Nr. 57 der Militärregierung bedeutet hierfür den Anfang. Sie überträgt den Ländern wichtige Zuständigkeiten auch aus dem Bereich der bisherigen Sonderverwaltungen. Es wird eine der wichtigsten Aufgaben des neuen Landtages sein, diese Zuständigkeiten mehr und mehr auszudehnen. ...

Die bisher behandelten Probleme sind mehr oder minder auch in den anderen Ländern vorhanden. Aber uns in Schleswig-Holstein liegen darüber hinaus noch zwei Aufgaben von besonderer Bedeutung ob. Einmal handelt es sich um die Lösung aller Fragen, die die Unterbringung von weit über eine Million Heimatvertriebener mit sich bringt. Wir alle wissen, daß ein großer Teil von ihnen in menschenunwürdigen Verhältnissen lebt. Was in unserer eigenen Kraft steht, wird geschehen, um die arbeitsfähigen Vertriebenen wieder in den Produktionsprozeß einzugliedern. Um aber wirklich wirksam zu helfen, erheben wir nachdrücklichst die alte Forderung einer möglichst gleichmäßigen Belegung aller deutschen Landesteile.

Unsere andere große Sorge ist die grenzpolitische Entwicklung im Norden unseres Landes. Wir hoffen in der deutsch-dänischen Frage auf Klärung unseres Verhältnisse zu Dänemark, und zwar auf eine dauernde Verständigung. Wir waren und sind bereit, der echten dänischen Minderheit die Möglichkeit eines eigenen kulturellen Lebens zu geben, wie wir unsererseits erwarten, daß der deutschen Minderheit in Nordschleswig gleiche Rechte eingeräumt werden. Die zwischen der Militärregierung und der Südschleswigschen Vereinigung vereinbarte Satzung umreißt den Begriff der Minderheit und legt als Ziel der Südschleswigschen Vereinigung fest, die kulturellen Interessen seiner Mitglieder zu fördern, das geistige Leben zu stärken und eine lebendige Verbindung mit Dänemark aufrecht zu erhalten, sie schließt die Politik grundsätzlich aus. Wir hegten und hegen noch die Hoffnung, daß wir auf dieser Grundlage zu einer befriedigenden Regelung auch des Schulwesens der dänischen Minderheit gelangen.

In der Öffentlichkeit ist neuerdings die vor 50 Jahren schon einmal behandelte Frage der verwaltungsmäßigen Trennung von Schleswig und Holstein erörtert worden. Genau wie damals sprechen auch heute alle Gründe einer fiskalischen Wirtschaftlichkeit gegen diesen Plan. Die Grundsätze eines sparsamen, aber gleichzeitig straffen, schlagfertigen Behördenaufbaus haben zur Einheitsverwaltung geführt. Es ist nicht beabsichtigt, hierin eine Änderung eintreten zu lassen.

Alle Fragen und Schwierigkeiten zu lösen, liegt nicht allein in unserer Macht. Einmal verfügen wir nicht über die Mittel, die hierfür erforderlich wären. Es fehlen uns aber auch die notwendigen Befugnisse, um überall selbständig und in eigener Verantwortung entscheiden und handeln zu können. Es wird unser ständiges Bestreben sein, hier größere Handlungsfreiheit zu erhalten. Solange wir sie nicht haben, werden wir immer auf die entscheidende Unterstützung der Militärregierung angewiesen sein.

Wir sehen die ungeheuren Schwierigkeiten klar vor uns. Aber wir haben den festen Willen, mit unserer ganzen Energie und in sachlicher Zusammenarbeit den Kampf mit ihnen aufzunehmen. ...

12.) Zuweisung von Hoheitsrechten für das Land Schleswig-Holstein durch die britische Militärregierung, Dezember 1946

(Schriftstück aus: Archiv des Schleswig-Holsteinischen Landtags)

Landesregierung Schleswig-Holstein
- Der Ministerpräsident -   Kiel, den 20.12.1946
An den
Herrn Landtagspräsidenten
Kiel

Der Gouverneur von Schleswig-Holstein hat das folgende Schreiben an mich gerichtet:

Air Vize-Marshal HV Champion   Office of the Regional Commissioner
de Crespigny CB MC DFC   Headquarters Military Government
KIEL 48 App. 240   Schleswig-Holstein Region
312/14051   Control Commission for Germany (British Element),
                                                KIEL
                                                BAOR

                                                            14. Dezember 1946

Sehr geehrter Herr Ministerpräsident!
Ich übertrage Ihnen hiermit als Ministerpräsident der Landesregierung Schleswig-Holstein, mit den Ministern und Mitgliedern der besagten Landesregierung, die Regierungsbefugnisse und Vollmachten im Land Schleswig-Holstein, gemäß und auf Grund der Verfügung No. 57 der Militärregierung.
Ich wünsche Ihnen viel Glück für Ihre außerordentlich schwierige Aufgabe.

                                        Ihr ergebener
                                        Der Gouverneur von Schleswig-Holstein
                                        (gez.) de Crespigny.

Ich bitte, von diesem Schreiben Kenntnis zu nehmen.   Steltzer

II. Vier Vorgänge zum Justizwesen

1.) Vermerk über das erste Auftreten der britischen Militärregierung bei den Kieler Justizbehörden, Mai 1945

(Schriftstück aus: Akten des Schleswig-Holsteinischen Innenministeriums)

Oberlandesgerichtspräsident
Generalstaatsanwalt

1. Vermerk
Am 9. Mai 1945 erschien Oberst Lalonde von der Militärregierung in Begleitung eines Dolmetschers und des Verbindungsoffiziers zwischen der Polizei und der Militärregierung, des Oberleutnants Dr. Burk, bei uns.
Oberst Lalonde wiederholte die schon öffentlich bekannt gemachte und uns am 8. ds. Mts. durch den Polizeipräsidenten mitgeteilte Anordnung der Schließung aller Gerichte und ersuchte uns um verschiedene Auskünfte, die wir ihm erteilten. Er ordnete die Aufstellung mehrerer Listen in dreifacher Ausfertigung an, die ihm bis zum 10. ds. Mts., 14 Uhr zu übergeben seien. Er besichtigte mit uns die Gerichtsgebäude in der Ringstraße und am Schützenwall und das Gefängnis.
Auf Anfrage erklärte er schließlich, daß die Justizverwaltung weitergehen, insbesondere auch die Verwaltung und der Betrieb der Strafanstalten des Bezirks. Er ordnete an, daß vorläufig Gefangene nicht entlassen werden dürften, auch wenn die Strafzeit abgelaufen sei.

2.) Vermerk des Oberlandesgerichtspräsidenten Dr. Kuhnt über eine Besprechung mit der Militärregierung betreffs Gewaltentrennung, September 1945

(Schriftstück aus: Akten des Schleswig-Holsteinischen Innenministeriums)

Der Oberlandesgerichtspräsident
und der Generalstaatsanwalt

Kiel, den 14. September 1945

Besprechung vom 14. September 1945 bei der Brit. Mil. Reg.

Herr Major Cassels teilte mit, daß der Verkehr zwischen der Militärregierung und dem Oberlandesgericht von jetzt an nicht mehr über den Herrn Oberpräsidenten, sondern unmittelbar erfolgen werde. Ernennungen, Entlassungen usw. würden mir unmittelbar mitgeteilt werden. Meine Aufgabe sei es dann, die Anweisungen auszuführen und den Herrn Oberpräsidenten von den wichtigsten Maßnahmen in Kenntnis zu setzen, zweckmäßig durch Übersendung von Durchschlägen der Ernennungen und Verfügungen. Inwieweit eine Benachrichtigung des Herrn Oberpräsidenten zu erfolgen habe, bleibe meinem pflichtgemäßen Ermessen überlassen und habe sich der bisherigen Verwaltungsübung anzupassen.

Dr. Kuhnt

3.) Vermerk des Oberlandesgerichtspräsidenten Dr. Kuhnt und des Generalstaatsanwaltes Dörrmann über eine Besprechung mit der Militärregierung betreffs Wiedereröffnung des Oberlandesgerichts, November 1945

(Schriftstück aus: Akten des Schleswig-Holsteinischen Innenministeriums)

Der Oberlandesgerichtspräsident
und der Generalstaatsanwalt

Kiel, den 12. November 1945

Besprechung mit der Militärregierung vom 12. November 1945

1. Herr Oberstleutnant Shanks teilte dem Oberlandesgerichtspräsidenten mit, daß der Termin für die Eröffnung des Oberlandesgerichts endgültig auf den 26. November 1945 um 11 Uhr vorm. anberaumt worden ist. Der Oberlandesgerichtspräsident legte die Zeichnung des Saales und der für die Gäste vorgesehenen Plätze vor, übergab den Bericht, dem die Gästeliste beigefügt ist, und übergab ferner seine Rede; diese und der Bericht sind in deutscher und englischer Sprache gehalten. Er schlug vor, bei der feierlichen Eröffnung des Oberlandesgerichts nicht nur die Richter und Staatsanwälte, sondern auch diejenigen Anwälte zu beeidigen, die bisher noch nicht beeidigt sind. Dem stimmte Herr Oberstleutnant Shanks zu. Der Oberlandesgerichtspräsident nannte die Anwälte Harder, Frau Harder, Bauer und Haecker. Er schlug ferner vor, daß auch ein Vertreter der Anwaltschaft bei der Eröffnung sprechen solle. Dem stimmte Herr Oberstleutnant Shanks zu und bat darum, daß das Konzept der Rede ihm baldmöglichst in Deutsch und Englisch eingereicht werde. Er bestimmte, daß die Richter, die Gäste und sonstigen Zuhörer ihre Plätze bis 10.40 Uhr einzunehmen haben. Mit der vorgesehenen Ausschmückung des Gebäudes, über die der Oberlandesgerichtspräsident berichtete, erklärte er sich einverstanden. Die Übertragung der Reden des Oberlandesgerichtspräsidenten, Generalstaatsanwalts und Vertreters der Anwaltschaft wird durch einen von der Militärregierung ausgewählten Dolmetscher erfolgen.

2. ...

Dr. Kuhnt   Dörmann

4.) Ansprachen anläßlich der Wiedereröffnung des Oberlandesgerichts am 26. November 1945

(Schriftstücke aus: Akten des Schleswig-Holsteinischen Innenministeriums)

a) Oberleutnant Shanks, Gerichtsoffizier der Militärregierung, Det. 312 (P):

Es ist nicht besonders nötig, die Bedeutung dieser Stunde zu betonen. Die Wiedereröffnung des Oberlandesgerichtes ist ein weiterer Markstein auf dem Wege zum Wiederaufbau des deutschen Lebens.
Die Anwesenheit von Herrn Generalleutnant Sir Evelyn Barker, Kommandeur des 8. Korps, von Herrn Admiral H. T. Baillie Grohman, Marine-Kommandeur von Schleswig-Holstein, von Herrn Luft-Vizemarschall T. C. Traid, Kommandanten der 83. Gruppe der Königlichen Luftwaffe und von Herrn Macaskie, Königlicher Rechtsbeirat und Chef der Rechtsabteilung im Kontrollrat für die gesamte Britische Zone, ist ein Beweis für das Vertrauen, welches man der Arbeit dieses Gerichtes entgegenbringt. Es ist mir eine Ehre, Herrn General Barker um die Eröffnung des Gerichtshofes zu bitten.
...

b) Generalleutnant Sir Barker, Kommandierender General des 8. Britischen Armeekorps:

Seit dem Tage, an dem ich erstmalig die Verantwortung für die Militärregierung Schleswig-Holstein übernahm, sind viele wichtige Schritte in der Wiederherstellung des öffentlichen Lebens der Provinz unternommen werden. Aus dem Chaos, das die Kapitulation mit sich brachte. ist die Ordnung wiederhergestellt worden, und die Bevölkerung hat jetzt Nahrung und andere elementare Lebensnotwendigkeiten, trotz der großen Knappheit. Aber weit mehr ist nötig, wenn unsere Absicht, eine feststehende soziale Ordnung zu begründen, nicht mißlingen soll. Und heute sehen wir eine bemerkenswerte Leistung auf dem Wege der Erreichung dieses Zieles. Die Wiedereröffnung des höchsten Gerichtshofes in der Provinz krönt eine Aufgabe, deren Erfüllung unentbehrlich ist für den Bestand einer modernen zivilisierten Gesellschaft ...
Es liegt an Ihnen, die Aufgabe an den Gerichten nun so zu meistern, daß das deutsche Volk sich unbedenklich auf eine schnelle und wahre Ausübung der Gerechtigkeit verlassen kann. Sie tragen eine große Verantwortung. Ich vertraue darauf, daß Sie diese Gelegenheit ergreifen und die Rechtsprechung auf den Grundsätzen wahrer Demokratie aufbauen. Ich wünsche Ihnen in Ihrer Arbeit alles Gute.

c) Oberlandesgerichtspräsident Dr. Kuhnt:

In einer denkwürdigen Stunde sind wir heute hier versammelt.
Nachdem seit dem Zusammenbruch des Reiches die Amtsgerichte und Landgerichte wieder aufgebaut worden sind, nimmt heute das altehrwürdige Oberlandesgericht Kiel, das auf eine mehr als hundertjährige Überlieferung zurückblickt, seine Arbeit wieder auf. Damit werden die Tore der Rechtspflege und Rechtsprechung in der Provinz Schleswig-Holstein wieder voll geöffnet.
Es ist mir ein aufrichtiges Bedürfnis, Ihnen, Herr General, und allen Herren der Britischen Militärregierung, mit denen zusammen zu arbeiten ich die Ehre gehabt habe, aufrichtigen Dank für die verständnisvolle Unterstützung und Förderung zu sagen, welche die mir anvertrauten Aufgaben bei Ihnen gefunden haben. Ganz besonders danke ich Ihnen für die allseits ersehnte Eröffnung des Oberlandesgerichts.
Mein Blick ist in die Zukunft gerichtet.
Wie beim einzelnen Menschen der Gerechtigkeitssinn, so ist auch beim Staatswesen Stand und Güte seiner Rechtspflege der Gradmesser seiner Moral und damit seines inneren, wahren Wertes. Ein Staatswesen, das seine Rechtspflege knebelt, erstickt die Stimme des eigenen Gewissens und muß daran über kurz oder lang zu Grunde gehen. So ist die Gerechtigkeitspflege nicht ein Attribut, sondern einer der unentbehrlichen Grundpfeiler jedes Staatswesens. Darüber sind zu allen Zeiten und bei allen Kulturvölkern die besten Köpfe sich einig gewesen. Es hat keinen Sinn zu leben, wenn es keine Gerechtigkeit mehr gibt.
Und keinen edleren Beruf gibt es als den des Richters, der, ein Hüter und Wahrer der Moral seines Volkes, nur den Gesetzen des Staates und der Stimme des eigenen Gewissens zu gehorchen und alles andere, das wie Rasse, Religion oder politische Überzeugung die Vorurteilsfreiheit seines Spruches zu trüben geeignet wäre, von sich zu weisen hat.
Um ein Wort von Deutschlands größten *(sic)* Philosophen abzuwandeln: Den Blick auf den gestirnten Himmel als auf das Sinnbild alles gesetzmäßigen Geschehens in dieser Welt gerichtet, folgt der Richter, mit beiden Füßen fest auf der

Erde stehend, ohne Ansehen der Person nur dem moralischen Gesetz in ihm selbst und weist in wahrer innerer Unabhängigkeit jedes Vorurteil und jede Beeinflussung von sich.

In diesem Sinn die uns anvertraute hohe Aufgabe zu erfüllen, das geloben wir in dieser Stunde. Es ist der Inhalt des Eides, den wir leisten und an den wir uns in jedem Augenblick unserer Amtsführung gebunden halten werden. Es wird unser Bestreben sein und wir hoffen, das in der Vergangenheit erschütterte Vertrauen des Volkes in die Rechtspflege wiederherzustellen und die ins Wanken geratene Moral wieder zu festigen.

III. Vier Vorgänge zur Südschleswig-Frage

1.) Pressemitteilung des dänischen Außenministers im Juli 1945

(Schriftstück aus: Lübecker Nachrichten-Blatt der Militärregierung, 12. Juli 1945)

Dänemark und Südschleswig

Kopenhagen. Der dänische Außenminister Christmas Möller erklärte: „In Dänemark besteht der allgemeine Wunsch, alles zu tun, um den Dänen in Schleswig die bestmöglichen Lebensbedingungen zu verschaffen. Es wäre jedoch ein großes Unglück, wenn die Siegerstaaten größere oder kleinere Gebiete vom deutschen Staatskörper abtrennen würden. Es ist unsinnig, eine Volksbewegung zur Abtrennung Süd-Schleswigs von Deutschland ins Leben zu rufen. Wir wollen keine beträchtliche deutsche Minderheit in Dänemark. Wir wünschen, daß Dänemark ein Nationalstaat bleibt."

2.) Der Antrag auf Verwaltungstrennung für Schleswig und Holstein während der Sitzung der ersten ern. Landtags am 10. September 1946

(Schriftstücke aus: Wortprotokolle des 1. ern. Landtags)

a) Antrag Graf Reventlow und Johannsen:

Der Provinziallandtag wolle beschließen:

Mit Rücksicht auf die ganz besonderen Verhältnisse in Süd-Schleswig, dem Gebiet nördlich der Linie Kanal – Eider, und auf Wunsch eines sehr großen Teiles der bodenständigen südschleswigschen Bevölkerung wird die Militärregierung gebeten, das südschleswigsche Gebiet, eventuell auf Grund einer Volksbefragung der einheimischen (bodenständigen) Bevölkerung, von Holstein abzutrennen und als selbständigen Verwaltungsbezirk der Militärregierung direkt zu unterstellen.

b) Stellungnahme und mit großer Mehrheit angenommener Gegenantrag des Abg. Gayk (SPD):

Meine Damen und Herren! Zu dem Antrag der Abgeordneten Graf Reventlow und Johannsen habe ich folgende Erklärung abzugeben:

Das Ziel der deutschen Politik ist der beschleunigte Übergang von einem Verwalten im Auftrage der Militärregierung zum selbstverantwortlichen Regieren. Wir betrachten es als einen Verrat an den Lebensinteressen des deutschen Volkes, wenn Abgeordnete angesichts dieser vordringlichen Aufgabe der deutschen Politik einen Teil des Landes Schleswig-Holstein der Militärregierung als selbständigen Verwaltungsbezirk anbieten.

(Sehr richtig! Bravo!)

Wir haben der dringlichen Behandlung des Antrages zugestimmt, um dem Grafen Reventlow, den wir nicht zur echten dänischen Minderheit zählen können, Gelegenheit zu geben, sich der Verachtung der schleswig-holsteinischen Bevölkerung preiszugeben.

(Bravo!)

Nachdem das geschehen ist, bitten wir den Landtag, ohne weitere Aussprache dem folgenden Antrage zuzustimmen:

Der Landtag des Landes Schleswig-Holstein hat den Antrag der Abgeordneten Grafen Reventlow und Johannsen zur Kenntnis genommen, lehnt ihn als vollkommen undiskutabel ab und beschließt Übergang zur Tagesordnung.

3.) Aus der Stellungnahme des Fraktionssprechers der CDU, Carl Schröter, zur Regierungserklärung vom 2. Dezember 1946 (vgl. Quellenstück I, 11)

(Schriftstück aus: Wortprotokolle des 2. ern. Landtags)

...

Die dänische Regierung hat heute den Beweis erbracht, und zwar von der dänischen Regierung selbst, daß sie offen Loslösungsbestrebungen an der Nordgrenze unterstützt, und die letzten Reden der dänischen Minister Rasmussen und Christiansen haben eine deutliche Einmischung in innerdeutsche Verhältnisse zu erkennen gegeben. Sie wissen, daß bereits in der Antwortnote an England vom 29. Oktober 1946 der Satz enthalten war, der die Forderung nach einer gewaltsamen Trennung von Schleswig und Holstein enthielt. Das war eine Einmischung in innerdeutsche Verhältnisse. Ich darf an die Rede vom 10. November, die der dänische Außenminister über den Rundfunk gehalten hat, erinnern, wo er darüber hinaus noch die Forderung nach Registrierung der Flüchtlinge, und nach Entziehung des Wahlrechtes aufgestellt hat.

...

Die heutige amtliche dänische Politik ist imperialistisch und aggressiv. Sie ist bar jeder Menschlichkeit gegenüber den Heimatlosen. Wir haben die Ansicht, das deutsche Unglück soll heute benutzt werden, deutsches Land dänisch zu machen. Die dänische Propaganda, die heute betrieben wird, will den Eindruck erwecken, als ob es sich überhaupt um eine echte dänische Minderheit handelt eine echte dänische Volksbewegung. Wir wollen demgegenüber nur das Wort sagen: wenn dort oben auch nur ein Fußbreit Boden abgetreten wird, dann ist Dänemark nicht mehr ein Nationalstaat, sondern dann wird es dort etwas geben wie eine deutsche Irredenta mit allen Gefahren. Die dänische Regierung glaubt, heute an Schleswig-Holstein Forderungen anmelden zu dürfen. Wenn heute jemand Forderungen anzumelden hat, dann ist es Schleswig-Holstein. Wir haben keine Minderheitsrechte angetastet, wohl aber Dänemark. Wir haben keine Minderheitsschulen geschlossen. Im Gegenteil, wir haben neue dänische Schulen eröffnet, Dänemark hat deutsche Minderheitsschulen geschlossen; wir haben keine dänischen Staatsbürger hinter Schloß und Riegel gebracht, aber Dänemark deutsche in Jütland.

Wir sind gezwungen, den Kampf aufzunehmen, der uns von Dänemark angesagt worden ist. Wir haben den Kampf nicht gewollt, wir haben ihn nicht verursacht. Er ist uns aufgezwungen, wir stehen in der Verteidigungsstellung und kämpfen infolgedessen diesen Kampf mit reinen Händen. Wir wissen in diesem Kampfe das Recht auf deutscher Seite. Daraus ziehen wir die Überzeugung und das Bewußtsein, daß Schleswig doch deutsch bleiben wird.

4.) Briefwechsel zwischen J. Oldsen, MdL, und Ministerpräsident Steltzer wegen der Äußerungen von Carl Schröter im Landtag, Dezember 1946 / Januar 1947

(Schriftstücke aus: Nachlaß Steltzer)

a) Offener Brief von J. Oldsen

J. Oldsen,   Lindholm (Nord-Friesland), den 27. Dezember 1946
Tel. Niebüll 3 25

Sehr geehrter Herr Ministerpräsident!

Verschiedene Umständen lassen mich im vorliegenden Falle diesen Weg wählen.

Der Sprecher einer der beiden Regierungsparteien im Landtage, der Landesvorsitzende der CDU und Landtagsabgeordnete, Herr Schröter, stellte auf der ersten Sitzung des neuen Landtages in seiner Stellungnahme zur Regierungserklärung fest, daß die Politik der dänischen Regierung in der Südschleswigfrage aggressiv und imperialistisch, ja sogar unmenschlich sei. Wenn es auch bei Ihrem persönlichen, maßgeblichen Verhältnis zur CDU zweifelhaft erscheint, daß der erwähnte Sprecher, Ihr Parteifreund, solche weittragenden Vorwürfe ohne Ihr Wissen erheben konnte, so habe ich doch in Anbetracht der Schwere der Unterstellungen mit einer gewissen Spannung darauf gewartet, ob Sie sich diese schweigend zu eigen machen würden. Abgesehen davon, daß Vertreter eines Volkes, das 12 Jahre ein System geduldet hat, durch das die ganze Welt in Schrecken gehalten wurde, besser leiser auftreten würden, so wiegt noch besonders der Vorwurf der Unmenschlichkeit gegenüber einem Volke überaus schwer, das in der ganzen Welt als die Heimat der Demokratie und der Humanität bekannt ist. Neben den Millionen, die Dänemark zur Linderung der Not außerhalb seiner Grenzen aufwendet, bietet es bekanntlich weit über 200.000 deutschen Flüchtlingen Asyl und Unterhalt bei einem Kaloriensatz von 2.500 je Tag, obgleich ihm der „Schutz der Neutralität" durch das Nazi-Deutschland schon teuer genug zu stehen kam. Auch der Präsident der UNRRA bezeichnete erst neulich Dänemark als Nr. 1 in der Hilfsarbeit für die notleidende Menschheit.

Nicht Dänemark, Herr Ministerpräsident, dürfte also in dieser Frage beweispflichtig sein, sondern vielmehr das neue Deutschland. …

Sie sprechen, Herr Ministerpräsident, in Ihrer Regierungserklärung übrigens wieder von einem Neudänentum. Wenn Sie damit die Hansen, Nissen, Petersen, Peters, Johannsen und Träger ähnlicher Namen meinen, die zwar erst später zur Erkenntnis der Verbundenheit Südschleswigs mit Dänemark gekommen sind, dann sollten Sie lieber von einem verspäteten Dänentum reden. Diesem werden sich übrigens noch viele eingesessene Dänen und Friesen in Südschleswig anschließen, wozu nicht zuletzt auch der von Ihnen in Kiel aufgezogene Regierungsapparat beitragen wird, den sich in solchem Ausmaße selbst das mächtige Preußen nicht erlauben konnte.

Wie ich durch die Zeitungen erfahre, planen Sie, Herr Ministerpräsident, eine Nordlandreise mit einer Unterbrechung in der Hauptstadt Dänemarks. Sie werden einräumen müssen, daß die erwähnten Unterstellungen keine gute Empfehlung für Ihren angekündigten Besuch im Norden darstellen, und ich glaube, nicht zuletzt in Ihrem eigenen Interesse zu handeln, wenn ich höflichst frage:

„Billigen Sie, Herr Ministerpräsident, die für die dänische Regierung beleidigenden Feststellungen des erwähnten Sprechers Ihrer Partei?"

Genehmigen Sie, Herr Ministerpräsident, den Ausdruck meiner vorzüglichen Hochachtung.

J. Oldsen
Vorsitzender der Vereinigung der nationalen Friesen

b) Persönliches Antwortschreiben von Theodor Steltzer

Steltzer, Ministerpräsident des Landes Schleswig-Holstein

Herrn   Kiel, den 8. Januar 1947
J. Oldsen   Schloß
Lindholm (Nord-Friesland)

Sehr geehrter Herr Abgeordneter Oldsen!

Ich danke Ihnen für Ihren Brief, den ich heute erhielt, nachdem ich die beiliegende Erklärung zu Ihrem offenen Brief an mich bereits dem Flensburger Tageblatt übergeben hatte.

Die persönlich gehaltene Form Ihres Briefes veranlaßt mich, Ihnen auch persönlich zu schreiben. Ich will Ihnen gestehen, daß ich Ihren offenen Brief als einen Wunsch aufgefaßt habe, meinem noch keineswegs feststehenden Besuch in Skandinavien einige Schwierigkeiten zu bereiten, und mich deshalb für die Äußerungen eines Parteiführers verantwortlich zu machen, weil ich selbst zu wenig Angriffsflächen biete.

Die persönliche Form Ihres Briefes läßt es auch möglich erscheinen, daß ich Ihnen hiermit eine falsche Absicht unterstellt habe. Und ich möchte niemandem Unrecht tun. Auf der anderen Seite glaube ich, daß nur radikale Offenheit weiterführt. Deshalb möchte ich Ihnen sagen, daß mich die Weltlage mit größter Besorgnis erfüllt. Ich glaube, daß die Welt nur gerettet werden kann, wenn sich eine Front der Wohlmeinenden in allen Völkern bildet.

In erster Linie gilt es, die christliche Humanitas wiederherzustellen, die in der jüngsten Zeit der stärksten Schändung ausgesetzt war und ist. Und es ist meine große Hoffnung, daß auch der eigentliche deutsche Geist wieder erstarkt, um zur Wiederbefestigung dieser Humanitas in diesen Zeiten schwerer Gefährdung seinen Beitrag zu liefern.

Auf dieser Grundlage habe ich mich mit vielen ausländischen Freunden von europäischer Gesinnung zusammengefunden. Ich zweifle nicht, daß ich auch mit Ihnen auf dieser Grundlage eine Brücke des Verständnisses finden würde, wenn sie von Ihnen ebenfalls bejaht würde.

Im übrigen hat meine Skandinavienreise keinen politischen Charakter. Ich bin von Stellen der charitativen und oekumenischen Arbeit eingeladen. Und dann ist es ein Wunsch meiner Freunde und mir, die sich in Zeiten unerhörter Belastung zusammengefunden haben, uns einmal wiederzusehen.

Ich möchte Ihnen vorschlagen, daß wir uns vor weiteren Presseauseinandersetzungen einmal persönlich treffen. Da ich demnächst in Ihren Kreis komme, werde ich mich rechtzeitig mit Ihnen in Verbindung setzen. Sollte sich diese

Absicht verzögern, wäre ich Ihnen dankbar, wenn Sie mich auch Ihrerseits bei einem etwaigen Aufenthalt in Kiel einmal aufsuchen würden.

Mit vorzüglicher Hochachtung
Ihr ergebener
Steltzer

c) Offener Brief von Theodor Steltzer im Flensburger Tageblatt, 8.1.1947

Antwort an Herrn Oldsen

Ministerpräsident Theodor Steltzer nimmt wie folgt zu einem offenen Brief Stellung, den Abg. Oldsen, Lindholm in "Flensborg Avis" publizieren ließ:

"Herr Johannes Oldsen, ein Abgeordneter des Schleswig-Holsteinischen Landtages, hat in 'Flensborg Avis' mich in einem offenen Brief befragt, ob ich gewisse Ausführungen billige, die der Abgeordnete Schröter in der letzten Landtagssitzung zur südschleswigschen Frage gemacht hat.

Ich weiß nicht, warum Herr Oldsen sich die Gelegenheit hat entgehen lassen, auf die ihm mißliebigen Äußerungen des Herrn Schröter alsbald zu erwidern; jedenfalls sehe ich weder in dem offenen Brief des Herrn Oldsen noch in den Ausführungen des Herrn Schröter, die diese selbst zu verantworten hat, einen Anlaß, mich zu dieser Frage zu äußern, zu der ich nicht nur in der Regierungserklärung vom 2. Dezember, sondern auch bei anderer Gelegenheit wiederholt mit hinreichender Deutlichkeit Stellung genommen habe.

Man weiß von mir, daß ich immer bereit bin, auch den Vertretern einer anderen Auffassung Rede und Antwort zu stehen, aber ich tue es nur, wenn ich voraussetzen darf, daß es auch der anderen Seite auf eine sachliche Klärung der beiderseitigen Standpunkte ankommt.

gez. Theodor Steltzer
Ministerpräsident

IV. Vier Vorgänge zum wirtschaftlichen Wiederaufbau und zur Versorgung der Bevölkerung

1.) Ende September 1945 von Oberpostrat Deutler im Auftrag der britischen Militärregierung gehaltene Rundfunkrede über die Wiederaufnahme der Dienste der Deutschen Reichspost

(Schriftstück aus: Akten der Oberpostdirektion Kiel)

Entwicklung der Post im RPD-Bz Kiel seit der Kapitulation

Schon vor dem Zusammenbruch waren die meisten Dienstzweige der DRP größtenteils zum Erliegen gekommen. Durch Einstellung des Bahnverkehrs und Tieffliegerbeschuß wichtiger Straßen war der Postdienst praktisch niedergebrochen und das oberirdische Leitungsnetz vielfach zerstört. In Kiel befand sich das Ortskabelnetz in einem trostlosen Zustand. Ein Behelfsamt mit 50 Teilnehmern von einst 12.000 war alles, was die britische Armee als Ortsvermittlung vorfand. In unserer ereignisreichen Zeit muß man sich dieses Tiefstandes wieder erinnern, um den mit Unterstützung der englischen Militärregierung erfolgten Wiederaufbau zu würdigen.

Als ersten Dienstzweig ließ die Militärregierung den Postsparkassendienst in beschränkter Höhe wieder zu und bewies damit ihre Fürsorge für die vielen Flüchtlinge, die größtenteils aller Barmittel entblößt waren. Inzwischen sind die Einzahlungen auf Postsparbücher von 1.500.000 RM im Monat Juni auf 2.000.000 RM in dem nächsten Monat gestiegen, ein erfreuliches Zeichen für das Vertrauen, das diesem Dienstzweig entgegengebracht wird. Als 1. Bezirk der britischen Zone konnte Kiel am 14. Juni den Postkartendienst innerhalb der Provinz einschließlich der Hansestadt Hamburg aufnehmen. Dies war nur möglich, weil die Militärregierung Benzin für die Transporte bereitstellte und neue Briefmarken sogar im Flugzeug von London herbeischaffte. Am 6. Juli wurde der Postkartendienst auf die ganze britische Zone ausgedehnt. Anfang August wurden bereits über 220.000 Sendungen täglich ausgeliefert. Inzwischen ist in mehreren Etappen der uneingeschränkte Brief- und Päckchendienst in der ganzen britisch besetzten Zone wieder erstanden. Der Postscheckdienst wurde am 20. Juni eröffnet. Die Einzahlungen mittels Zahlkarten zeigen einen erfreulichen Aufstieg und beliefen sich bereits im August auf 10 Millionen RM. Auf Anregung der Militärregierung ist die Suchaktion der Wehrmachtsangehörigen nach ihren nächsten Angehörigen ins Leben gerufen und als erster Dienst auf die amerikanische und die französische Zone ausgedehnt worden.

Seit dem 16. Juli fahren wieder Postomnibusse, nachdem die Militärregierung eine größere Anzahl aus den Lagern der Wehrmacht zurückgegeben hat. Während anfangs täglich 3.000 km zurückgelegt wurden, sind es jetzt schon 6.000, das ist die Hälfte des Verkehrs vor dem Krieg. Je mehr die Eisenbahn in der Lage ist, Züge einzusetzen, desto mehr können Omnibusse aus den Landstrecken zurückgezogen und wieder auf den kürzeren Landlinien der Friedenszeit eingesetzt werden. Bei Beginn der Besatzung war die RPD, deren Gebäude nahezu restlos zerstört war, zersplittert in Kiel und mehreren Orten der Provinz untergebracht. Als erstes sorgten die PTT-Offiziere, das sind die Post-, Telefon- und Telegraphenoffiziere der Militärregierung, dafür, daß sie (für) die gesamte Verwaltung des Bezirks in Kiel ein ausreichendes Unterkommen fanden und schufen so und durch die straffe Zusammenfassung die erste Gewähr für ein erfolgreiches Arbeiten (*Satz: sic*).

Wenn wir auf allen Gebieten des postalischen Wirkens ein recht erfreuliches Bild vor uns sehen, dann verdanken wir dies dem tatkräftigen Einsatz der Postgefolgschaft, der unermüdlichen und verständnisvollen Mitarbeit der PTT-Offiziere und dem Vertrauen der Militärregierung.

2.) Aufruf von Oberpräsident Dr. Hoevermann zur Brennstoffversorgung, November 1945

(Schriftstück aus: Lübecker Nachrichten-Blatt der Militärregierung, 13. November 1945)

An die Bevölkerung Schleswig-Holsteins

Wir können im Winter 1945/46 keinesfalls eine Versorgung mit Hausbrandkohle erwarten. Das Ruhrgebiet produziert noch nicht soviel wie nötig ist. Aus den östlichen Gebieten und aus Mitteldeutschland können wir keine Kohle bekommen. Die Eisenbahn und die Wasserwege sind noch nicht leistungsfähig wie früher.

Ich weiß, daß die britische Militärregierung den guten Willen hat, uns zu helfen. Aber sie kann uns bei den geschilderten Schwierigkeiten nur den Kohlenbedarf der lebenswichtigen Industrien, der Meiereien, Bäckereien, Schlachtereien und der Wasser-, Elektrizitäts- und Gaswerke heranschaffen.

Mit dieser Tatsache müssen wir uns abfinden. Wir müssen mit dem, was wir an Holz und Torf haben oder uns noch beschaffen, so sparsam wir nur irgend möglich umgehen.

Die Landräte und Oberbürgermeister und die sonst in Betracht kommenden Behörden werden alles tun, um Brennholz zu schlagen und aufzubereiten. Jeder, der dazu aufgerufen wird, möge willig mithelfen.

Der Oberpräsident der Provinz Schleswig-Holstein

3.) Bericht des Flensburger Stadternährungsamtes über die Nahrungsmittelversorgung im Bereich der Stadtverwaltung Flensburg, Mai 1945 – Oktober 1946 (ohne Anlage)

(Schriftstück aus: Akten des Stadtarchivs Flensburg)

Stadtverwaltung Flensburg, Stadternährungsamt – Abt. B -   Flensburg, den 10. Oktober 1946

Herrn Oberbürgermeister Möller, Rathaus

Betr.: Bericht über die Ernährungsgrundlage seit der Kapitulation.

Während des Krieges konnte die Ernährungslage der Zivilbevölkerung der Stadt Flensburg dank der straffen Bewirtschaftung als gesichert und für Kriegsverhältnisse als zufriedenstellend bezeichnet werden. Die Kalorienzahl eines erwachsenen Normalverbrauchers lag nach der heutigen Kalorientabelle errechnet bei 1.700 Kalorien täglich. Außer der normalen Zuteilung gab es jedoch häufig Sonderzuteilungen.

Nach der Kapitulation wurden die Tagesrationen zunächst mit 1.200 Kalorien fortgesetzt. Ein Normalverbraucher über 18 Jahre erhielt je Zut.-Periode: 6.800 g Brot, 500 g Fett, 1.000 g Fleisch, 300 g Nährmittel, 500 g Zucker, 375 g Marmelade, 62,5 g Käse, 100 g Kaffee-Ersatz, 8.000 g Kartoffeln (bzw. als Ersatz 2.000 g Brot). Diese Rationssätze blieben bis Ende der 77. Zut.-Periode (22. Juli 1945) unverändert, unterlagen aber seit diesem Zeitpunkt ständigen Veränderungen, vor allem bei Brot, Nährmitteln, Fetten, Fleisch und Zucker..

Zur Erläuterung der Unterschiedlichkeiten bei diesen Nahrungsmitteln werden die Rationen einzelner Zut.-Perioden herausgegriffen:

Zut.-Per.	Zeit		Brot	Nährmittel	Fett	Fleisch	Zucker	Marmelade	Gesamt.-Kal. Zahl
65.	24.07.	- 20.08.44	9.700	650	875	1.000	900	700	rd. 1.700
70.	11.12.44	- 07.01.45	3.900	600	625	1.450	875	750	rd. 1.700
75.	30.04.	- 27.05.45	6.800	300	500	1.000	500	375	rd. 1.200
80.	17.09.	- 14.10.45	9.200	500	400	600	500	400	rd. 1.400
85.	05.02.	- 03.03.46	10.000	2.000	400	600	375	500	rd. 1.550
90.	24.06.	- 21.07.46	5.000	1.000	400	420	500	450	rd. 1.050
94.	14.10.	- 10.11.46	10.000	1.750	200	500	500	250	rd. 1.550

Mit Beginn der 86. Zut.-Periode (4. März 1946) wurde die Zuteilung für den Erwachsenen von 1.545 auf 1.006 Kalorien täglich herabgesetzt.

Eine zwischen 1.000 und 1.100 liegende niedrige Kalorienzahl blieb dann fünf Perioden lang bestehen. Infolge dieser kaum ausreichenden Rationen mehrten sich die Anträge auf Zulagekarten für Teilschwer-, Schwer- und Schwerstarbeiter. Von der 89. Zut.-Periode ab wurde darauf noch eine Zusatzkarte für „mittelschwere Arbeit" eingeführt, um auch Lohnempfängern mit leichterer Tätigkeit eine Ernährungszulage zukommen zu lassen (z.B. Friseure, Schneider pp.). Heute betragen die täglichen Kalorienwerte dieser Zulagen:

Mittelschwerarbeiter   200 Kal.

Teilschwerarbeiter   450 Kal.

Schwerarbeiter   900 Kal.

Schwerstarbeiter   1.300 Kal.

Die Zulagekarten wurden in der abgelaufenen Periode an insgesamt 1.569 Betriebe mit nachstehenden Arbeiterzahlen gewährt:

5.400   Mittelschwerarbeiter

3.700   Teilschwerarbeiter

4.700   Schwerarbeiter

1.400   Schwerstarbeiter

zus. 15.200   zulageberechtigte Arbeiter

Durch die niedrigen Verpflegungssätze haben auch die Zulagen auf Grund zusätzlicher Atteste um ein Mehrfaches zugenommen.

Wie in diesem Jahr wurden auch im vergangenen Herbst 2 Zentner Speisekartoffeln je Verbraucher zur Einkellerung vorgesehen. Es zeigte sich aber im Herbst 1945, daß dieses undurchführbar war, da die Zufuhren aus anderen Zonen fehlten. Die fehlenden Kartoffeln mußten dann durch Brot, Nährmittel und Rüben ersetzt werden.

Die Gemüsezuteilung war nach Art und Menge in diesem Jahre wesentlich günstiger als im Vorjahre, wenn sie auch noch nicht als ausreichend angesehen werden kann. Pro Kopf und Woche konnte 1 kg Gemüse ausgegeben werden.

Die Transportfrage und der große Zustrom an Flüchtlingen haben der Versorgung der Bevölkerung der Stadt Flensburg in der Zeit nach der Kapitulation ganz erhebliche Schwierigkeiten bereitet. Doch ist es zu ernsten Stockungen in der Versorgung nicht gekommen. Die ausgegebenen Lebensmittelkarten und -marken konnten in der Regel rechtzeitig und vollständig beliefert werden. Nur bei den Nährmittel- und Fischabschnitten mußte die Lieferfrist in diesem Jahre zuweilen verlängert werden, wenn nicht genügend Ware vorhanden war.

Infolge der Rationskürzungen und der dadurch entstandenen Not haben die Vergehen gegen die Verbrauchsregelungsstrafverordnung erheblich zugenommen. Ein Tätigkeitsbericht der Prüfungsabteilung des Stadternährungsamts wird beigelegt.

Stadternährungsamt

Abt. B

I.A. Möller

Bekanntmachung

Um den Schwarzhandel, die Preisüberschreitung und den ungeregelten Einkauf von Kartoffeln aller Art zu unterbinden, wird Nachstehendes bekanntgegeben:

Die Militärregierung ordnet folgendes an:

1. Die Abgabe von Pflanz=, Speise= und Speisefrühkar= toffeln vom Erzeuger und Versandhandel an Ver= braucher, an den Einzelhandel einschl. Großverbraucher (hierunter fallen auch Polizei, Feuerwehr, Reichsbahn, Reichspost, sowie Deutsche Wehrmacht) ist verboten. Sämtliche bisherige Anordnungen des Kartoffelwirt= schaftsverbandes sind nach wie vor in Kraft.

2. Die Abgabe von Pflanz=, Speise= und Speisefrühkar= toffeln durch den Erzeuger und Versandhandel darf nur nach den bisher geltenden Bestimmungen über den zugelassenen Empfangsgroßhandel erfolgen.

3. Die vorgeschriebenen Höchstpreise dürfen nicht über= schritten werden.

Überschreitungen dieser Bestimmungen werden schärfstens bestraft.

Dieser Befehl bezieht sich auf die Provinz Schleswig=Holstein, Hansestadt Hamburg und die folgenden Kreise in Mecklenburg: Wismar, Schönberg, Schwerin, Hagenow und Ludwigslust.

Hamburg, den 11. Juni 1945

**Landesernährungsamt Hamburg
und Schleswig-Holstein
Kartoffelwirtschaftsverband**

4.) Ministerpräsident Theodor Steltzer zur Eröffnung der Kunstgewerbe- und Handwerksausstellung „Neues Schaffen in Schleswig-Holstein" in Lübeck am 19. Oktober 1946

(Schriftstück aus: Nachlaß Steltzer)

Es mag manchem unverständlich erscheinen, daß die erste Übersicht über sein Schaffen, mit der das Land Schleswig-Holstein an die Öffentlichkeit tritt, Erzeugnisse von Kunstgewerbe und Handwerkskunst zeigt. Viele werden meinen, daß es im Augenblick notwendiger sei, einfache Gebrauchsgegenstände an Stelle dieser Erzeugnisse herzustellen. Dennoch hat diese Ausstellung einen guten Sinn. Sie soll gerade auf die Arbeitsmöglichkeiten hinweisen, die sich bei der heutigen Rohstofflage zusätzlich bieten, um einer größeren Menschenzahl Beschäftigung zu geben. Denn es ist das Hauptproblem unseres Landes, das mehr Flüchtlinge hat aufnehmen müssen als jedes andere Land, wie man diesen Menschen Arbeit und Brot gibt.

An Millionen Unschuldiger wird heute die Vermessenheit der vergangenen Jahre grausam gerächt. Zu Millionen werden die Deutschen aus den Ostgebieten vertrieben; von allem entblößt strömen sie über die Grenzen in das Restreich. Über 1.200.000 Menschen hat allein Schleswig-Holstein aufgenommen. Die Belastung des Landes hieraus ist auf die Dauer untragbar, wenn es nicht gelingt, allen irgendwie Arbeitsfähigen Beschäftigung zu geben. Arbeit heißt Brot! Alle menschlichen und wirtschaftlichen Gründe verlangen, daß Flüchtlinge und Kriegsversehrte, soweit nur irgend möglich, Gelegenheit bekommen, wieder ihre Hände zu regen. Wir wollen dasselbe, wie das, worum die Gesellschaft, in deren Hause wir hier zu Gast sind, sich seit 100 Jahren bemüht hat, nämlich „Helfen" und die Beförderung des Gewerbefleißes.

In welchen Zweigen aber besteht heute noch die Möglichkeit, zusätzlich Menschen zu beschäftigen? Die Aufnahmefähigkeit der Landwirtschaft ist begrenzt, auch wenn es möglich wäre, ihre Intensivierung weiter zu treiben. Schleswig-Holstein ist überwiegend Agrarland; Agrarländer aber können immer nur ein beschränkte Zahl von Menschen beschäftigen. Von der Industrie aber ist die schwere Industrie durch die Potsdamer Beschlüsse weitgehend beschränkt und heute noch zusätzlich durch Reparationsforderungen bedroht. Auch ist ein großer Teil der Flüchtlinge für schwere Arbeit nicht einsetzbar. Wir mußten also nach Gewerbezweigen suchen, die für ihre Erzeugnisse wenig Rohstoffe brauchen, aber einen hohen Arbeitsanteil haben, und wir mußten Gewerbezweige suchen, deren Erzeugnisse so wertvoll sind, daß sie auch zur Ausfuhr dienen können, für deren Ingangkommen wir arbeiten. So blieb nur eine Reihe von Zweigen der leichten Industrie und vor allem des Handwerks und hier speziell des Kunsthandwerks. Nur hier ist noch erheblicher Spielraum für Flüchtlinge und Kriegsversehrte gegeben.

Entgegen der landläufigen Ansicht kommt der größte Teil der Flüchtlinge nicht aus der Landwirtschaft, sondern aus handwerklichen und städtischen Berufen. Manche dieser Flüchtlinge haben schon in ihrer Heimat ein besonderes Handwerk ausgeübt und besondere Fähigkeiten erlangt, und es ist hier versucht worden, diese Fertigkeiten in ihrer neuen Heimat fruchtbar zu machen und sie gemeinsam mit dem in unserem Lande bodenständigen Handwerk zu neuer Blüte zu entwickeln.

Wir wissen, daß uns heute große Aufgaben zum Wiederaufbau gestellt sind; wir wissen auch, daß wir bei der Lösung der großen Fragen noch nicht über bescheidene Ansätze hinausgekommen sind. Die Gründe hierfür liegen außerhalb des deutschen Einflußbereichs. So haben wir uns erstmal der Lösung der nächstliegenden Probleme, der Überwindung der Arbeitslosigkeit, zugewandt. Diese Schau zeigt nur einen Teilbereich der Wirtschaft unseres Landes an der Arbeit. Aber wir dürfen seine Bedeutung unter den heutigen Verhältnissen nicht unterschätzen.

Was hier gezeigt wird, soll ein Beitrag sein zur Lösung der vordringlichsten sozialen Fragen unseres Landes, und wir erwarten zuversichtlich, daß dieser Beitrag wirksam sein wird.

In diesem Sinne eröffne ich die Übersicht der Landesverwaltung

„Neues Schaffen in Schleswig-Holstein".

V. Zwei Vorgänge zur allgemeinen Notlage, insbesondere der Flüchtlinge

1.) Aufruf des Oberbürgermeisters Helms wegen erneuter Aufnahme von Flüchtlingen in der Hansestadt Lübeck, Oktober 1945

(Schriftstück aus: Lübecker Nachrichten-Blatt der Militärregierung, 29. Okt. 1945)

Aufruf an die Einwohner Lübecks

Die Hansestadt Lübeck, trotz aller Schäden eine der besterhaltenen deutschen Großstädte, muß neue Flüchtlinge aufnehmen, verdrängte deutsche Volksgenossen aus dem Osten. Für die nächsten Wochen sind uns über Zehntausend zugewiesen, weitere Zehntausende werden folgen. Sie in Massenquartieren unterzubringen, kann nur für einen Bruchteil in Frage kommen.

Die große Mehrzahl muß mit in unsere Häuser und Wohnungen aufgenommen werden. Es heißt also nochmals: „Enger zusammenrücken!" – 3,5 qm je Kopf ist die von der Militärregierung festgesetzte Mindestgrenze. Sie ist im Durchschnitt bei den meisten von uns bis heute nicht erreicht, braucht auch hoffentlich nicht allgemein erreicht zu werden, wenn jeder nur das Seine tut, alle irgendwie noch ertragbarerweise abgebbaren Räume tatsächlich zur Verfügung zu stellen.

Ich richte in dieser Hinsicht eine dringliche Mahnung an alle Einwohner und appelliere an Einsicht und guten Willen. Rücksichtslose Selbstsucht, die nur den eigenen Vorteil zu wahren sucht, muß endlich zurücktreten.

Versuche, durch künstliche Verteilung der Familie auf möglichst viele Räume, durch eigenmächtige oder scheinbare Hereinnahme von Bekannten oder gar durch fingierte Namen eine stärkere Belegung vorzutäuschen, müssen als übler Mißbrauch jetzt endgültig verschwinden.

Die Lübecker Quartiergeber aber mögen sich täglich und stündlich vor Augen halten, daß sie gegenüber den Flüchtlingen selbst dann noch in einer beneidenswert günstigen Lage sind, wenn sie sich in ihrem Wohnraum auf das äußerste eingeschränkt haben; denn ihnen ist das Kostbarste erhalten geblieben: Die Heimat.

Helms
Oberbürgermeister

2.) Rundfunkansprache des Oberpräsidenten Theodor Steltzer am 16. März 1946 zur Unterstützung der Sammlungsaktion der „Notgemeinschaft Schleswig-Holstein" für die Heimatvertriebenen

(Schriftstück aus: Nachlaß Steltzer)

…Wir wollen und werden nicht zulassen, daß die Heimatlosgewordenen von uns den Eindruck gewinnen, sich selbst überlassen zu sein und vor dem Nichts zu stehen. Unsere erste Sorge muß es daher sein, auch heute noch helfend einzugreifen. Ich weiß, wie unendlich schwer das Geben dem einzelnen fallen mag, nachdem er während der ganzen Jahre des Krieges und auch während des letzten Jahres bereitwilligst seinen Beitrag von dem Wenigen, das er oft gerettet hat, geleistet hat. Er möge sich aber die erschütternden Tatsachen vor Augen halten, unter denen die Flüchtlinge leben. Es gibt Fälle, in denen mehrere Erwachsene nur über eine Decke zum Schlafen verfügen. Kinder sind ohne Schuhe und Strümpfe und können deshalb oft ihre Lagerstätte, die nicht einmal in einem Bett besteht, tagelang nicht verlassen. Mütter, die mit einer großen Zahl kleiner Kinder auf der Flucht hier gelandet sind, deren Männer verschollen sind, haben keine Möglichkeit auch nur in der bescheidensten Weise die Vorkehrung zur Führung eines eigenen Haushalts zu treffen. Sie vermögen weder zu kochen noch haben sie für sich und die Ihren Eßgeschirre und dergleichen zum Einnehmen der Mahlzeiten. Der Mangel an Kleidungsstücken ist unsagbar groß.

Die Verelendung ist unvorstellbar. Dabei ist es unausbleiblich, daß sich schwerste gesundheitliche Gefahren verbunden mit einer hohen Kindersterblichkeit einstellen können. Wir müssen die Sorge haben, daß uns Massenerkrankungen bedrohen können.

Deshalb ergeht mein Aufruf an die einheimische Bevölkerung dahin, in zweifacher Hinsicht zu helfen. Zunächst muß jeder einzelne von uns gegenüber den Flüchtlingen, entlassenen Soldaten und Evakuierten eine Einstellung einnehmen, die erkennen läßt, daß er deren Schicksal als einen Teil seines eigenen begreift und wertet. Er muß wissen, daß auch seine eigene Zukunft untrennbar verbunden ist mit der Lösung der Flüchtlingsfrage. Und vergessen Sie nie, daß ein gutes Wort Wunder wirken kann ...

Zum anderen aber rufe ich jetzt auf zur praktischen Hilfe. Wir brauchen Schuhe, Strümpfe, Bett- und Leibwäsche aller Art, Jacketts, Hosen, Hüte und alle irgendwie entbehrlichen Haushaltsgeräte. Wir brauchen Bücher und Spiele. Kurz, wir können eigentlich alles gebrauchen.

In den nächsten Tagen bis zum 31. März 1946 werden die Sammler der Notgemeinschaft in Stadt und Land der Provinz Schleswig-Holstein an die Gebefreudigkeit appellieren. Sie soll ein Beitrag sein, um in freiwilliger Hilfe die Bevölkerung und Flüchtlinge zusammenzuführen. Ich weiß, daß das, was jetzt noch zusammenkommt, für den Geber ein wirkliches Opfer bedeuten wird. Dieses zum Ausdruck zu bringen, liegt mir besonders am Herzen, damit auch die Flüchtlinge hierfür Verständnis haben. Der Geber aber möge wissen, daß er damit viel Kummer und Sorgen, viel Leid ersparen wird ...

Das Unrecht muß aufhören!

ɔ kann es nicht weitergehen. Alle schönen Worte über die Wiedergewinnung unserer ostdeutschen Gebiete — was wohl Ziel und selbstverständliche Forderung aller guten Deutschen ist — können nicht die betrübende Tatsache verdecken, daß alles Streben nach einer **gerechten Verteilung** der Vertriebenen bisher an dem egoistischen Widerstand derjenigen Länder gescheitert ist, die für die Aufnahme der Flüchtlinge in Frage kommen.

Acht bis neun Millionen Menschen in eine zerstörte Wirtschaft einzugliedern, ist eine große Aufgabe und nicht von heute auf morgen zu schaffen. Aber sie nach einem ungefähren Maßstab vorläufig zu verteilen und erst einmal wohnungsmäßig angemessen unterzubringen, **das ist möglich.** Es ist nicht nötig, daß auch nur ein einziger Flüchtling in einer Massenunterkunft leben muß.

Wir haben jetzt eine Bundesrepublik, die die Selbständigkeit der Länder begrenzt, einen Bundeskanzler, der über große Vollmachten in Flüchtlingsangelegenheiten verfügt, und einen Bundesflüchtlingsminister, der das Vertrauen der Flüchtlinge genießt, der selbst schlesischer Flüchtling ist und dessen Gerechtigkeitssinn zu großen Erwartungen berechtigt. Nun kommt es darauf an, was jetzt geschehen wird. Der erste Schritt bestimmt die Entwicklung der nächsten Jahre. „Beim ersten sind wir frei, beim zweiten sind wir Knechte".

Bei der Flüchtlingsfrage handelt es sich grundsätzlich um zweierlei: Um die Gewährung von Obdach, Kleidung, Nahrung und um die Schaffung von Erwerbsmöglichkeiten. Das letztere ist die schwierigere, das erstere die dringlichere Aufgabe. Beides hat eine Verteilung der Zugewanderten auf das ganze Bundesgebiet zur Voraussetzung. Hierzu bedarf es keiner wissenschaftlichen Untersuchungen, keiner zeitraubenden statistischen Erhebungen, keiner tiefgründigen Erwägungen zur Sicherung wirtschaftlicher Entfaltungsmöglichkeiten. Auf diese haben die überfüllten Flüchtlingsländer den gleichen Anspruch wie die zu wenig belasteten Aufnahmeländer! Für die erste Verteilung genügt ein grober Schlüssel, für den es genügend Unterlagen gibt.

Die gegenwärtige ungerechte, für die norddeutschen Länder nicht länger zu ertragende Verteilung sieht folgendermaßen aus:

Schleswig-Holstein	+ 71 %	Württemberg-Baden	+ 19 %	Rheinland-Pfalz	— 4,9 %
Niedersachsen	+ 50 %	Württemberg-Hohenz.	+ 7,4%	Bremen	— 6 %
Bayern	+ 30 %	Nordrhein-Westfalen	+ 7 %	Hamburg	— 11 %
Hessen	+ 22 %	Südbaden	+ 0,7%	Bundes-Durchschnitt rd.	+ 20 %

Durch Artikel 119 des Grundgesetzes ist die Bundesregierung ermächtigt, zur gerechten Verteilung der Flüchtlinge sofort Verordnungen mit Gesetzeskraft zu erlassen. Den Bundestag braucht sie hierbei nicht zu bemühen (er kann sich aber jederzeit einschalten); wohl aber bedarf sie der Zustimmung des Bundesrates, der die Länderregierungen vertritt. Es wird sich rasch zeigen, wie dieses von Länderinteressen erfüllte Gremium die Erfüllung einfachster Menschenpflicht gegenüber den schwergeprüften Vertriebenen anpacken wird.

Durch den Ablauf des Krieges, die Beschlüsse der Potsdamer Konferenz und die Maßnahmen der Militärregierungen **ist Schleswig-Holstein zum größten Sammelbecken von Flüchtlingen geworden.** Auf je 100 Einheimische kommen 72 Vertriebene! Dadurch sind alle Wege zum wirtschaftlichen Aufbau, zur kulturellen Leistung, zur Sicherung gesundheitlicher Zustände und sozialen Gemeinschaftslebens verstopft. Die Erwerbslosenziffer übertrifft alle anderen Länder; für 20 000 Jugendliche fehlen die Arbeitsmöglichkeiten. Die Zahl der schulpflichtigen Kinder hat sich verdoppelt, und eine entsprechende Vermehrung der Schulräume und der Lehrkräfte ist natürlich nicht möglich. 127 000 Flüchtlinge haben nach amtlichen Feststellungen **kein menschenwürdiges Obdach,** und wenn nicht schleunigst Abhilfe geschaffen wird, sind bei Eintritt der Kälte Katastrophen unvermeidlich. Schon mehren sich die Selbstmorde . . . . In weiten Gebieten **Niedersachsens** sind die Verhältnisse ähnlich. Hier kommen auf 100 Einheimische 50 Vertriebene.

Zuvor eine Million aus Norddeutschland!

Da die Belastung der öffentlichen Einrichtungen nicht geometrisch wächst, sondern progressiv, vielleicht logarithmisch, wird die Feststellung zutreffen, daß **Niedersa... en doppelt so stark und Schleswig-Holstein dreimal so stark belastet ist** wie das glückliche Bayernland mit nur 30 Vertriebenen auf 100 Einheimische.

Darum ist der SOS-Ruf berechtigt: **Für Norddeutschland muß etwas geschehen,** und zwar sehr rasch, und **zuerst nur für Norddeutschland!**

Ein „Spitzenausgleich", wie er jetzt erwogen wird, kann nur den Sinn haben, daß zunächst die Spitzenbelastungen beseitigt werden, und daß diese im Süden des Bundesgebietes liegen, kann auch das stärkste Geschrei der Bayernpartei nicht erweisen. Die untenstehende bildliche Darstellung zeigt den wahren Sachverhalt.

Würde man beispielsweise, was mir richtig erscheint, als Sofortmaßnahme **zunächst eine Million Heimatvertriebene aus Schleswig-Holstein und Niedersachsen** umsiedeln, so würden diese beiden Länder am Ende noch 42 % bzw. 40 % Flüchtlinge haben, d. h. immer noch 12 % bzw. 10 % mehr als Bayern! Hieraus ergibt sich die natürliche Forderung, daß jeder Flüchtlingsausgleich mit der Entlastung der beiden norddeutschen Länder beginnen muß. Danach kann, wenn es die politischen Verhältnisse erfordern, allenfalls das nächstfolgende Land mit einbezogen werden. Jeder andere „Ausgleich" wäre **unsozial und ungerecht** und überdies eine volkswirtschaftliche und finanzpolitische Dummheit.

Preetz, im Oktober 1949.

Hermann Lüdemann

Bevölkerungszuwachs in den westdeutschen Ländern
im Vergleich zur Einwohnerzahl des Jahres 1939

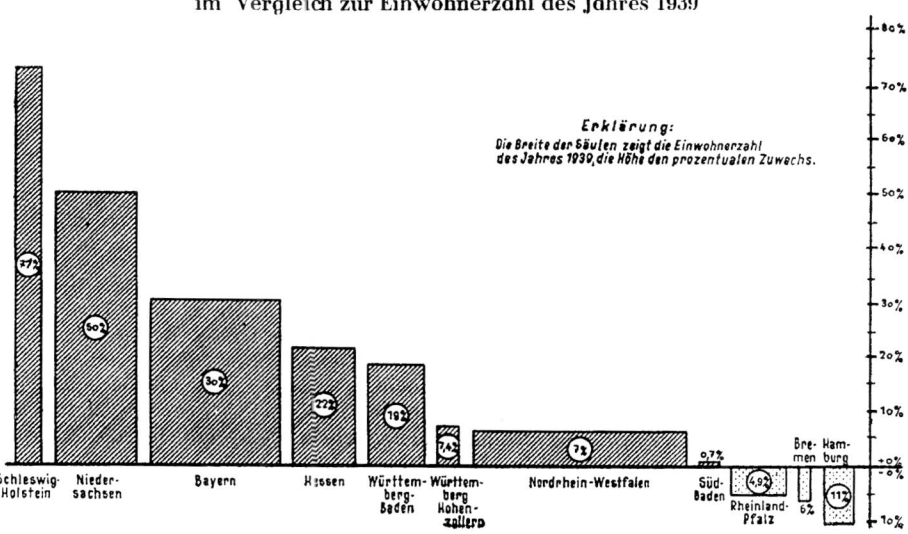

Flugschrift aus: PRO, FO 1006/96

Hinweise zur Arbeitsgrundlage

mit Quellen- und Literaturangaben und mit der Übersetzung englischer Zitate

Die nachfolgenden Hinweise sind knapp gehalten; sie sind gezielt seitenweise auf die vorliegende Darstellung ausgerichtet. Für das weitere geschichtliche Umfeld sei verwiesen auf die bibliographischen Angaben in: Ulrich Lange (Hrsg.), Geschichte Schleswig-Holsteins von den Anfängen bis zur Gegenwart, Wachholtz Verlag, Neumünster 1996, und auf die fortlaufend von der Schleswig-Holsteinischen Landesbibliothek herausgegebene Schleswig-Holsteinische Bibliographie; der letzt-erschienene Teil ist der Band 15 (Wachholtz Verlag, Neumünster 1997), in welchem umfassend die Literatur des Zeitraumes von 1993 bis 1994 enthalten ist.

S. 12: Peter Petersen, Bericht über das 1969 erschienene Buch: Die Gründung des Landes Schleswig-Holstein nach dem Zweiten Weltkrieg. Der Aufbau der demokratischen Ordnung in Schleswig-Holstein unter dem ersten Ministerpräsidenten Theodor Steltzer 1945 - 1947, Neumünster 1969, in >Schleswig-Holstein<, Januar 1970.

S. 15: Kurt Jürgensen, Schleswig-Holstein als Territorium. Zur Grenz- und Territorialentwicklung Schleswig-Holsteins im 19. und 20. Jahrhundert, in: Zeitschrift der Gesellschaft für Schleswig-Holsteinische Geschichte (ZSHG), Bd. 122, Jg. 1997.

S. 16: Helge Bei der Wieden und Tilman Schmidt (Hrsg.), Mecklenburg und seine Nachbarn, Lübeck 1997; hier mein Beitrag: Die lauenburg-mecklenburgische Grenze von 1945 bis heute. – Oswald Hauser, Provinz im Königreich Preußen, in: Olaf Klose (Hrsg.), Geschichte Schleswig-Holsteins, begründet von Volquart Pauls, Lieferung 8.1, Neumünster 1966 (auch als Monographie erschienen).

S. 18: Uwe Carstens, Leben im Flüchtlingslager. Ein Kapitel deutscher Nachkriegsgeschichte, Husum 1994. – Willy Diercks (Hrsg.), Flüchtlingsland Schleswig-Holstein. Erlebnisberichte vom Neuanfang 1945 - 1950, Heide 1997. – Gabriele Stüber, Der Kampf gegen den Hunger 1945 - 1950. Die Ernährungslage in der britischen Zone Deutschlands, insbesondere in Schleswig-Holstein und in Hamburg, Studien zur Wirtschafts- und Sozialgeschichte in Schleswig-Holstein, Bd. 6, Neumünster 1984. – Holger Piening, Als die Waffen schwiegen. Die Internierung der Wehrmachtsoldaten zwischen Nord- und Ostsee 1945 / 46, Heide 1996 (Zweite Auflage).

S. 19: Military Government Gazette Germany. British Zone of Control / Amtsblatt der Militärregierung Deutschland. Britisches Kontrollgebiet, ab Nr. 4 (Juli 1945) mit einer Inhaltsübersicht über die Ausgaben 4-28 in der Nr. 28 (Mai 1949). – Ingo von Münch, Dokumente des geteilten Deutschland, Bd. 1, Stuttgart 1976.

Rudolf Riezler, „Kampf in der Nordmark". Das Aufkommen des Nationalsozialismus in Schleswig-Holstein (1919-1928), Studien zur Wirtschafts- und Sozialgeschichte Schleswig-Holstein, Bd. 4, Neumünster 1982.

S. 23: Kurt Jürgensen, Die britische Besatzungspolitik 1945-1949, in : Politik und Zeitgeschichte. Beilage zur Wochenzeitung „Das Parlament", Bd. 6, Jg. 1997.

[Übersetzung: „Der Mann vor Ort hat zu entscheiden."]

S. 24: Ders., Das Ende des Zweiten Weltkriegs in Schleswig-Holstein, in: Zeitschrift der Gesellschaft für Schleswig-Holsteinische Geschichte (ZSHG), Bd. 120, Jg. 1995.

S. 27: Ders., Vom Stillstand der Rechtspflege bis zu ihrer Wiederaufnahme durch das Oberlandesgericht in Kiel am 26. November 1945, in: Schleswig-Holsteinische Anzeigen (SHA), Jg. 1995, Nr. 11. – Ders., Die Wiedereröffnung der Christian-Albrechts-Universität zu Kiel am 27. November 1945 in der Electroacustic (ELAC), in: Christiana Albertina 33 (neue Folge), Jg. 1991. – Hermann Graml, Die Alliierten in Deutschland, in: Westdeutschlands Weg zur Bundesrepublik 1945-1949. Beiträge von Mitarbeitern des Instituts für Zeitgeschichte, München 1976.

[Übersetzung:„*Alle Proklamationen, Verordnungen, Gesetze, Bekanntmachungen, die vom Obersten Befehlshaber der Alliierten Expeditionsstreitmacht erlassen worden sind und am 14. Juli 1945 in der Britischen Zone in Wirksamkeit getreten waren, sind hiermit bestätigt und werden solange in der Britischen Zone in Kraft bleiben, bis sie unter der Befehlsgewalt des Oberkommandierenden der Britischen Zone widerrufen oder revidiert werden.*"]

S. 28: Lothar Kettenacker, Krieg zur Friedenssicherung. Die Deutschlandplanung der britischen Regierung während des Zweiten Weltkriegs, Göttingen 1989. – Nicholas Pronay und Keith Wilson (Hrsg.), The Political Re-education of Germany and her Allies after World War II, London 1985. – Akte im Public Record Office (PRO) FO 371 / 39093. – Wolfgang Rudzio, Export englischer Demokratie? Zur Konzeption der britischen Besatzungspolitik in Deutschland, in: Vierteljahreshefte für Zeitgeschichte, Bd. 17, Jg. 1969. – Robert Birley, The German Problem and the Responsibility of Britain, London 1947. – Siehe Angabe zu S. 24.

S. 29: Grundriß zur deutschen Verwaltungsgeschichte 1815-1945. Reihe A: Walther Hubatsch (Hrsg.), Preußen, hier: Band 9 >Schleswig-Holstein<, bearbeitet von Klaus Friedland und Kurt Jürgensen, Marburg (Lahn) 1977.

S. 31: Biographie zu Hoevermann in: Schleswig-Holsteinisches Biographisches Lexikon (SHBL), Bd. 2, Neumünster 1971.

S. 33: Kurt Jürgensen, „Die Stunde der Kirche". Die Ev.-Luth. Landeskirche Schleswig-Holsteins in den ersten Jahren nach dem Zweiten Weltkrieg, Neumünster 1976. – Ders., Die Christian-Albrechts-Universität nach 1945, in: Universität Kiel und der Schleswig-Holsteinische Landtag (Hrsg.), Aus der Geschichte lernen? Universität und Land vor und nach 1945, Kiel 1955. (Vgl. hierzu Angaben zu S. 27).

S. 37: Theodor Steltzer, Sechzig Jahre Zeitgenosse, München 1966. – Kurt Jürgensen (Hrsg.), Theodor Steltzer, Reden - Ansprachen - Gedanken 1945 - 1947. Grundlegende Ausführungen des letzten Oberpräsidenten und ersten Ministerpräsidenten Schleswig-Holsteins, Quellen und Forschungen zur Geschichte Schleswig-Holsteins, Bd. 88, Neumünster 1986.

S. 39: Zone Policy Instruction (Nr. 4), PRO, Bestand FO 1005 / 1584. – David G. Williamson, A most diplomatic General. The life of General Lord Robertson of Oakridge Bt CCB GBE KMC KWO DSO MC 1896 - 1974, London 1996.

S. 40: Kurt Jürgensen, Der Amtssitz des Oberpräsidenten in der Provinz Schleswig-Holstein, in: ZSHG, Bd. 118, Jg. 1993.

S. 41: Turnusberichte Dr. Müthling: Landesarchiv Schleswig-Holstein (LAS), Abt. 605 (Staatskanzlei); ebendort in fortlaufender Numerierung.

S. 32: Kurt Jürgensen, Das Oberlandesgericht in der schleswig-holsteinischen Landesordnung, in: SHA, Sonderausgabe im Jg. 1984. – Ders., Die Wiedereröffnung des Oberlandesgerichts in Kiel und in Schleswig 1945 / 48, in: SHA, Sonderausgabe im Jg. 1988. – Ders., Kiel – von der gottorfschen Residenz zur Landeshauptstadt, in: Brigitte von Schauenburg (Hrsg.), 750 Jahre Kiel. Beiträge zur Geschichte und Gegenwart der Stadt. Veröffentlichung der Schleswig-Holsteinischen Universitäts-Gesellschaft, Kiel 1992. – Biographie zu Heinrich Clasen in: SHBL, Bd. 3, Neumünster 1974.

S. 45: Verordnung Nr. 12 der britischen Militärregierung, revidiert Januar 1946, im Amtsblatt der britischen Militärregierung, Ausgaben Nr. 4 u. 6; siehe Angabe zu S. 9. – Hermann Clausen, Der Aufbau der Demokratie in der Stadt Schleswig, Schleswig 1960.

S. 46: PRO, Bestand FO 1006 (Schleswig-Holstein Region), Akten 188 u. 198 (u.a.m.). – Doris Schellhammer, Die Entstehung des Landesverbandes der Freien Demokratischen Partei Schleswig-Holsteins und die Entwicklung bis in die 60er Jahre, Kiel 1986. – Detlef Siegfried, Zwischen Einheitspartei und „Bruderkampf". Die SPD und KPD in Schleswig-Holstein 1945-46, Kiel 1992. – Helmuth Mosberg, 50 Jahre CDU Schleswig-Holstein 1946-1996, Kiel 1996.

S. 47: Wolf Gehrmann, Britische Presse- und Informationspolitik in Schleswig-Holstein, 1945 - 1949, Diss. Phil. Kiel 1993.

S. 48: Siehe Angabe zu S. 37.

S. 49: Vgl. Dok. Anhang, S. 156; 158. – Ger van Roon, Widerstand im Dritten Reich. Ein Überblick, München 1998 (7. Überarbeitete Auflage). – Ders., Neuordnung im Widerstand. Der Kreisauer Kreis innerhalb der deutschen Widerstandsbewegung, München 1967.

S. 50: Kurt Jürgensen, Kirche und Gesellschaft im Verständnis von Bischof D. Wilhelm Halfmann, in: Ders., Friedrich-Otto Scharbau, Werner H. Schmidt (Hrsg.), „Gott loben, das ist unser Amt". Beiträge zu einem Leitwort, Kiel 1984. – Biographie zu Halfmann in: SHBL Bd. 1, Neumünster 1970.

S. 53: Rudolf Titzck (Hrsg.), Landtage in Schleswig-Holstein gestern – heute – morgen, mit Beiträgen von Ulrich Lange, Jost Delbrück, Kurt Jürgensen, Gabriele Stüber, Werner Kaltefleiter und von Zeitzeugen, Husum 1987. Vgl. auch: Rudolf Asmus und Erich Maletzke, Das Haus an der Förde. 25 Jahre Schleswig-Holsteinischer Landtag, Kiel / Rendsburg o. J., fortgeführt: Erich Maletzke u. Klaus Volquartz, Der Schleswig-Holsteinische Landtag, Kiel / Rendsburg o. J. – Sekretariat des Schleswig-Holsteinischen Landtags (HRSG.). Protokolle: 1. Schleswig-Holsteinischer Landtag (Erster ernannter Landtag).

S. 54: Siehe Angabe zu S. 37.

S. 59: Kurt Jürgensen, „Unser Volk hungert danach, daß eine neue bürgerlich-menschliche Einstellung der Menschen verwirklicht wird." Der demokratische Neubeginn und die Gründung des Landes, in: Gerhard Paul, Uwe Danker und Peter Wulf (Hrsg.), Geschichtsumschlungen. Sozial- und Kulturgeschichtliches Lesebuch Schleswig-Holstein 1848 - 1948, Bonn 1996.

S. 60: Sekretariat des Schleswig-Holsteinischen Landtages (Hrsg.), Handbuch des Schleswig-Holsteinischen Landtags, erstmals erschienen für die 3. Wahlperiode (1954-1958), Kiel 1955. – Präsident des Schleswig-Holsteinischen Landtages (Hrsg.), Handbuch des Schleswig-Holsteinischen Landtags, fortgeführt bis zur gegenwärtigen 14. Wahlperiode, Kiel 1996 (mit Personalangaben zu Parlament und Regierung u.a.m. für die ganze Zeitspanne seit 1946). – Innenministerium des Landes Schleswig-Holstein (Hrsg.), Handbuch für Schleswig-Holstein, Kiel 1949, ab 1953 fortlaufend.

S. 61: Jürgen Jensen und Karl Rickers (Hrsg.), Andreas Gayk und seine Zeit. Erinnerungen an den Kieler Oberbürgermeister, Neumünster 1974. – Karl Rickers, Erinnerungen eines Kieler Journalisten, Neumünster 1992.

S. 62: Siehe Angaben zu S. 53, insbesondere die gen. Protokolle. – Adolf Grimme, Selbstbesinnnung. Reden und Aufsätze aus dem ersten Jahr des Wiederaufbaus. Braunschweig 1947, hier: Ein Wort aus England. BBC-Rundfunkvortrag Juni 1946. – Vgl. auch Angabe zu S. 28 betr. Robert Birley.

S. 63: Siehe Angaben zu S. 60. – PRO, Akte FO 1037 / 3.

S. 64: Vorstand des Lorenz-von-Stein-Instituts für Verwaltungswissenschaften an der Christian-Albrechts-Universität zu Kiel (Hrsg.), Vorläufige Verfassung des Landes Schleswig-Holstein vom 12. Juni 1946. Eine Dokumentation. Quellen zur Verwaltungsgeschichte Nr. 2, 1986.

S. 65: Amtsblatt der britischen Militärregierung (vgl. Hinweis zu S. 19), hier: Ausgabe VO 46. – Siehe auch Amtsblatt des Kontrollrates in Deutschland (viersprachige Ausgabe in Englisch, Französisch, Russisch und Deutsch), ab Nr. 1 (29. Oktober 1945); hier Nr. 14 (31. März 1947).

[Übersetzung: „Die Provinzen werden als solche abgeschafft und sollen vorläufig den Status von Ländern erhalten."]

S. 66: Kurt Jürgensen, Die Briten in Schleswig-Holstein 1945-1949, mit Photographien und Erinnerungen von Gerhard Garms, Neumünster 1989.

S. 67: PRO, Akte FO 1006 / 10.

[Übersetzung: „Man solle sich dafür entscheiden, den Begriff >Land< einheitlich anzunehmen"]

S. 68: Siehe Angaben zu S. 53. – PRO, Akte FO 1006 / 12.

[Übersetzung: a) „(1) Die Titel sind vorläufig. (2) Die Verwendung des Wortes >Land< anstelle von >Provinzial< berührt in gar keiner Weise die gesetzliche und verfassungsrechtliche Stellung der >Provinz Schleswig-Holstein<."

b) „In der Erwartung weiterer Instruktionen von der Kontrollkommission (die bis zu einem gewissen Grade von gegenwärtiger Vierer-Verhandlung abhängig sind) ist es überdies unerwünscht, daß der Name >Land Schleswig-Holstein< anstelle von >Provinz Schleswig-Holstein< verwendet wird."]

S. 69: Siehe Hinweise zu S. 19 u. 53. – Zur Wahlrechtsregelung siehe das Amtsblatt der britischen Militärregierung, Ausgaben Nr. 9 (Verordnungen 26 u. 28), Nr. 10 (Verordnungen Nr. 31 u. 32) und Nr. 13 (Verordnungen 40 u. 45).

S. 70: Britischer Gesprächspartner im Sinne der *oral history* u.a. Mr. Reginald Currey, MBE, der mehrere Jahre als ranghoher Offizier der britischen Militärregierung in Kiel, 312 Det. Mil. Gov. angehört hat.

S. 71: PRO, Akte FO 371 / 55399-55409; hier: 55405.

S. 74: Schleswig-Holsteinischer Heimatbund und Landesarchiv Schleswig-Holstein (Hrsg.), Die Anfänge des Landes Schleswig-Holstein. Vier Vorträge aus Anlaß eines Symposiums zum 50jährigen Landesjubiläum (am 23. August 1996). Mit Beiträgen von Uwe Carstens, Wolf Gehrmann, Ulrike Jordan, Kurt Jürgensen, eingeleitet von Reimer Witt. – SH Journal >Schleswig-Holstein 50 Jahre Land<, redigiert von Werner Distel und Gerhard Hildenbrand, Stampe, Nov. 1995.

S. 77: Die Konferenzen der Länder- und Provinzchefs dokumentiert in: Akten zur Vorgeschichte der Bundesrepublik Deutschland, Band 1 (1945-1946), bearbeitet von Walter Vogel und Christoph Weisz, München 1976. Veröffentlichung des Bundesarchivs und des Instituts für Zeitgeschichte.

S. 78: Michael Thomas, Deutschland-England über alles. Rückkehr als Besatzungsoffizier, Berlin 1984: hierzu ergänzend: Mitteilungen im Sinne der *oral history*. – Gabriele Stüber, Zonales Provisorium und demokratisches Experiment, Der Zonenbeirat der britischen Zone 1946-1949, in: Geschichte des Westens, zwei Teile in den Ausgaben 2 / 1990 und 1 / 1991.

[Übersetzung: *„Eines unserer Hauptziele in diesem Lande ist es, eine Demokratie zu entwickeln, welche auf den deutschen Charakter, auf die deutsche Geschichte und auf gegenwärtige politische Entwicklungen Rücksicht nimmt."*]

S. 79: Zonenbeirat / Zonal Advisory Council 1946-1948. Protokolle und Anlagen 1.-11. Sitzung, bearbeitet von Gabriele Stüber. Veröffentlichung der Kommission für Geschichte des Parlamentarismus und der politischen Parteien.

S. 80: Kurt Jürgensen, Entscheidung für das Bundesland Schleswig-Holstein. Zur Entstehung der Länderordnung in der britisch besetzten Zone Deutschlands, in: Hartmut Boockmann, Kurt Jürgensen, Gerhard Stoltenberg (Hrsg.), Geschichte und Gegenwart. Festschrift für Karl Dietrich Erdmann, Neumünster 1980. – Susan Eichler, Die Länderneuordnungen in der britisch besetzten Zone Deutschlands 1945-1946. Interne britische Entscheidungsabläufe und Mitwirkung deutscher Gremien. Diss. Phil. Kiel 1995. – Siehe auch Angaben zu. 77 - 79.

S. 82: Siehe Angabe zu S. 77. – Thilo Vogelsang, Hinrich Kopf und Niedersachsen, Hannover 1963.

S. 84: Siehe Angaben zu S. 77 u. 80.

S. 86: Amtsblatt der Militärregierung (siehe Angabe zu S. 19).

[Übersetzung: *„Um die Neugliederung der Länder in der britischen Zone zu fördern und unbeschadet einer Neugliederung, die hiernach in Verfolg eines innerhalb von fünf Jahren nach dem Inkrafttreten dieser Verordnung abzuhaltenden Volksentscheides angeordnet werden kann, wird hiermit folgendes verordnet:...“*]

S. 89: Ebenda und Angabe zu S 77.

S. 90: Hermann Graml, Die Alliierten und die Teilung Deutschlands. Konflikte und Entscheidungen 1941 - 1948, Frankfurt/M. 1985. – Gunthert Mai, Der Alliierte Kontrollrat in Deutschland 1945 - 1948. Alliierte Einheit – deutsche Teilung? München 1995.

S. 92: Siehe Angabe zu S. 69.

S. 93: Siehe ebenda.

S. 94: Statistisches Landesamt Schleswig-Holstein (Hrsg.), Beiträge zur historischen Statistik Schleswig-Holsteins. Kiel 1967. – Troel Fink, Geschichte des Schleswigschen Grenzlandes (aus dem Dänischen), Kopenhagen 1958. – Lorenz Rerup, Fra grænsekamp til sameksistens, Kopenhagen 1969.

S. 95: Wortprotokolle des 2. Schleswig-Holsteinischen Landtags (zweiter ernannter Landtag), Eröffnungssitzung.

S. 96: Siehe Angaben zu S. 37. – PRO, Akte FO 1006 / 217 und Akte FO 1030 / 69;

Joachim Oertel (Hrsg.), Die britische Südschleswig-Politik 1945 - 1949, Schriftenreihe der Akademie Sankelmark, Neue Folge 70, Sankelmark 1990. Drei Berichte (Kurt Jürgensen, Johan Peter Noack, Frants Thygesen).

[Übersetzung: *„Der Landtag hat völlige Redefreiheit. Die Debatte ist nicht notwendigerweise auf solche Sachbereiche begrenzt, die in seiner Gesetzgebungskompetenz liegen.“*]

S. 97: Zu Birley: siehe Angabe zu S. 28. – Gesetz- und Verordnungsblatt für Schleswig-Holstein, Jg. 1 / 1947, Ausgabe Nr. 1 – Amtsblatt für Schleswig-Holstein, Jg. 2 / 1947, Ausgabe Nr. 11.

[Übersetzung: a) *„Es würde für die Besatzungsmacht schwierig und wahrscheinlich ineffektiv und unhöflich sein, die Freiheit der Rede eines gewählten Landtages einzuschränken."* – b) *„Wir können Deutschland die Stärke unserer eigenen Traditionen anbieten."*]

S. 98: PRO, Akte FO 1033 / 6.

[Übersetzung: *„Wir vertrauen darauf, daß es nicht der Aufmerksamkeit entgangen ist, daß der 20. April Hitlers Geburtstag ist."*]

S. 99: Angabe wie zu S. 94 u. S. 95, 7. Landtagssitzung.

S. 100: PRO, Akte FO 1006 / 108; – Wortprotokoll des 3. Schleswig-Holsteinischen Landtags (erster gewählter Landtag), Eröffnungssitzung.

S. 103: Siehe Angabe zu S. 2 u. zu S. 82. – Kurt Jürgensen, Schleswig-Holstein – das „Modell-Land" der britischen Besatzungspolitik, in: Gedenkschrift Martin Göhring (Veröffentlichung des Instituts für Europäische Geschichte Mainz, Wiesbaden 1968.)

[Übersetzung: *„Deshalb sehe ich die Schaffung der Landesverfassung als ihre wichtigste und als eine ihrer dringlichsten Aufgaben an."*]

S. 104: Siehe Angabe zu S. 95, 7. Sitzung des Landtags.

S. 105: Siehe Angaben zu S. 90. – Kurt Jürgensen, Die Haltung Großbritanniens zur Deutschlandfrage auf der Moskauer und der Londoner Außenministerkonferenz 1947, in: George Marshall, Deutschland und die Wende im Ost-West-Konflikt, bearbeitet von Christof Dahm und Hans-Jakob Tebarth, Reihe >Historische Forschungen< der Kulturstiftung der deutschen Vertriebenen, Bonn 1997. – PRO, Akte FO 371 / 64244 und FO 371 / 70571. – Europa-Archiv Jahrgänge 1947 - 1948.

S. 106: Siehe Angaben zu S. 96. – PRO, Akte FO 371 / 55756 und FO 1006 / 107 A; 488. – Johan Peter Noack, Det sydslesvigske graensesporgsmal 1945-1947, Bände I und II, Veröffentlichung des >Institut for Grænseregionsforskning<, Aabenraa 1991. – Ders., Det danske mindretal i Sydslesvig 1948 - 1955, Bände I und II, Veröffentlichung des >Institut for Grænseregionsforskning<, Aabenraa 1997.

S. 107: Kurt Jürgensen, Die britische Südschleswig-Politik nach dem Zweiten Weltkrieg, in: ZSHG, Bd. 111, Jg. 1986. – PRO, Akte FO 371 / 70547.

[Übersetzung: a) *„Ein winziges Land Schleswig mit weniger als eine Million Einwohnern würde wahrlich ein verfassungsmäßiger Unsinn sein, und es würde den ganzen Aufbau der Britischen Zone aus dem Gleichgewicht bringen."* b) *„Wir sind entschieden gegen die Aufteilung Deutschlands. Die Deutschen müssen von diesem überzeugt sein: Es ist wichtig, daß sie in uns die Verfechter der deutschen Einheit sehen."*)

S. 108: Angaben zu S. 105 (mit der Akte FO 371 / 70571).

[Übersetzung: *„Wir müssen uns klarmachen, daß der Fehlschlag, im Rat der Außenminister ein Einvernehmen zu erreichen, bedeutet – ob es uns gefällt oder nicht –, daß die Teilung zwischen Ost und West in Deutschland, welche Teil derselben Teilung in der ganzen Welt ist, fortbestehen und sich wahrscheinlich verschärfen wird. Ich glaube jedoch nicht, daß solche Teilung für immer sein kann oder wird. Das deutsche Verlangen nach Einheit wird sich dafür, dessen bin ich sicher, als zu stark erweisen. Es ist wahrschienlich die stärkste Kraft im heutigen Deutschland. [...] Unser Problem ist es, diese Einheit so bald wie möglich herbeizuführen, aber doch in der Weise, daß die Anziehungskräfte von West nach Ost ausgeübt werden und nicht umgekehrt, weil ja die Sowjetunion das Ziel hat, ganz Europa zu beherrschen. [...] Wir müssen, indes, darauf achten, daß die Deutschen in ganz Deutschland ihre Einheit mit Unterstützung der westlichen Mächte erreichen."*]

S. 109: Der Parlamentarische Rat 1948-1949. Akten und Protokolle. Band 1 / Vorgeschichte, bearbeitet von Johannes Volker Wagner, Veröffentlichung des Deutschen Bundestags und des Bundesarchivs, Boppard 1975.

S. 110: John Gimpel, The Origins of the Marshall Plan, Stanford 1976.

S. 111: Siehe Angaben zu S. 96 u. S. 106.

S. 112: Siehe Angaben zu S. 109. – PRO, Akte FO 371 / 70548.

[Übersetzung: *„Obwohl der Vorschlag, eine Vier-Parteien-Delegation zu entsenden, ungewöhnlich ist, bin ich doch sehr darauf bedacht, der dänischen Regierung zu helfen, und Sie können deshalb Herrn Rasmussen sagen, daß es – wird er in dieser Sache im Parlament unter Druck gesetzt – im Prinzip keine Einwände gegen den Besuch gibt."*]

S. 113: Siehe Angaben zu S. 106 u. S. 107. – Zum Zitat: „ihrer Auffassung" bezieht sich auf die westdeutschen Ministerpräsidenten.

S. 114: [Übersetzung:*„Lord Henderson sprach die dringliche Hoffnung aus, daß die dänische Regierung auf die Repräsentanten der dänisch-gesinnten Bevölkerung einen mäßigenden Einfluß ausüben werde."*]

S. 115: Siehe Angaben zu S. 94 u. S. 96.

S. 116: Deutscher Grenzverein (Hrsg.), Die Bonn-Kopenhagener Erklärungen von 1955: Zur Entstehung eines Modells für nationale Minderheiten, Flensburg 1985.

S. 117: Siehe Angaben zu S. 80. – PRO, Akte FO 371 / 70546.

[Übersetzung: a) *„Dies erscheint der Dänischen Regierung als überzeugender Grund, die Schleswig-Holstein-Fahne zum gegenwärtigen Zeitpunkt nicht zu genehmigen. [...] Wenn solche Veränderungen erfolgen, dürften die Schleswig-Holstein-Farben kaum die richtige Rahne für das neue Land sein."* – b) [...] *„eine alte Flagge der Aufruhr"* [...] – c) *„Auf diese Weise eine Veränderung daherzufegen, würde direkt unserer Politik, von größeren Eingriffen zu dieser Zeit abzuraten, zuwiderlaufen, und das hat auch keine Aussicht, von den Deutschen angenommen zu werden."*]

S. 119: Siehe Angaben zu S. 109. – Hermann Lüdemann, Die Not eines Landes. Denkschrift, Kiel, Juli 1948. – Ders., >Südschleswig< ? Eine Entgegnung auf den Antrag des Südschleswigschen Wählerverbandes auf Bildung eines selbständigen Landes >Südschleswig<, August 1948.

LAS, Abt. 605 Prot. (= Staatskanzlei, Kabinettsprotokolle), Nr. 1 (14. Mai 1946 – 30. Mai 1948); Nr. 2 (8. Juni 1948 – 9. Mai 1950); hier Nr. 2.

S. 120: Kurt Jürgensen, Brauer contra Lüdemann. Zur Auseinandersetzung um die norddeutsche Länderordnung im Jahre 1948, in: Zeitschrift des Vereins für Hamburgische Geschichte, Bd. 68, Jg. 1982. – Biographie zu Lüdemann in SHBL, Bd. 1, Neumünster 1970.

S. 121: Siehe Angabe zu S. 109.

S. 122: Siehe Angabe zu S. 100, Wortprotokoll der 15. (außerordentlichen) Tagung.

S. 123: LAS, Abt. 605 Prot. Nr. 2.

S. 124: Siehe Angabe zu S. 109.

S. 127: Siehe Angabe zu S. 100.

S. 128: PRO, Akte FO 1006 / 24 (hieraus Zitat a).
PRO, Akte FO 371 / 70571 (hieraus Zitat b).

[Übersetzung: a) *„Sie werden sich dessen bewußt sein, daß ich gegen jede Verzögerung bei der Verabschiedung der Länderverfassungen bin."* b) *„Wir müssen jedoch darauf achten, daß die Deutschen in ganz Deutschland ihre Einheit mit Unterstützung der westlichen Mächte erreichen und nicht im Anblick ihres Gegenübers. Dies ist wichtig. [...] Demgemäß sollten wir klarstellen, daß es unsere Politik ist, die Einheit Deutschlands sobald wie möglich wiederherzustellen. Der russische Anspruch, Alleinverfechter der deutschen Einheit zu sein, sollte bloßgestellt werden, und wir sollten unser Bestes tun, um den Deutschen durch eine vielleicht lange Zeit hindurch klarzumachen, daß wahre Einheit und die Wiederherstellung Deutschlands nur in Verbindung mit uns und den anderen westlichen Mächten erreicht werden kann und nicht mit deutschem nationalistischem Denken oder sowjetischem Kommunismus. Unsere Politik ist in dieser Hinsicht die ganze Zeit hindurch folgerichtig gewesen."*]

S. 129: Siehe Angaben zu S. 19 u. S. 109.

S. 130: Siehe Angabe zu S. 100; hier Protokoll der 21. (außerordentlichen) Tagung.

S. 131: Ausführliche Protokolle über die gemeinsamen Sitzungen der Ausschüsse für Verfassung und Geschäftsordnung und Innere Verwaltung (8. Nov – 6. Dez. 1949) zur Beratung des Entwurfs einer Landessatzung für Schleswig-Holstein, Erster gewählter Landtag, hier Lüdemanns Erklärung zu Beginn der Beratungen.

S. 132: LAS, Abt. 605 Prot. Nr. 2. – Siehe Angabe zu S. 94.

S. 133: Siehe Angabe zu S. 61. – Dietrich Vorpahl, Die Segeberger Flüchtlingskonferenz 1947, in: ZSHG, Jg. 1982, Bd. 107.

S. 134: Siehe Angabe zu S. 100; hier Wortprotokoll der 24. Tagung. – Bruno Diekmann, Hilfe für Schleswig-Holstein. Schleswig-Holsteins Zukunft im Deutschen Bund. Eine Denkschrift der Schleswig-Holsteinischen Landesregierung, November 1949.

S. 135: Siehe Angabe zu S. 131, S. 132 u. S. 134; Wortprotokoll der 28. Tagung. – Kurt Jürgensen, Beiträge zur Landesverfassung, in: Dieter Lohmeier (Hrsg.), Schleswig-Holstein. Geschichte und Kultur im Spiegel der Landesbibliothek, Heide 1995.

S. 136: Uwe Barschel und Volkram Gebel, Kommentar zur Landessatzung, Neumünster 1976. – Uwe Barschel (Hrsg.), 30 Jahre Landessatzung 1949-1979, Neumünster 1979.

S. 139: Siehe Angabe zu S. 94.

S. 140: GVOBl, Jg. 1950 (vgl. Angabe zu S. 97).

S. 141: 30 Jahre Landessatzung (vgl. Angabe zu S. 114); hier das Geleitwort von Wilhelm Käber. – Verfassung des Landes Schleswig-Holstein, Fassung vom 13. Juni 1990, in: GVOBl Schleswig-Holstein, Jg. 1990, S. 391ff.

Bildnachweis

1. Landesarchiv Schleswig-Holstein. Abt. 2003 (Nordmark-Film Kiel)

Bilder auf den Seiten 21; 35; 36 (oben, unten rechts); 43 (unten); 44 (oben links); 51; 52 (unten rechts); 55 - 58; 101 - 102; 125 (oben rechts, unten); 126; 137; 138 (oben).

2. Landesbildstelle des IPTS (Kronshagen bei Kiel)

Bild auf Seite 22.

3. Stadtarchiv Flensburg

Bild auf Seite 44 (unten).

4. Staatliche Landesbildstelle Hamburg

Bilder auf den Seiten 52 (oben, unten links, dieses letztere mit dem Zusatz >Saebens Worpswede<); 87.

5. Pressestelle des Schleswig-Holsteinischen Landtags

Bild auf Seite 138 (unten).

6. Hilfswerk der Ev. Kirche in Deutschland, Hauptbüro Rendsburg

Bilder auf Seite 36 (unten links); 125 (oben links).

7. National Portrait Gallery London

Bild auf Seite 43 (oben links; Copyright Photograph I. 165).

8. Privatbesitz

Bilder auf Seite 43 (oben rechts); 44 (oben rechts).

Hinweis: Es liegt folgende Bilddokumentation als Dia-Reihe vor, die in der Landesbildstelle des IPTS verfügbar ist und auch in allen Kreisbildstellen verfügbar sein sollte und vor allem für Unterrichtszwecke gedacht ist: Manfred Jessen-Klingenberg / Kurt Jürgensen, Schleswig-Holstein wird ein demokratisches Bundesland (1945 - 1950). Schleswig-Holsteinische Geschichte in Lichtbildern (Diapositive und Begleitheft), hrsg. vom IPTS Kronshagen / Kiel 1985.

Ulrich Lange (Hrsg.)
Geschichte Schleswig-Holsteins
Von den Anfängen bis zur Gegenwart

16,5 x 23,5 cm, 719 Seiten,
300 Abbildungen, Karten, Marginalien, Leinen
ISBN 3-529-02440-6   DM 85,-

Kurt Jürgensen
Die Briten in Schleswig-Holstein 1945-1949

21 x 26,5 cm, 167 Seiten,
170 Abbildungen, Leinen
ISBN 3-529-02694-8   DM 38,-

Hartmut Bockmann/Kurt Jürgensen (Hrsg.)
Nachdenken über Geschichte
Beiträge aus der Ökumene der Historiker in
memoriam Karl Dietrich Erdmann

16 x 24 cm, 684 Seiten, Leinen
ISBN 3-529-02715-4   DM 80,-

**Schleswig-Holstein -
eine Landesgeschichte**
Historischer Atlas von Christian Degn

24,5 x 34 cm, 331 Seiten
mit zahlreichen Abbildungen,
2. Auflage, Leinen
ISBN 3-529-05215-9   DM 98,-

Wachholtz Verlag Neumünster